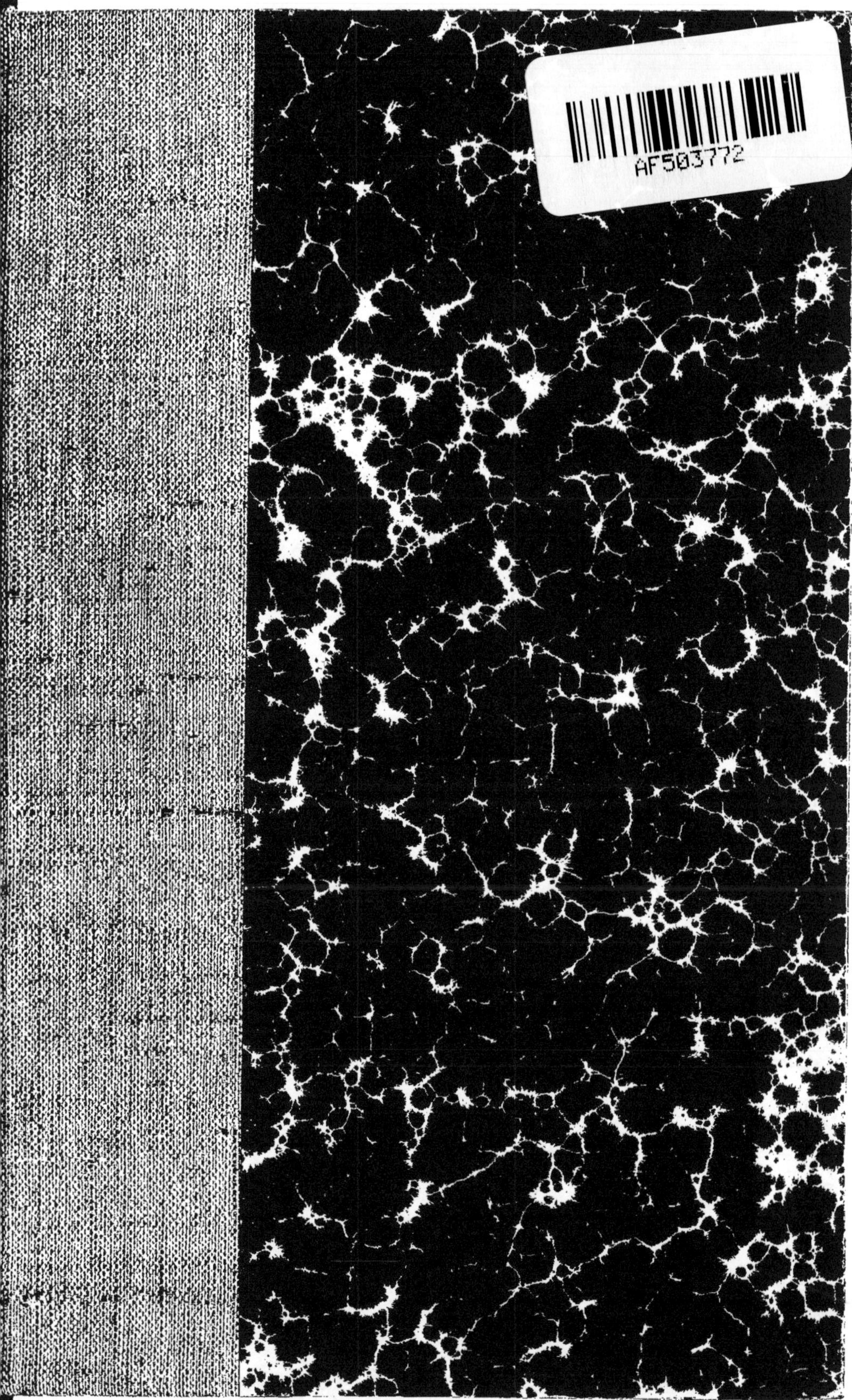
AF503772

AMERTENSREL

LES
AMIS DES ENFANTS

PAR

L'ABBÉ J. KNELL

DU DIOCÈSE DE LA ROCHELLE

TOURS

ALFRED CATTIER

ÉDITEUR

L° G 729

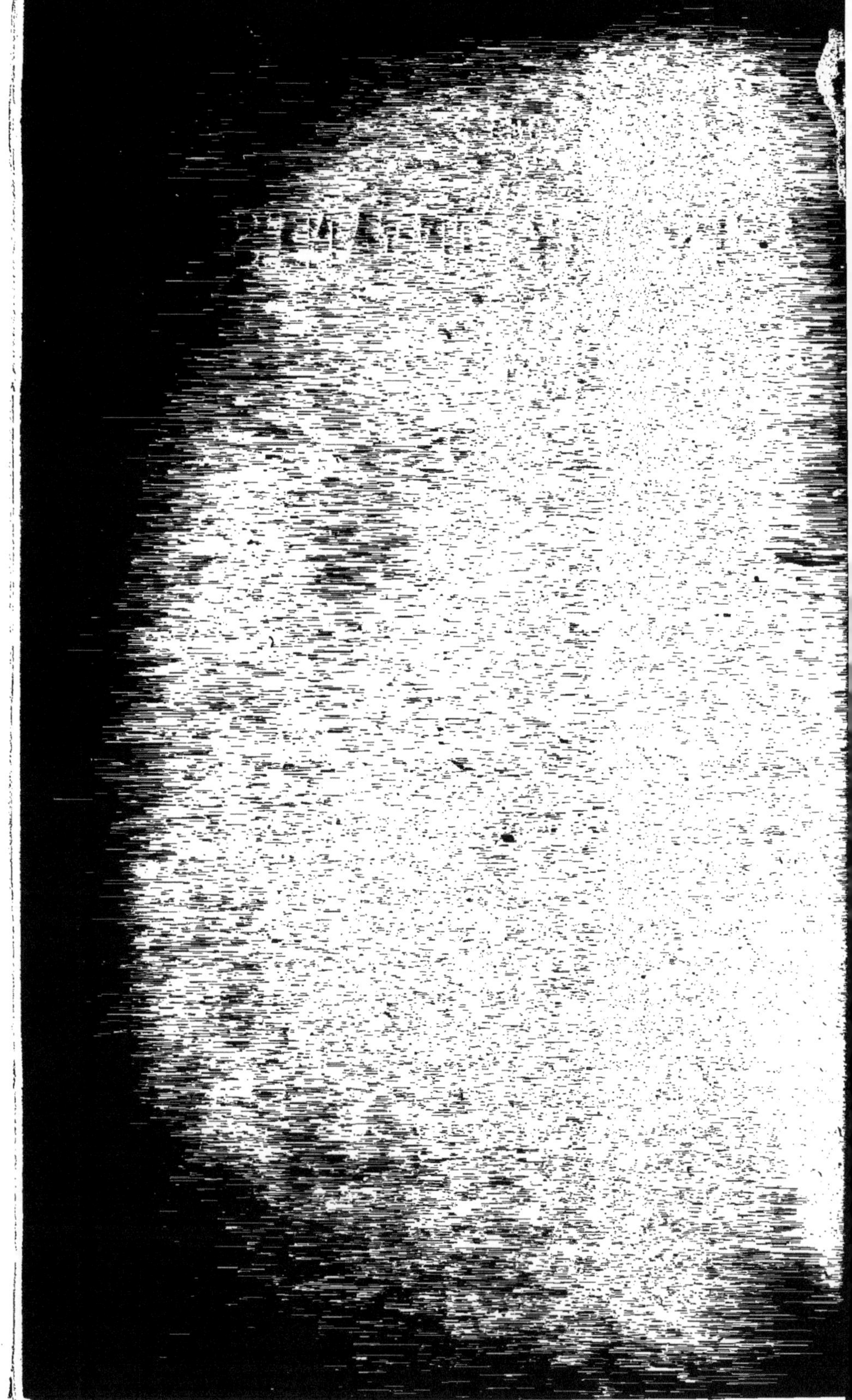

4e G
729

LES

AMIS DES ENFANTS

Le Christ

Par Sébastien del Piombo.

LES
AMIS DES ENFANTS

PAR

L'ABBÉ J. KNELL

DU DIOCÈSE DE LA ROCHELLE

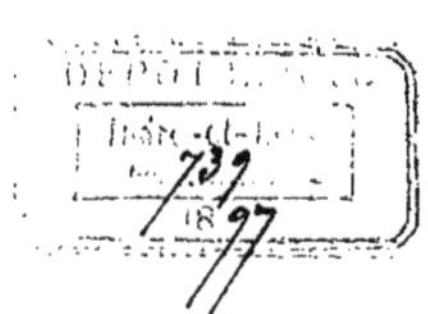

TOURS

ALFRED CATTIER

ÉDITEUR

Imprimatur :

† RENATUS FRANCISCUS,

Archiepiscopus Turonensis.

A LA MÉMOIRE

DE

MON PÈRE ET DE MA MÈRE

PROPRIÉTÉ DE L'ÉDITEUR

UN MOT AU LECTEUR

On a réuni dans ces pages les vies de plusieurs personnes qui se sont montrées, plus que d'autres, les vrais *Amis des Enfants*, en leur consacrant leur temps, leurs efforts, leur intelligence.

Afin de compléter la physionomie de leurs âmes et de les mieux faire connaître, on a joint au récit de leur vie quelques-unes des pensées qu'elles nous ont laissées dans leurs ouvrages.

On a esquissé également à grands traits ce que notre mère la sainte Église a fait pour les enfants.

Il n'était pas possible d'oublier Celui qui est la source de tous les principes, de toutes les nobles inspirations, de tous les enseignements élevés, en même temps qu'Il est le type de tous les dévouements, Notre-Seigneur Jésus-Christ.

On a pensé que les enfants aimeraient à connaître leurs plus signalés bienfaiteurs, et que cette connaissance engendrerait chez eux la reconnaissance, comme dirait saint François de Sales.

Peut-être aussi que cette lecture fera naître dans quelques âmes le désir de se dévouer à ce premier âge, si digne de tout intérêt.

Si ces lignes allumaient dans un seul cœur l'étincelle sacrée, et, pour me servir de la belle expression de Fénelon, la flamme céleste du saint apostolat de la jeunesse, ce serait la plus douce et la plus chère récompense qui pût être donnée à l'auteur.

Saintes, le 27 août 1897,

Fête de saint Joseph Calazance.

LES AMIS DES ENFANTS

I

DIEU

Le premier ami des enfants, c'est Dieu, incontestablement.

Si l'on remonte à quelques années en arrière, ces enfants n'existaient pas ; le moindre grain de sable était plus qu'eux, car lui, du moins, il a l'existence, et eux ne l'avaient pas. L'être, dont ils jouissent maintenant, ils le tiennent de Dieu. La mère des Machabées disait à ses fils : « Ce n'est pas moi qui vous ai donné l'esprit, l'âme et la vie, et ce n'est pas moi qui ai assemblé tous vos membres ; mais c'est le Créateur du monde qui a fait l'homme dès sa naissance[1]. »

Avec l'existence, Dieu a donné aux enfants un corps qui est un chef-d'œuvre de proportion et d'harmonie. Que de fois les plus habiles écrivains ont cherché à décrire cette tête, ornée d'une agréable chevelure ; ce front ouvert et élevé ; ces yeux vifs et perçants, éloquents interprètes des sentiments de l'âme ; cette bouche, siège du ris, organe de la parole ; ces oreilles, dont la délicatesse extrême saisit jusqu'à une nuance du ton ; ce cou ferme ou flexible, selon qu'on le veut, se ployant en tous sens, comme si on en démontait toutes les pièces, ou pouvant devenir raide,

---

[1] II, *Maccab.*, ch. VII, 22 et 23.

comme s'il n'était que d'un seul os, quand il faut porter un fardeau ; ces mains, instruments précieux, source intarissable de productions nouvelles ; cette poitrine ouverte et relevée avec grâce ; ces jambes, élégantes colonnes, et qui répondent si bien à l'édifice qu'elles soutiennent ; ces pieds, base étroite et délicate, mais dont la solidité et les mouvements n'en sont que plus merveilleux.

Que de fois les anatomistes nous ont promené dans l'intérieur de ce bel édifice ; ils nous ont énuméré le nombre prodigieux de ses pièces, leur surprenante diversité, leur admirable construction, leur harmonie ravissante, l'art infini de leur distribution, et nous ne pouvions suffire à admirer tant de merveilles.

Les os, par leur solidité, forment la charpente de l'édifice ; les ligaments sont les liens qui unissent ensemble toutes les pièces. Les nerfs, en se répandant dans toutes les parties, établissent entre elles une étroite communication. Les artères et les veines, semblables à des ruisseaux, portent partout le rafraîchissement et la vie. Le cœur, placé au centre, est le réservoir ou la principale force destinée à imprimer le mouvement au sang et à l'entretenir. Les poumons sont ménagés pour porter dans l'intérieur un air frais et pour en chasser les matières nuisibles. L'estomac et les viscères de différents genres sont les magasins et les laboratoires où se préparent les matières qui fournissent aux réparations nécessaires. Les sens, domestiques prompts et fidèles, avertissent l'âme de tout ce qui lui convient de savoir et servent également à ses jouissances et à ses besoins.

Aussi, un illustre médecin de l'antiquité, Galien [1], après avoir décrit les harmonies du corps humain, terminait par ce mot :

---

[1] Galien, célèbre médecin grec (131-200 après Jésus-Christ), a laissé des ouvrages qui ont fait longtemps autorité.

« O Dieu, quel hymne je viens de chanter à votre gloire ! Je vous honore plus en découvrant la beauté de vos ouvrages qu'en faisant fumer les temples de l'encens le plus précieux. »

Le corps humain, qui paraît le chef-d'œuvre de la nature, n'est rien en comparaison de l'âme que Dieu y a unie.

L'âme est quelque chose de si noble, de si parfait, de si élevé au-dessus des êtres corporels, qu'il est aussi impossible d'imaginer la beauté et la perfection d'un esprit qu'à un aveugle, qui n'a jamais vu le jour, d'imaginer l'éclat et la gracieuse variété des couleurs. Tandis que mon corps, chef-d'œuvre de la création, vieillit et s'altère, mon âme, toujours intègre dans sa substance, demeure la même ; elle ne connaît ni les ravages de la maladie, ni les rides de la vieillesse. Tandis que mon corps, pesamment attaché à la terre, ne vit que dans le présent, mon âme embrasse tous les temps.

Elle vit dans le passé, remonte jusqu'à l'origine des siècles et ressuscite, pour converser avec elles, les générations ensevelies dans la poussière. Elle vit dans le présent : sans sortir d'elle-même, elle parcourt l'univers. En un clin d'œil, elle va d'un pôle à l'autre, de l'Orient à l'Occident, visite les nations, voit leurs mœurs, leurs usages et leurs lois; elle pénètre les secrets de la nature, découvre les propriétés des plantes et des minéraux, descend dans les entrailles de la terre, en étudie la structure et en tire des richesses, puis, comme en se jouant, elle monte dans les cieux, mesure l'étendue du firmament et la grandeur des astres. Elle vit dans l'avenir, elle en pénètre les secrets par des raisonnements et des conjectures solides ; et ce n'est là que la moindre partie de sa gloire.

A l'étroit dans ce vaste univers, elle s'élance par delà les soleils et les mondes, s'élève jusqu'à l'Être, source de tous les êtres, et, quoiqu'il habite une lumière inaccessible, elle le découvre par son intelligence et s'unit à lui par l'amour. Union sublime, qui, la déifiant, laisse bien loin derrière elle les alliances des princes et des monarques ! Après cela, me demanderez-vous encore quel est le prix de mon âme ? J'adresse la même question aux savants et aux sages, à la terre et aux cieux, et, pour me répondre, ils s'épuisent en paroles éloquentes, ou se renferment dans un silence plus éloquent encore. Je m'adresse à Dieu, lui-même ; et ce grand Dieu, me prenant par la main, me conduit au sommet d'une montagne, et là, détournant un rideau teint de sang, il me montre son Fils mort sur la croix et me dit : voilà ce que vaut ton âme [1] !

Le corps avec ses organes, l'âme avec ses facultés, voilà les cadeaux que Dieu fait aux enfants dès leur entrée en ce monde.

Il a un autre don à leur offrir, et quel don ! Nommer une mère, c'est prononcer un mot qui garde pour notre cœur un charme qui ne sait pas tarir. « L'homme peut devenir sourd à toute parole, insensible à tout nom ; il y a un mot qu'il entend, une parole qui l'émeut toujours : *ma mère !* L'homme peut tout oublier, même Dieu ; il ne peut pas oublier sa mère : dans les plus grandes ruines de son cœur, cette image reste debout. Lorsque surtout nous l'avons perdue depuis des années et que déjà notre vie va vers son déclin, souvent, dans cette ombre que projette devant nous toute vie dont le soleil descend, nous croyons voir s'élever, couronnée d'une pure lumière, une image que les années embellissent à mesure qu'elles l'éloignent de nous ; et, sous le

[1] Mgr Gaume : *Catéchisme de Persévérance*, t. Ier, leçon XII.

charme d'un souvenir toujours jeune, nous nous surprenons à nous écrier, dans le secret de notre cœur : « Ma mère! Ah! oui, c'est ma mère ! » Sous ce rapport, notre cœur, en vieillissant, semble retrouver un perpétuel rajeunissement; et nos souvenirs, cachés au plus intime de notre vie, gardent un charme qui se prolonge et se multiplie avec nos jours [1] .»

D'où vient le charme mystérieux qui s'attache à ce mot? Charme incomparable survivant à tout ce qui meurt dans notre vie, et lui-même n'y pouvant mourir? Ah! c'est que ce mot est la plus naturelle et la plus vive expression de l'amour. La mère est sur la terre la plus douce personnification de l'amour; si son visage en porte le plus beau sourire, c'est que son cœur en garde le plus beau trésor. Comme elle aime, la mère! Comme elle aime cet enfant dans lequel elle se sent vivre et tressaillir elle-même!

« La tendresse d'une mère pour son enfant commence à l'instant même où son enfant voit le jour. Mais à mesure que l'enfant grandit, la mère s'attache à lui par tous les liens qui peuvent unir une âme à une autre. Elle l'aime pour les grâces qu'il a réellement et pour celles qu'elle lui suppose; elle l'aime pour le bonheur qu'il lui donne, et pour les soins et pour les peines qu'il lui a coûtés; elle l'aime quelquefois pour ses défauts ou pour ses souffrances; elle aime en lui l'image vivante et embellie du père de famille; elle l'aime comme la consolation et la gloire de son avenir. On a remarqué la prédilection des mères pour les enfants élevés difficilement, ou pour les enfants malades ou infirmes. Quelquefois les soins d'une mère ne rencontrent que de l'ingratitude; rien dans l'enfant n'explique et ne justifie l'amour de la

[1] Père Félix, 3ᵉ confér. de Notre-Dame, année 1860.

mère : il n'a ni beauté, ni intelligence, ni sentiment ; mais il est son fils, et cela dit tout [1]. »

« Une mère est la seule personne dont on soit sûr d'être aimé, » a écrit Duclos [2].

Aussi un poète avait raison de dire :

> Ma fille, va prier ! — D'abord pour celle
> Qui berça tant de nuits ta couche qui chancelle,
> Pour celle qui te prit jeune âme dans le ciel,
> Et qui te mit au monde, et depuis, tendre mère,
> Faisant pour toi deux parts dans cette vie amère,
> Toujours a bu l'absinthe et t'a laissé le miel [3].

C'est pourquoi ils sont bien coupables ceux qui, le sachant et le voulant, font pleurer leurs mères !

L'on comprend mieux encore le prix inestimable d'une mère quand on se rappelle que c'est « sur ses genoux que se forme ce qu'il y a de plus excellent au monde : un honnête homme et une honnête femme. » (De Maistre [4].) — « Je ne l'oublierai jamais, disait Kant [5], c'est ma mère qui a fait germer le bien qui est dans mon âme. » — « C'est à ma bonne mère que je dois tout, » écrivait Henri IV à sa femme. — « C'est à ma mère, à ses bons principes, que je dois ma fortune et tout ce que j'ai de bien. Je n'hésite pas à dire que l'avenir d'un enfant dépend de sa mère. » (Napoléon Ier.)

---

[1] Jules Simon : *le Devoir*, IIᵉ partie.

[2] Duclos, historien français, auteur de *Mémoires* sur les règnes de Louis XIV et de Louis XV (1704-1772).

[3] Victor Hugo : *Feuilles d'automne*, XXXVIII, *la Prière pour tous*.

[4] Joseph de Maistre, célèbre écrivain sarde (1754-1821).

[5] Kant, philosophe allemand (1724-1805).

« Si je suis votre fils, ô mon Dieu, a écrit saint Augustin, c'est que vous m'avez donné pour mère une de vos servantes. C'est à ma mère, à ses prières et à ses mérites que je dois d'être devenu tout ce que je suis... Si je préfère la vérité à tout, si je n'aime qu'elle, si je suis prêt à mourir pour elle, c'est à ma mère que je le dois. Dieu n'a pu résister à ses prières... Si je n'ai pas péri dans l'erreur et dans le mal, ce sont les larmes de ma mère, ses longues et fidèles larmes qui me l'ont obtenu [1]. »

Qu'est-il donc étonnant que le vieux Tobie ait dit à son fils : « Tu environneras ta mère de respect et d'honneur tous les jours de ta vie [2] »; et que Salomon ait écrit : « Celui qui honore sa mère, c'est comme s'il amassait des trésors dans son cœur [3]. »

La mère n'est pas seule ; Dieu a donné également aux enfants un père. Un père, c'est-à-dire celui que Dieu a fait entrer dans l'action de sa providence éternelle et a associé à sa plus haute puissance, à la puissance créatrice elle-même.

Un père, c'est-à-dire celui à qui Dieu a transmis une abondante participation de sa sagesse et de son amour ; de son amour qui inspire et soutient ; de sa sagesse qui gouverne.

Un père, c'est-à-dire celui qui a reçu quelque chose de la majesté et de la grandeur divines.

Aussi, comme Dieu est adorable dans sa grandeur et sa majesté souveraines, il a fait le père honorable dans sa majesté et sa grandeur empruntées, et, après avoir dit dans sa loi, au premier commandement : *Tu adoreras le Seigneur, ton Dieu*, il ajoute aussitôt : « *Tu honoreras ton père et ta mère tous les*

---

[1] *Confess., passim.*
[2] Tobie, **IV**, 2.
[3] *Eccli.*, **III**, 5.

jours de ta vie, car ils sont aussi pour toi *le Seigneur*, et, s'ils te bénissent, *tu vivras longtemps sur la terre* [1]. »

De même que Dieu, qui est créateur, est aussi providence et pourvoit aux besoins des êtres qu'il a appelés à la vie, le père est providence, lui aussi. A lui les travaux, les affaires, à lui le soin de gagner le pain qui doit nourrir ses enfants, à lui la gestion des biens de la famille, à lui la préparation de l'avenir, et, par dessus les têtes rieuses de ses fils et de ses filles, la recherche de ce qui doit suivre.

Ajouterai-je ce qui est le témoignage le plus élevé de la puissance paternelle, ce qui exprime plus sensiblement ici-bas le caractère divin de sa puissance? Le père bénit, il peut maudire aussi, comme Dieu.

« On redoute la malédiction de Dieu ; on demande à Dieu sa bénédiction. On redoute aussi la malédiction d'un père ; c'est comme la malédiction de Dieu même. On sollicite, on reçoit avec religion, à genoux, la bénédiction d'un père ; on s'incline sous la main paternelle comme sous la main de Dieu [2]. »

Et ce n'est pas ici une opinion vaine : c'est l'expression d'un sentiment profond, impérissable, dans le cœur des hommes ; c'est le témoignage que le père est dans sa famille le représentant même de Dieu et le premier ministre de sa puissante et bienfaisante autorité.

Les douceurs du lait humain, comme s'exprime saint Augustin, sont encore un bienfait de Dieu à l'enfance. « Ce n'était point ma mère ni mes nourrices qui remplissaient leur sein, mais vous, Seigneur ; vous me donniez par elles l'aliment qui convient à l'en-

---

[1] *Exod.*, XX, 12.

[2] Mᵍʳ Dupanloup, *de l'Éducation*, II, liv. II, ch. ii.

fance. Elles voulaient, par une affection que vous leur aviez inspirée, me donner ce qu'elles tenaient de vous. Ce bien était à elles,
mon bien venait d'elles, ou mieux me venait par leur intermé-
diaire, car tous les biens viennent de vous, ô Dieu [1]. »

Comme un père tendre dispose la maison où son fils doit habiter, Dieu a préparé l'univers comme le domaine destiné à ses
enfants. Il a déroulé le ciel comme une immense voûte d'azur, il
a allumé le soleil, la lune et les étoiles, semblables à de splendides
flambeaux, dressé les montagnes en gigantesques colonnes, étendu
un tapis de verdure émaillé des plus vives couleurs, composé l'or-
chestre des oiseaux, peuplé et réjoui par des êtres vivants les
plaines de l'air, les eaux et les campagnes, embaumé l'atmos-
phère par les parfums des fleurs. O enfants, que belle est votre
demeure ! Quel éclat dans le firmament, soit aux heures silen-
cieuses du soir, soit lorsque le soleil l'inonde de ses clartés ! quelle
richesse sur la terre ! quelle magnificence dans la mer ! Seigneur,
que votre nom est admirable dans l'univers entier que vous avez
créé, s'écriait David [2], mais surtout que votre amour pour les
enfants des hommes s'y manifeste !

C'est dans cet univers si beau que l'enfant trouvera les aliments
que Dieu lui a préparés, car, lorsqu'il a grandi, le lait de sa mère
ne lui suffit plus ; il lui faut une nourriture plus solide. Il nous
semble entendre le Seigneur Dieu dire à chaque enfant, comme
autrefois à Adam et à Ève : « Dominez sur les poissons de la
mer, sur les oiseaux du ciel, et sur tout animal qui se meut sur
la terre... Voilà que je vous ai donné toutes les plantes répandues

---

[1] *Confess.*, liv. 1er, ch. VI.
[2] Ps. VIII.

sur la surface de la terre et tous les arbres fruitiers, pour servir à votre nourriture [1]. »

C'est qu'en réalité tout vient définitivement de Dieu. En vain l'homme planterait et arroserait si Dieu ne donnait pas l'accroissement. En vain l'homme ouvrirait les sillons et y jetterait la semence si Dieu n'envoyait et la rosée qui féconde et le soleil qui réchauffe.

Quand donc nous prenons nos repas, se réalise la parole de Jésus-Christ : « Le maître fait asseoir ses serviteurs et il leur sert les aliments [2]. » Quelle reconnaissance mérite ce banquet servi par Dieu !

Autre et admirable bienfait.

Une âme vaut mieux qu'un monde aux yeux de Dieu : c'est pourquoi la Providence députe auprès de chaque âme un esprit vigilant et protecteur. Personne n'est privé de cet ami invisible qui, selon la touchante expression de l'Écriture, « ne s'endort jamais à son poste [3], nous protège dans toutes nos voies, nous porte dans ses mains, afin que notre pied ne heurte pas contre la pierre du chemin, détourne la flèche aiguë dans le jour et la malice rôdant dans les ténèbres [4]. »

Que les amis de ce monde, rebutés par nos défauts ou nos infortunes, s'enfuient loin de nous ; que la mort, sans pitié pour nos cœurs, ravisse l'un après l'autre ceux que nous aimons, l'ange du Seigneur demeure à nos côtés. Dans l'affliction, il console ; dans le péril, il avertit ; dans la lutte, il protège ; dans le doute, il conseille ; après la faute, il réprimande.

[1] *Genèse*, I, 29.
[2] Luc, XII, 37.
[3] Ps. CXX.
[4] Ps. XC.

Il connaît si bien les admirables délicatesses de Dieu, habitué
qu'il est à se tenir devant lui et à se sentir pénétré de son regard,
il sait si bien que rien de souillé ne peut soutenir l'éclat de sa
face adorable, qu'il s'inquiète des moindres taches de notre âme
et que sa main secourable conduit la nôtre pour les effacer : il
nous purifie.

Né dans la patrie des lumières, aux lieux où la vérité se communique sans ombre, il est toujours prêt à déchirer les voiles qui
nous la cachent, il nous habitue à sou-
tenir par la foi l'éclat tempéré des révélations qui préparent la vision éternelle,
et, dans la mesure que Dieu permet, ils
y ajoute ses saintes inspirations : il nous
illumine.

L'ange fidèle à sa mission.

Jouissant de la plénitude de son être, il voudrait voir comblés
les vides de notre nature ; et, parce que notre gloire répond à nos
vertus, il nous inspire l'amour des habitudes sacrées qui fleu-
rissent dans toutes nos actions et nous acheminent sûrement vers
notre dernier terme, la béatitude promise : il nous perfectionne [1].

C'est l'antique et touchante histoire de Raphaël et de Tobie qui
se renouvelle. Comme Tobie, chaque enfant est confié par son
Père céleste à un ange. Fidèle à sa mission, cet ange ne quitte ni le

[1] V. P. Monsabré : *Exposition du Dogme catholique*, 15e confér.

jour ni la nuit celui qui fut remis à sa sollicitude, il le conduit dans le voyage périlleux de la vie, il lui donne des conseils, il le protège contre le démon, il le ramènera un jour à la maison paternelle du ciel, tout heureux de dire à Dieu : Voici l'enfant que vous m'aviez confié.

Oh ! le bon, le précieux, le fidèle ami que Dieu nous a donné ! Nous avons beau le contrister par notre indifférence et le condamner par nos mépris au silence et à l'inaction, il ne nous quitte pas encore. Une seule chose peut nous séparer de lui : le dernier cri de notre impénitence. Puisse-t-il ne l'entendre jamais ! Puisse sa sainte compagnie nous suivre, après les derniers combats de la vie, dans les chœurs célestes où, anges nous-mêmes, nous irons prendre place à l'éternelle béatitude !

Ce sont en effet des destinées éternelles que Dieu a faites aux enfants. La dent implacable du temps qui ne respecte rien n'a pas de prise sur leurs personnes, elles sont indestructibles. Par delà la catastrophe qui doit renverser leurs corps et les dissoudre, Dieu les attend pour leur faire partager son éternel bonheur, s'ils s'en sont montrés dignes. Ils sont donc dans la vie et ils y resteront. Ils sont aujourd'hui et ils seront toujours, parce que Dieu leur a promis l'immortalité. Le ciel et la terre passeront, mais sa parole ne passera pas ; ils en sentiront éternellement en eux l'éternel accomplissement.

Quelle félicité leur est préparée comme récompense des courtes années de leur épreuve ! Saint Paul, qui en avait eu la révélation, jetait ce cri d'impuissance : « Non, l'œil de l'homme n'a pas vu, son oreille n'a pas entendu, son cœur ne peut comprendre ici-bas ce que Dieu réserve à ceux qui l'aiment [1]. »

[1] 1re Épître aux Corinthiens, ch. II.

Sur la terre nous demandons la lumière, mais elle ne nous arrive que d'une manière imparfaite, comme le rayon du soleil arrive au captif à travers les barreaux de sa prison. Voici la lumière infinie.

Sur la terre nous voulons aimer et être aimés, et voici que le principe de toute beauté se livre éternellement à nos embrassements. « Viens, dit-il à notre âme, viens ma choisie [1], » et notre âme, s'élançant vers lui comme le fer sur l'aimant qui l'attire, s'écrie : « J'ai trouvé celui que mon âme aime, et je ne le lâcherai plus [2]. »

Nous voulons des honneurs, et voici que Dieu nous fait asseoir avec lui sur son trône [3].

Nous voulons de la gloire, et voici que nous sommes semblables à Dieu [4].

Nous voulons des jouissances, et voici que nous sommes abreuvés d'un torrent de voluptés divines [5].

Il est juste que la pensée de Dieu, de ce premier et insigne bienfaiteur, soit placée au frontispice de toute vie. Que peuvent être tous les autres bienfaiteurs en regard de celui-là ? Et qui, mieux que lui, mérite notre souvenir et notre affectueuse et respectueuse reconnaissance ?

Un écrivain raconte [6] qu'une de ses héroïnes s'engageait, un matin, avant le lever du soleil, dans une clairière entourée d'arbres magnifiques. Au centre de la clairière, un chêne colossal

---

[1] *Cant.*, II, 10.
[2] *Cant.*, III, 4.
[3] *Apoc.*, III, 21.
[4] Jean, III, 2.
[5] Ps., XXXV, 9.
[6] Octave Feuillet : *Sybille.*

et miné par les siècles s'élevait solitairement ; il couvrait de son ombre un des rares monuments laissés sur la côte normande par les cultes celtiques, une énorme table de pierre brute, d'un aspect étrangement sauvage, dont il semblait être le contemporain.

La jeune fille s'agenouilla au pied du chêne, et ses lèvres entr'ouvertes semblaient prier. Au tronc du chêne étaient suspendues de grandes lettres figurées par un enlacement de violettes sauvages et composant ce mot : Dieu. Sur la table de granit était posé un brûle-parfum qui laissait échapper un léger nuage de fumée, dont la spirale se déroulait lentement sur le bleu lointain de l'océan.

Ne faut-il pas bien que nous fassions quelque chose de semblable, que tous les événements, heureux ou tristes, de la vie, que toutes les connaissances successivement acquises, que tout ce qui se passe autour de nous et en nous, soient les lettres qui nous servent à composer le grand nom de Dieu, et que notre cœur soit le brûle-parfum d'où s'échappe constamment la douce odeur de la reconnaissance et de l'amour !

DIEU !

Qui dit au soleil sur la terre
D'éclairer tout homme et tout lieu ?
Qui donne à la nuit son mystère ?
O mes enfants ! c'est Dieu.

Le bluet et le ciel superbe
Qui les a teints du même bleu ?
Qui verdit l'émeraude et l'herbe ?
O mes enfants ! c'est Dieu.

Qui donne au bosquet son ombrage,
Et, quand l'oiseau chante au milieu,
Qui donne à l'oiseau son ramage ?
O mes enfants ! c'est Dieu.

Qui donne à chacun chaque chose,
A l'un beaucoup, à l'autre peu :
Moins au ciron, plus à la rose ?
O mes enfants ! c'est Dieu.

Qui donne à vos mères le charme
De rire à votre moindre feu,
Pleurant à votre moindre larme ?
O mes enfants ! c'est Dieu.

Quand pour sa mère ou pour son père
L'enfant tout bas fait un doux vœu,
Qui l'écoute et lui dit : Espère ?
O mes enfants ! c'est Dieu.

Ce soir, après votre prière,
Quand vous nous aurez dit adieu,
Qui fermera votre paupière ?
O mes enfants ! c'est Dieu !

Mgr DE LA BOUILLERIE.

II

JÉSUS-CHRIST

Quand un vaisseau, agité par la tempête, vient à sombrer, et qu'au milieu des vagues mugissantes qui vont le submerger, quelqu'un porte secours aux pauvres naufragés et les arrache à une mort certaine, quelle reconnaissance n'ont-ils pas pour leur sauveur! Et si, pour leur venir ainsi en aide, ce vaillant n'a reculé devant aucune fatigue, s'il a exposé sa vie, s'il a été victime de son dévouement, la reconnaissance n'a plus de bornes.

Au jour du péché de nos premiers parents, le vaisseau qui portait l'humanité avait sombré. Toute la malheureuse postérité d'Adam et d'Ève était vouée à la mort; aucun des enfants qui, dans la suite des âges, devaient sortir de leur sein, n'auraient pu aborder au port du ciel.

Mais le Fils éternel de Dieu, Notre-Seigneur Jésus-Christ, est venu secourir et sauver les pauvres naufragés. Et il ne l'a pas fait, comme en se jouant: quelles fatigues n'a-t-il pas endurées! quelles humiliations n'a-t-il pas subies! quelles souffrances n'a-t-il pas acceptées! Il y a même sacrifié sa vie. Non seulement il s'est abaissé jusqu'à revêtir notre humanité, mais il est né pauvre dans une pauvre étable; une nuit froide entendit son premier gémissement ; la fuite du proscrit fut son premier voyage ; dans un obscur atelier, il médita, pendant trente ans, ce drame horrible et touchant que nous appelons sa passion ; les pieds et les mains percés, la tête couronnée d'épines, le corps déchiré par les fouets de la flagellation, l'âme abreuvée de douleurs et d'humiliations, elle fut dressée sur la croix, entre le ciel et la terre, cette victime du genre humain.

C'est à ce prix que nous avons été arrachés au naufrage et à la mort éternelle.

Pour comprendre toute l'étendue de ce bienfait, il faudrait avoir une idée exacte du malheur d'être à jamais privé de Dieu, pour qui, cependant, nous sommes faits. La terre ne nous donne pas complètement cette connaissance, l'éternité la tient en réserve.

Combien d'enfants auxquels le ciel est donné rien qu'à cause de cette douloureuse passion de Jésus-Christ, sans autre mérite de leur part, puisqu'ils meurent trop jeunes pour avoir pu faire le moindre acte méritoire ! Tous ceux qui vont en paradis, quels qu'ils soient, n'y entrent qu'en vertu de cette bénie passion à laquelle ils ont ajouté le fruit de leurs efforts. Mais chacun doit dire, comme saint Paul : « Le Christ m'a aimé et s'est livré à la mort pour moi [1]. »

Jésus-Christ, qui a aimé toute l'humanité et en a donné la preuve par le grand acte de la rédemption, a voulu affirmer, d'une façon spéciale, son amour pour les enfants, et il a témoigné, par trois paroles surtout, l'affection qu'il leur portait [2].

Il parcourait les villes et les bourgades de la Judée, en prêchant l'Évangile et en guérissant les malades. Les mères, avec cet

[1] *Galat.*, II, 20.
[2] Voir *les Enfants de la Bible*, par le même auteur, ch. xxi : Jésus et les Enfants.

instinct infaillible du cœur qui devine l'amour où il est, accouraient sur ses pas et lui amenaient leurs petits enfants, lui demandant de les bénir. Les enfants et les mères étaient en si grand nombre que les apôtres, importunés, s'en plaignaient et voulaient les éloigner. Mais Jésus-Christ ordonnait qu'on leur fît place : « Laissez venir à moi les petits enfants, » disait-il. Puis, prenant ces enfants, il imposait les mains sur leurs fronts, il les bénissait avec tendresse, il les pressait contre son cœur, et il répétait : « Laissez venir à moi les petits enfants [1]. »

Et les enfants se sentaient attirés à Jésus-Christ. Soit le doux regard de ses yeux, soit le sourire de ses lèvres, soit les paroles affectueuses qui sortaient de sa bouche et de son cœur, il y avait pour eux en Notre-Seigneur je ne sais quel charme inexprimable, et c'est pourquoi on les rencontre sans cesse sur ses pas pendant sa vie publique. Et lorsque, après dix-huit siècles, nous lisons l'Évangile, nous croyons voir ces petites têtes charmantes à travers la foule qui entourait Jésus.

A cette parole d'amour pour les enfants, Jésus a joint une parole d'éloge.

Les Apôtres se disputaient sur la préséance et se demandaient qui serait le plus grand dans le royaume des cieux. Ils venaient de voir que le même tribut avait été payé pour Pierre et pour le Seigneur, et ils en avaient conclu que Pierre était le premier des apôtres. Cédant à un sentiment tout humain, et n'osant cependant pas dire : « Pourquoi avez-vous honoré Pierre plus que nous, » ils interrogèrent Jésus-Christ d'une manière détournée et lui dirent : « Qui sera le plus grand dans le royaume des cieux? » Jésus, qui

[1] Matth., XIX, 14.

voyait leurs pensées, voulut guérir leur désir de vaine gloire, et, mettant un enfant au milieu d'eux, il leur dit: « Si vous ne devenez comme des enfants, vous n'entrerez pas dans le royaume des cieux [1]; » et encore: « Le royaume des cieux est pour ceux qui leur ressemblent. [2] » Sans aucun doute, il n'ordonnait pas à ses disciples d'avoir l'âge des enfants, mais leur innocence, et d'atteindre par leurs efforts ce que ceux-ci possèdent par le bénéfice de leur âge, de manière qu'ils fussent petits par la malice et non en sagesse. C'est comme s'il eût dit: Ainsi que cet enfant, dont je vous ai offert l'exemple, ne persévère pas dans la colère, ne se rappelle pas le mal qu'on lui a fait, ne dit pas une chose et n'en pense pas une autre, ainsi, vous, vous ne pourrez pas entrer dans le royaume des cieux à moins d'avoir cette innocence et cette pureté d'âme

Non content de faire l'éloge des enfants, Jésus a tenu à les protéger et à leur assurer notre amour.

Pendant quarante siècles, l'enfant n'avait pas été seulement l'objet du mépris des sages et de l'insouciance des législateurs, mais la victime des mœurs les plus viles, les plus cruelles, et des plus impitoyables lois.

Jésus a voulu le couvrir de sa protection et, en quelque sorte, de sa propre gloire. « Celui qui accueille un enfant en mon nom, a-t-il dit, c'est moi-même qu'il accueille. Tout ce que vous aurez fait au plus petit de ces enfants, c'est à moi-même que vous l'aurez fait [3]. » Comme s'il eût dit: Ouvrez les yeux de votre âme, ce petit enfant, c'est moi; ce n'est pas seulement une innocente créature qui entrera dans mon royaume, c'est moi-même. Voyez-

[1] Matth., XVIII, 3.
[2] Matth., XIX, 14.
[3] Matth., XVIII, 5, et XXV, 40.

moi en lui, lui en moi, et n'approchez de cette âme qu'avec un tendre amour et un saint respect.

Et, comme si ce n'était pas assez pour protéger l'enfance, Jésus-Christ a ajouté ces terribles paroles : « Malheur à qui les scandalise [1]. »

Scandaliser l'enfance, ternir en quelque chose ces fronts si candides, flétrir ces jeunes cœurs, déflorer de telles âmes ! A cet enfant qui ignore, qui ne soupçonne pas même le mal, faire cette révélation affreuse, ouvrir ces perspectives sombres, amener cette apparition sinistre, jeter cette ombre sur ce ciel pur ! Malheur à celui-là ! « Il vaudrait mieux qu'on lui mît une meule de moulin au cou et qu'on le précipitât au fond de la mer [2]. »

Pendant qu'il conciliait ainsi le respect aux enfants, Jésus-Christ s'apprêtait à les honorer grandement en les élevant à la dignité d'enfants de Dieu par le saint baptême.

Il y a deux ordres de choses : l'ordre naturel et l'ordre surnaturel, le monde de la nature et le monde de la grâce. Dieu aurait pu laisser les enfants dans l'ordre naturel, avec une intelligence capable d'atteindre naturellement quelques rayons de la vérité, avec une volonté capable de réaliser naturellement quelque bien, avec un cœur capable de s'émouvoir au souffle de légitimes affections, et certes leur part eût été belle. Mais l'amour divin a poussé plus loin ses libéralités. Par une communication qu'on appelle la grâce et qui n'est autre que l'effusion de sa vie en nous, Dieu nous a élevés de l'ordre naturel à l'ordre surnaturel. Par là, sans aucune exagération, les enfants sont devenus membres de la famille de Dieu, les cohéritiers de Jésus-Christ, et il ne nous reste

[1] Matth., XVIII, 6.
[2] Matth., XVIII, 6.

plus qu'à répéter la parole de saint Jean : « Voyez quelle charité le Père céleste nous a témoignée ; il a voulu que nous fussions appelés et que nous fussions en réalité ses enfants [1]. »

Quel beau jour que celui du baptême! Qui dira les mystères de grandeur qu'il renferme? Lorsque, de retour de l'église, on présente aux parents leur petit enfant devenu chrétien, en regardant son front pur, humide encore de l'eau sainte du baptême, ils voient en lui l'enfant de Dieu, l'héritier, non plus de la mort qui vient par Adam, mais de la vie qui vient par Jésus-Christ.

Pour communiquer cette vie de la grâce, Jésus-Christ a fondé le sacerdoce, il a préparé le prêtre.

C'est le prêtre qui introduit les âmes dans l'Église par le baptême. C'est lui qui les nourrit de la vérité révélée, non pas de ses idées, de ses systèmes philosophiques ou politiques, mais de la pure parole de Dieu dont il n'est que le canal. Baptisées et instruites, si ces âmes viennent à défaillir, c'est le prêtre qui les purifie dans le sacrement de pénitence; c'est lui qui les unit à Dieu par l'Eucharistie ; il prie avec elles, il les soutient dans leurs luttes, il.console leurs douleurs, il leur montre le ciel et ne les abandonne que lorsqu'il a déposé leurs corps dans la terre bénite du cimetière, et leurs âmes dans le sein miséricordieux de Dieu.

Il est touchant de penser que cette âme, que Jésus-Christ est allé choisir toute jeune, à qui il a dit, comme aux apôtres: « Venez et suivez-moi, je vous confierai la pêche des hommes [2] ; » puis, qu'il a conduite, à travers les initiations précédentes, jusqu'au sacerdoce, il la destinait à tel et tel enfant, que c'étaient eux qu'il

[1] I, Jean, III, 1,
[2] Marc, I, 17.

avait en vue quand il faisait de l'âme de son prêtre la source des grâces qui devaient couler plus tard ?

Peut-on parler de ce que Jésus-Christ a fait pour les enfants sans voir apparaître, dans une douce et joyeuse clarté, le grand jour de la première communion, « jour plus beau que tous les autres, jour sans pareil où le sacrement eucharistique consomme dans le jeune chrétien la plus complète possession du Christ ; jour du ciel, illuminant la terre, où l'enfant en revenant du temple rapporte son Dieu dans sa poitrine devenue un tabernacle [1]. »

Pour préparer les enfants à ce grand jour, qui a une si puissante influence sur la vie tout entière, Jésus-Christ a voulu être leur modèle.

Saint Joseph et la sainte Vierge allaient tous les ans à Jérusalem, à la fête de Pâques, selon que le prescrivait la loi de Moïse, et lorsque Jésus fut âgé de douze ans, ils y allèrent, selon leur coutume, et ils le menèrent avec eux [2]. Avec quelle ferveur Jésus priait son Père ! Que son maintien était recueilli ! Ne croirait-on pas voir les anges se pencher vers l'Enfant-Dieu agenouillé et l'adorer, pendant que lui-même il adore son Père ? Ne croirait-on pas entendre les femmes juives, émerveillées, se dire les unes aux autres : « Heureuses les entrailles qui ont porté cet enfant ; heureuses les mamelles qui l'ont allaité ; heureuse la mère qui possède un tel fils ! » L'Enfant divin est ainsi le modèle des devoirs de religion envers Dieu.

Il est aussi le modèle à imiter dans les devoirs envers les maîtres et maîtresses qui instruisent. En effet, lorsque Marie et

[1] Père Félix.
[2] Luc, II.

Joseph retournèrent à Jérusalem, Jésus resta dans le Temple, « assis au milieu des docteurs, les écoutant et les interrogeant. [1] » Pour être à l'école un élève parfait, l'enfant n'a qu'à ressembler à Jésus qui écoutait et interrogeait.

Qu'est-ce que l'enfant a à faire dans sa famille, sinon à obéir, obéir d'une manière prompte, joyeuse, pleine d'amour, à l'exemple de Jésus qui « descendit à Nazareth et était soumis [2] ».

L'Évangile, après avoir raconté ces simples et sublimes choses, ajoute : « L'enfant croissait en sagesse, en grâce et en âge, devant Dieu et devant les hommes [3]. » Modèle parfait de l'enfant

Jésus assis dans le Temple, au milieu des docteurs.

qui doit, pendant que son corps se développe avec les années, croître en science, croître en vertu, être ainsi l'édification du monde et la joie de Dieu.

L'amour de Jésus-Christ s'impose, en conséquence, au cœur de tous les enfants chrétiens. Du reste, que de titres Jésus n'a-t-il pas à notre amour !

Si la noblesse de l'origine et l'élévation du rang ont du prestige à nos yeux, Jésus est le fils de Dieu ; de toute éternité il était en

<hr>

[1] Luc, II, 41-46.
[2] Luc, II, 51.
[3] Luc, II, 52.

Dieu [1] avant de prendre naissance dans le temps de la très pure Vierge Marie, il est Dieu.

Si la puissance exerce sur nous quelque séduction, Jésus est le Tout-Puissant ; tout a été fait par lui et rien de ce qui a été fait n'a été fait sans lui [2]. C'est lui qui, de son doigt, a tracé aux astres, dans les profondeurs des cieux, le chemin dont ils ne sortent jamais ; c'est lui qui a donné à l'Océan ses limites ; c'est lui qui soutient l'univers entier dans sa main.

Si la richesse nous plaît : tout est à Jésus au ciel et sur la terre.

Si la beauté nous captive : Jésus n'est-il pas le plus beau des enfants des hommes [3] ? N'est-ce pas lui qui a répandu les beautés que nous apercevons dans les créatures et qui ne sont qu'un pâle reflet de la beauté divine, qu'une goutte épanchée de cet océan infini de beauté qui est en lui.

Si l'esprit nous charme : Jésus est l'intelligence infinie : en lui sont tous les trésors de la sagesse et de la science divine.

Si le cœur nous attire : Jésus est tout amour. Il a aimé les pauvres jusqu'à se faire semblable à eux et vouloir bien recevoir pour lui-même ce qui leur vient de notre libéralité. Il a aimé les pécheurs, les publicains méprisés, la Samaritaine coupable, Madeleine déshonorée, jusqu'à rechercher leur compagnie, bravant, pour attendrir leur cœur, les reproches et les injures des zélateurs de la loi. Il a aimé son ingrate patrie jusqu'à pleurer sur elle. Avant qu'elle eût consommé ses oublis et ses perfidies, il l'a appelée d'une voix émue : « Jérusalem, Jérusalem, qui tues les

[1] Jean, I, 1 et 2.
[2] Jean I, 3.
[3] Ps., XLIV, 3.

prophètes et lapides les envoyés de Dieu, que de fois j'ai
voulu rassembler tes enfants, comme la poule rassemble ses pous-
sins sous ses ailes, et tu ne l'as pas voulu. Ah ! si tu connaissais
le temps de la visite du Seigneur [1] ! » Il a aimé ses ennemis jusqu'à demander leur pardon à Dieu, quand ils insultaient à ses
souffrances et à ses derniers moments. Il a aimé comme personne
n'a aimé et n'aimera jamais.

De votre côté, enfants, aimez Jésus-Christ de tout votre cœur.
Dans le cours de votre vie il y aura bien des amours qui vous quit-
teront, seul l'amour de Jésus ne se lassera pas, il ne s'en ira pas, il
s'attachera à vous, même quand vous vous obstinerez à vous refuser à l'aimer, il sera à vous dans l'avenir, comme il a été à vous
dans le passé.

Ne rougissez jamais de Jésus-Christ. Vous pouvez sans crainte
suivre sa bannière ; mieux que le drapeau blanc de Henri IV,
on le trouve toujours au sentier de l'honneur. Au besoin, ne
craignez pas de prendre la défense de Jésus-Christ contre les
propos de l'impiété.

De nos jours surtout, une haine satanique s'est déchaînée
contre Jésus-Christ et son Église. Cela se comprend : il y a toujours lutte entre le bien et le mal, le mal doit haïr le bien, et,
Jésus-Christ étant le souverain bien, il est naturel qu'il soit souverainement haï par le mal.

Mais si ce fait n'étonne pas, il serait étonnant que des cœurs
chrétiens ne sentissent pas le besoin de faire un contre poids à
cette haine par un amour généreux et fort. Quand les Scribes et les
Pharisiens se furent portés aux dernières extrémités contre Jésus-

---

[1] Matth., XXIII, 37.

Christ, qu'ils l'eurent garrotté, insulté et crucifié, Joseph d'Arimathie, disciple caché du Sauveur jusque-là, n'y tint plus. Il alla trouver Pilate, sans se laisser arrêter par les qu'en-dira-t-on, ni par la crainte des soldats qui gardaient la porte du gouverneur, et il demanda le corps de Jésus, qu'il plaça dans un suaire blanc et couvrit des aromates qu'il avait achetés à cette fin. Peu après, Marie-Madeleine et les saintes femmes préparaient des parfums pour embaumer le corps meurtri de leur Dieu crucifié. Comme les saintes femmes et comme Joseph d'Arimathie, ne craignez pas, en face de l'impiété contemporaine, d'affirmer votre estime et votre amour pour Jésus-Christ, et, puisque le cri du jour semble être : A bas le Christ ! que votre vie tout entière dise, plus encore que vos lèvres : Vive le Christ Jésus!

« Il y a un homme dont l'amour garde la tombe ; il y a un homme dont le sépulcre n'est pas seulement glorieux, comme l'a dit un prophète, mais dont le sépulcre est aimé. Il y a un homme dont la cendre, après dix-huit siècles, n'est pas refroidie ; qui, chaque jour, renaît dans la pensée d'une multitude innombrable d'hommes ; qui est visité dans son berceau par les bergers, et par les rois lui apportant à l'envie et l'or, et l'encens, et la myrrhe. Il y a un homme dont une portion considérable de l'humanité reprend les pas sans se lasser jamais, et qui, tout disparu qu'il est, se voit suivi par cette foule dans tous les lieux de son antique pèlerinage, sur les genoux de sa mère, au bord des lacs, au haut des montagnes, dans les sentiers des vallées, sous l'ombre des oliviers, dans le secret des déserts. Il y a un homme mort et enseveli, dont on épie le sommeil et le réveil, dont chaque mot qu'il a dit vibre encore et produit plus que l'amour, produit des vertus fructifiant dans l'amour. Il y a un homme attaché depuis des siècles à un gibet, et cet homme, des millions d'adorateurs le détachent chaque jour de ce trône de son supplice, se mettent à genoux devant lui, se prosternent au plus bas qu'ils peuvent sans en rougir, et là, par terre, lui baisent avec une indicible ardeur les pieds sanglants ! Il y a un homme flagellé, tué, crucifié, qu'une inénarrable passion ressuscite de la mort et de l'infamie, pour le placer dans la gloire d'un amour qui ne défaille jamais, qui trouve en lui la paix, l'honneur, la joie, et jusqu'à l'extase. Il y a un homme poursuivi dans son supplice et sa tombe par une inextinguible haine, et qui, demandant des apôtres et des martyrs à toute postérité qui se lève, trouve des apôtres et des martyrs au sein de toutes les générations. Il y a un homme enfin, et le seul qui a fondé son amour sur la terre, et cet homme, c'est vous, ô Jésus ! vous qui avez bien voulu me baptiser, me oindre, me sacrer dans votre amour, et dont le nom seul, en ce moment, ouvre mes entrailles et en arrache cet accent qui me trouble moi-même et que je ne me connaissais pas. »

Père Lacordaire.

III

CHARLEMAGNE

(742-814)

« Entre le monde ancien et le monde moderne, apparaît Charlemagne, dit un homme d'État qui se connaît en grands hommes. Certes, ajoute-t-il, qu'au sein de la civilisation, de son savoir si varié, si attrayant, si fécond, où le goût du savoir naît du savoir même, on trouve des mortels épris des lettres et des sciences, les aimant pour elles-mêmes et pour leur utilité, comprenant que c'est par elles que tout marche, le vaisseau sur les mers, le char sur les routes, que c'est par elles que la justice règne et que la force appuie la justice, que c'est par elles enfin que la société humaine est à la fois belle, attrayante, douce et sûre à habiter, c'est naturel et ce n'est pas miracle ! Quels yeux, après avoir vu la lumière, ne l'aimeraient point? Mais qu'au sein d'une obscurité profonde un œil qui n'a jamais connu la lumière la pressente, l'aime, la cherche, la trouve et tâche de la répandre, c'est un prodige digne de l'admiration et du respect des hommes. Ce prodige, c'est Charlemagne qui l'offrit à l'univers. Barbare né au milieu de barbares, qui avaient cependant reçu par le clergé quelques parcelles de la science antique, il s'éprit avec la plus noble ardeur de ce que nous appelons la civilisation, de ce qu'il appelait d'un autre nom, mais de ce qu'il aimait autant que nous, et par les mêmes motifs. A cette époque la civilisation, c'était le christianisme. Être chrétien alors, c'était être vraiment philosophe, ami du bien, de la justice, de la liberté des hommes. Par toutes ces raisons, Charlemagne devint un chrétien fervent et voulut faire prévaloir le christianisme dans le monde barbare, livré à la force brutale et au plus grossier sensualisme. A l'intérieur de cette France inculte et sans limites définies, le Nord-Est, ou Austrasie, était en lutte avec le Sud-Ouest, ou Neustrie, l'un et l'autre avec le Midi, ou Aquitaine. Au dehors, cette France était menacée de nouvelles invasions par les barbares du Nord, appelés Saxons, par les barbares du Sud, appelés Arabes, les uns et les autres païens ou à peu près. Si une main ferme ne venait opposer une digue soit au Nord, soit au Midi, l'édifice des Francs à peine commencé pouvait s'écrouler, tous les peuples pouvaient être jetés encore une fois les uns sur les autres, le torrent des invasions pouvait déborder de nouveau et emporter les semences de civilisation à peine déposées en terre. Charlemagne, dont l'aïeul et le père avaient commencé cette œuvre de consolidation, la reprit et la termina. Grand capitaine, on ne saurait dire s'il le fut, s'il lui était possible de l'être dans ce siècle. Le capitaine de ce temps était celui qui, la hache d'armes à la main, comme Pépin, comme Charles Martel, se faisait suivre de ses gens de guerre en les conduisant plus loin que les autres à travers les rangs pressés de l'ennemi. Élevé par de tels parents, Charlemagne n'était sans doute pas moins vaillant qu'eux ; mais il fit mieux que de combattre en soldat à la tête de ses grossiers soldats, il dirigea pendant cinquante années, dans des vues fermes, sages, fortement arrêtées, leur bravoure aveugle. Il réunit sous sa main l'Austrasie, la Neustrie, l'Aquitaine, c'est-à-dire la France ; puis, refoulant les Saxons au Nord, les poursuivant jusqu'à ce qu'il les eût faits chrétiens, seule manière alors de les civiliser et de désarmer leur férocité, refoulant au Sud les Sarrasins sans prétention de les soumettre, car il aurait fallu pousser jusqu'en Afrique, s'arrêtant sagement à l'Ebre, il fonda, soutint, gouverna un empire immense, sans qu'on pût l'accuser d'ambition désordonnée, car en ce temps-là il n'y avait pas de frontières ; et si cet empire, trop étendu pour le génie de ses successeurs, ne pouvait rester sous une seule main, il resta du moins sous les mêmes lois, sous la même civilisation, quoique sous des princes divers, et devint tout simplement l'Europe. Maintenant pendant près d'un demi-siècle ce vaste empire, par la force appliquée avec une persévérance infatigable, il se consacra pendant le même temps à y faire régner l'ordre, la justice, l'humanité, comme on pouvait les entendre alors, en y employant tantôt les assemblées nationales, qu'il appelait deux fois par an autour de lui, tantôt le clergé, qui était son grand instrument de civilisation, et enfin ses représentants directs, ses fameux *missi dominici*, agents de son infatigable vigilance.

« Sachant que les bonnes lois sont nécessaires, mais que, sans l'éducation, les mœurs ne viennent pas appuyer les lois, il créa partout des écoles, où il fit couler, non pas le savoir moderne, mais le savoir de cette époque, car de ces fontaines publiques il ne pouvait faire couler que les eaux dont il disposait.

« Joignant à ses laborieuses vertus quelques faiblesses qui tenaient pour ainsi dire à l'excellence de son cœur, entouré de ses nombreux enfants établis dans ses palais, qui étaient de riches fermes, y vivant en roi doux autant que sage et profond, il fut mieux qu'un conquérant, qu'un capitaine, il fut le modèle accompli du chef d'empire, aimant les hommes, méritant d'en être aimé, constamment appliqué à leur faire du bien, et leur en ayant fait plus peut-être qu'aucun des souverains qui ont régné sur la terre. Après ces terribles figures des Alexandres, des Césars, qui ont bouleversé le monde beaucoup plus pour y répandre leur gloire que pour y répandre le bien, avec quel plaisir on contemple cette figure bienveillante, majestueuse et sereine, toujours appliquée ou à l'étude, ou au bonheur des hommes, et où n'apparaît qu'un seul chagrin, mais à la fin de ses jours, celui d'entrevoir les redoutables esquifs des Normands, dont il prévoit les ravages sans avoir le temps de les réprimer. Tant il y a qu'aucune carrière ici-bas n'est complète, pas même la plus vaste, la plus remplie, qu'aucune vie n'est heureuse jusqu'à son déclin, celle même qui a le plus mérité de l'être [1] ! »

Tel est le jugement porté par M. Thiers sur Charlemagne. Sauf les réserves qu'il y aurait à faire au sujet de ce que l'illustre écrivain appelle la civilisation moderne, ce tableau est parfait. Disons seulement qu'aujourd'hui, comme au viiie siècle, la civilisation, c'est le christianisme. En perdant leur caractère chrétien, les sociétés européennes, si longtemps civilisées, retournent manifestement à la barbarie, et la science séparée de la foi est absolument impuissante à les relever.

Il serait superflu de raconter la vie de ce grand homme. Ce récit se trouve dans tous les manuels d'histoire. Il sera plus

[1] Thiers, *Histoire de l'Empire*, liv. XLIV, édit. in-4°, t. IV.

intéressant et plus en rapport avec le but de ce livre, de montrer en Charlemagne le littérateur, le poète, le savant, surtout le fondateur d'écoles.

« Le Roi des rois, le Dieu qui dispose et ordonne à son gré la succession des époques et des empires, dit un vieil historien, après avoir abattu l'idole de fer de l'empire romain, se préparait à le relever en une statue d'or en la personne de Charlemagne, roi des Francs. Il donna à ce prince une sagesse incomparable, un amour de la science qui fut la passion de toute sa vie[1]. » En effet, le vrai Charlemagne, celui de l'histoire sérieuse, ne ressemble guère au portrait de fantaisie qui nous le représente ne sachant pas écrire et incapable de signer son nom. « Il surpassa, dit Hincmar, tous les rois ses prédécesseurs dans la connaissance des saintes Écritures, dans la science des lois ecclésiastiques et civiles. Il portait sans cesse sur lui, durant le jour, et plaçait la nuit à son chevet des tablettes et des plumes pour noter, à mesure qu'elles se présentaient à son esprit, les pensées qu'il croyait utiles à l'Église, à la police de l'État, au gouvernement de l'Empire. » Le moine Dungal et les actes de saint Adalard attestent que dans son enfance Charlemagne avait étudié les écrits de Martianus-Capella, de Cassiodore; qu'il avait suivi les cours de grammaire, de dialectique, d'astronomie, de médecine, à l'école du Palais, dont il était l'un des élèves les plus distingués pour les progrès et l'intelligence. Charlemagne lui-même, dans un de ses diplômes, s'exprimait ainsi : « Je ne puis mieux encourager la renaissance des sciences et des lettres dans mes états

---

[1] Monach. San-Gal., *De gest. B. Carol. Magn.*, lib. I, cap. XII.

Portrait de Charlemagne peint à la cire
et conservervé au Vatican.

qu'en citant mon propre exemple et le zèle que j'ai mis à étudier les arts libéraux. »

Doué d'une éloquence abondante et facile, dit Éginhard, Charlemagne exprimait avec la plus grande clarté tout ce qu'il voulait dire. Non content de l'idiôme de ses ancêtres, qu'il possédait en perfection et pour lequel il commença même une grammaire, il parlait le latin comme sa propre langue ; quant au grec, il le comprenait très bien, mais le prononçait mal ; il étendit ses connaissances linguistiques à l'étude de l'hébreu et du syriaque ; il travailla même à la revision du texte entier de la Bible.

A la première page de l'homiliaire publié par Paul Winfrid, plus connu sous le nom de Paul Diacre, Charlemagne écrivait cette préface : « Charles, par la grâce de Dieu, roi des Francs et des Longobards, patrice des Romains, à tous les religieux lecteurs soumis à notre domination. — La clémence divine nous protège si manifestement, soit dans les périls des combats, soit dans les prospérités de la paix, qu'il nous serait impossible de lui en témoigner notre reconnaissance si le Dieu de toute miséricorde, qui connaît la faiblesse humaine, ne daignait se contenter des moindres efforts et agréer l'intention à l'égal de l'œuvre.

« Nous avons surtout à cœur d'assurer de plus en plus le progrès de la science ecclésiastique, de réparer sur ce point l'incurie de nos prédécesseurs, et nous ne saurions mieux prouver notre amour pour les arts libéraux qu'en donnant nous-même l'exemple et en les étudiant sans cesse. La négligence des copistes avait introduit une foule d'incorrections dans les livres de l'Ancien et du Nouveau Testament ; nous avons, avec l'aide de Dieu, rétabli dans son intégrité, phrase par phrase, le texte véritable. Notre père, le roi Pépin, de vénérable mémoire, a établi dans toutes les églises des Gaules le chant romain ; nous nous sommes préoccupé à notre tour d'y joindre un ordre complet pour les leçons de l'office nocturne. Jusqu'ici le recueil dont on se servait fourmillait de fautes ; les textes ne portaient pas de nom d'auteur, ou celui qu'ils indiquaient n'était pas le véritable. Nous ne pouvions souffrir que de nos jours la majesté des offices divins fut plus longtemps compromise par des solécismes ou des termes barbares. Nous avons donc fait rédiger le lectionnaire dans un meilleur ordre et avec une correction irréprochable. Ce travail fut confié par nous à la science et à l'érudition de Paul Diacre, notre familier et cher client. Il a recueilli dans les œuvres des Pères catholiques, comme dans une vaste prairie, les plus belles fleurs spirituelles, pour les réunir en une guirlande embaumée. Dévotement empressé à remplir le vœu de notre celsitude, il a relu les traités et les homélies des docteurs ; il a pris dans chacun les morceaux les plus achevés et en a composé un recueil qui suit l'ordre liturgique de toute l'année, le propre du temps, les fêtes de Notre-Seigneur et celles des saints. Nous les avons lus attentivement, et, après nous être assuré nous-même de leur correction, nous offrons ces deux volumes revêtus de notre approbation à toutes les églises du Christ. »

C'est ainsi que Charlemagne écrivait la préface de l'homiliaire de Paul Diacre, l'un des recueils les plus complets et les mieux ordonnés de ce genre. De son côté, le savant bénédictin, en offrant cet ouvrage au grand roi, le faisait précéder de cet hommage poétique : « Puisses-tu de longues années jouir heureusement de ces présents du Christ, grand roi Charles, lumière et splendeur des Francs, prince en qui revit l'éclat de la toge, arbitre du monde, gloire de la nation des Dardanides [1]. »

Charlemagne s'occupa même de théologie. Dans des livres, sinon écrits tout entiers par lui, du moins composés par son ordre, collationnés avec son concours, sous sa dictée, au point qu'il voulut en être nommé l'auteur et les publia sous sa responsabilité, il réfuta d'une manière solide et complète l'erreur des iconoclastes. Il soumit humblement son œuvre au jugement du Saint-Siège. Le pape Adrien lui répondit en ces termes : « Votre familier fidèle, le prêtre Angilbert, ministre de votre chapelle royale, cet ami de Votre Excellence, élevé à vos côtés dans l'école du palais, et maintenant admis a tous vos conseils, a été reçu par nous avec grande joie. En l'entretenant, il nous semblait vous parler à vous-même. Il nous a remis le livre sur le culte des saintes images, que vous soumettez à l'approbation du Siège apostolique. Si différent de vos autres édits par son importance et son objet, ce capitulaire accuse votre travail personnel et votre profonde science du dogme catholique. Il résume en effet toute la doctrine des Pères, la tradition orthodoxe et la foi immaculée de l'Église romaine. »

Dans le but de préparer le retour de l'église grecque à l'unité catholique, Charlemagne faisait rechercher dans les ouvrages des Pères tous les textes établissant que le Saint-Esprit procède également du Père et du Fils. On sait que, dès cette époque, ce dogme était une pierre d'achoppement pour l'Église grecque. Il chargea de ce travail Théodulfe, savant moine béné-

[1] La tradition antique faisait remonter l'origine des Francs à une colonie de Troyens échappés à la ruine de leur patrie.

dictin d'Italie, qu'il avait attiré dans les Gaules, auquel il confia d'abord la direction de l'école de Saint-Benoît-sur-Loire, et qu'il éleva ensuite au siège épiscopal d'Orléans. Après avoir composé son recueil avec autant d'érudition que d'exactitude théologique, Théodulfe redevenait poète pour l'adresser à Charlemagne avec ces charmantes paroles, mises en vers latins : « Va, mon petit livre, vole aux pieds du grand roi Charles, et dis-lui : Pieux empereur, salut. — Prosterné devant son trône, baise les pieds du héros, puis lève-toi jusqu'à la hauteur de ses genoux. S'il daigne fixer sur toi l'éclair de ses yeux, s'il te prend dans sa main clémente, et qu'il te dise : D'où viens-tu, que veux-tu, où vas-tu, qui es-tu ? — réponds humblement : Je viens, guidé par Théodulfe, de parcourir les vastes prairies de l'enseignement patristique, et j'y ai cueilli une gerbe de fleurs. Mon but est d'établir la vérité du dogme de la procession du Saint-Esprit ; je puis la prouver contre tous les opposants. — Toi, si petit ! te dira-t-il. — Oui, je le puis, grand roi, diras-tu, je le puis avec l'aide de Dieu. Mes armes sont invincibles, précisément parce qu'elles ne sont pas les miennes, mais celles des docteurs inspirés par l'Esprit de Dieu Lui-même. Elles le seront dans votre main, roi pieux, que l'Esprit-Saint dirige pour la défense de sa cause, vous l'honneur du monde, la lumière du royaume, le tuteur de la justice, le rempart et le bouclier de la foi, le père des lettres, le restaurateur des nobles études que vous aimez et faites aimer, dont la résurrection est votre œuvre, au torrent desquelles vous buvez vous-même à pleine coupe. »

« L'œuvre véritable de Charlemagne ne se compose pas seulement, dit M. Ampère, des livres qu'il a écrits ou ordonné d'écrire, elle se compose surtout des institutions qu'il a fondées, des écoles qu'il a ouvertes, de tout ce qu'il a fait pour la civilisation et les lumières dans un temps de barbarie et de ténèbres [1]. » Ce fut, en effet, Charlemagne qui fut l'initiateur des Gaules et de la Germanie dans la carrière des lettres et des sciences. Les écoles épiscopales ou monastiques de Paris, Lyon, Orléans, Saint-Denys, Metz, Aix-la-Chapelle, Cologne, Saint-Martin de Tours, Saint-Benoît-sur-Loire, Fulde, Fontenelle, Corbie, et mille autres, dont les noms forment un volume entier sous la plume pourtant si dénigrante de Launoy, le prouvent surabondamment.

Pour exciter dans les esprits ce goût des lettres et des sciences, le grand roi prenait soin d'attirer en France les hommes les plus instruits de toutes les nations. Un jour, deux étrangers, venus d'Irlande, débarquèrent d'un navire marchand sur la terre des Gaules. Leurs compatriotes étalaient les diverses marchandises qu'ils avaient à vendre, mais eux, les mains vides, criaient à la foule : s'il en est qui veuillent acquérir la science, qu'ils viennent à nous, et nous la leur apprendrons ! — Cette singulière réclame, faite à la porte du palais de Charlemagne, prouverait à elle seule que l'Europe entière connaissait l'amour de ce prince pour les savants. Les deux étrangers furent présentés au roi : « Vous croyez donc posséder quelque sagesse et quelque instruction ? demanda-t-il. — Nous sommes savants, répondirent-ils ; nous ne voulons que des élèves bien disposés pour partager avec eux notre trésor intellectuel. » — Il se trouva qu'ils disaient vrai. L'un était Clément l'Hibernien, l'autre le moine Dungal, le plus savant astronome de cette époque. Tous deux furent immédiatement attachés comme professeurs à l'école palatine.

---

[1] *Histoire littéraire de la France avant le* XIIe *Siècle*, t. III.

Alcuin, qui jeta un si grand éclat sur le règne de Charlemagne, était étranger, lui aussi.

Né dans le Northumberland, en 735, Alcuin avait été élevé dans l'école épiscopale d'York, qui rivalisait alors avec celle de Cantorbéry [1]. Il s'y distingua, dès son plus jeune âge, par une piété vive et une ardeur incroyable pour le travail. Le cours d'études suivi à York était celui que le vénérable Bède avait mis en honneur. « Notre maître, le savant Aelbert, dit Alcuin, abreuvait à toutes les sources de la science nos esprits avides. Aux uns, il enseignait les règles de la grammaire; il faisait couler pour les autres les flots de la rhétorique; il formait ceux-ci aux luttes du barreau, ceux-là aux chants des poètes. Il leur apprenait à faire résonner la flûte de Castalie, à frapper d'un pied lyrique les sommets du Parnasse. Il expliquait le mécanisme des cieux, les pénibles éclipses du soleil et de la lune, les cinq zones du pôle, les sept étoiles errantes (planètes), les lois des astres, leur lever et leur coucher, les mouvements violents de la mer, les tremblements de terre, l'histoire naturelle de l'homme, des animaux domestiques, des oiseaux et des bêtes féroces, les diverses combinaisons des nombres et leurs formes variées. Il enseignait à calculer d'une manière certaine le retour annuel de la Pâque; mais surtout il nous découvrait les mystères des saintes Écritures, il nous faisait pénétrer dans les profondeurs de l'ancienne loi. »

Vers l'an 763, Aelbert fit le pèlerinage de Rome, dans le double but de satisfaire sa piété et d'augmenter par de nouveaux manuscrits les trésors de la bibliothèque d'York. Alcuin l'accompagna. Ensemble ils traversèrent l'Alsace et séjournèrent quelque

---

[1] *Histoire générale de l'Église*, par l'abbé Darras, t. XVII, ch. VI.

temps au monastère de Murbach. Dès cette époque, Alcuin eut l'occasion de connaître Charlemagne et d'en être tellement apprécié que le grand roi l'adjoignait aux ambassadeurs qu'il faisait partir pour Rome. Cependant le jeune docteur anglo-saxon ne se fixa point encore à la cour de France, où de si brillantes destinées l'attendaient dans l'avenir. Les deux pèlerins revinrent en Angleterre. Aelbert fut nommé archevêque d'York. Douze ans après, il se retira dans la solitude, se choisit un coadjuteur dans la personne d'Éonbald, et remit à Alcuin la direction en chef de l'école et de la bibliothèque.

Dans un second voyage qu'il fit à Rome, Alcuin retrouva Charlemagne devenu maître de l'Italie. L'entrevue eut lieu à Parme. Le grand roi s'éprit pour le grand professeur d'une affection telle qu'il voulait l'avoir sans cesse à ses côtés et ne pouvait se rassasier de l'entendre. Pour l'attacher à la France, il lui donna sur-le-champ l'abbaye de Ferrières et celle de Saint-Loup de Troyes. « Je ne puis, sans l'autorisation de mon roi et de mon évêque, répondit Alcuin, abandonner ma patrie, quitter l'église où j'ai reçu la tonsure cléricale et la consécration des lévites. Permettez-moi donc de retourner dans mon pays. — Charlemagne, de sa voix la plus caressante, lui dit : j'ai des richesses en abondance, illustre maître, je serai heureux d'en disposer en votre faveur et de vous honorer comme un père. Il y a longtemps que nous vous désirons tous dans ce royaume ; maintenant que vous y êtes venu, que nous avons eu la joie d'être illuminés par les rayons de votre piété, je vous en supplie, ne nous quittez plus. — Seigneur, reprit Alcuin, je ne veux point résister à votre volonté, mais il faut que j'y sois autorisé canoniquement. Je laisserai de grand cœur et ma patrie, et l'héritage de mes aïeux, si je puis vous être utile, même en restant pauvre près de vous. Il vous reste à m'obtenir de mon roi et de mon évêque. » Charlemagne le laissa donc encore retourner en Angleterre, mais n'épargna rien pour hâter la conclusion définitive. Quand toutes les formalités furent accomplies, le célèbre professeur quitta York et vint en France.

Alcuin dirigea d'abord l'école palatine ; plus tard, celle de Saint-Martin de Tours lui fut confiée, et il y fit ses doctes leçons. On accourait de toutes parts pour les entendre, et l'impulsion donnée aux sciences et aux lettres fut telle que les Gaulois et les Francs égalèrent alors les antiques Grecs et Romains. Pendant les absences d'Alcuin, l'école palatine restait confiée a l'Irlandais Clément. Un jour, au retour de l'une de ses victorieuses campagnes, le roi Charles se fit présenter les élèves et examina lui-même leurs compositions et leurs vers. Or, il se trouva que les jeunes gens appartenant à des familles médiocres ou pauvres fournirent des travaux excellents ; les fils des leudes avaient perdu le temps dans la paresse. Charles fit ranger à sa droite tous les bons écoliers. « Mes fils, leur dit-il, je vous félicite d'avoir suivi mes ordres, vous appliquant de toutes vos forces à l'étude. Continuez de la sorte, efforcez-vous d'arriver à la perfection. Je vous donnerai un jour des évêchés et des abbayes. » — Puis, se tournant à gauche et jetant sur la foule des paresseux un regard terrible : « Vous autres, s'écria-t-il, vous, les délicats et les prétentieux, parce que vous avez des leudes pour pères, vous vous fiez à votre naissance et aux richesses de vos familles ; vous dédaignez l'étude des lettres, vous préférez le jeu, la toilette et les plaisirs frivoles ! » Élevant alors vers le ciel sa tête auguste et son bras invincible : « Par le roi des cieux, ajouta-t-il, je m'inquiète fort peu de votre noblesse et de votre luxe, vains hochets que d'autres admirent. Sachez-le bien, si vous ne réparez votre négligence, jamais vous n'obtiendrez la moindre faveur du roi Charles. »

Cette sévère leçon était d'ailleurs appuyée par l'exemple même du roi. « Il voulut, dit Eginhard, que non seulement ses fils, mais ses filles elles-mêmes, suivissent le cours des études libérales, et il veillait attentivement à leurs progrès. En outre, les jeunes princes, aussitôt que leur âge le permettait, étaient formés aux exercices corporels en usage chez les Francs, l'équitation, les armes, la natation, la chasse. Les princesses devaient se familiariser avec les ouvrages de leur sexe ; le roi tenait à ce qu'elles fussent constamment occupées soit à filer au fuseau, soit à travailler la laine ; il redoutait pour elles l'oisiveté, source de tous les désordres [1]. »

Ce n'était pas seulement à quelques privilégiés, c'était à tous ses sujets que Charlemagne voulait que la science devint accessible. En 787, il adressa aux évêques et abbés de son royaume une circulaire conçue en ces termes : « Charles, par la grâce de Dieu, roi des Francs et des Longobards, patrice des romains, à l'abbé Baugulf, à toute sa congrégation et à tous nos fidèles sujets confiés à vos soins, salut au nom du Dieu tout-puissant. — Sache votre dévotion agréable à Dieu, que, de concert avec nos fidèles, nous avons jugé utile que, dans tous les évêchés et monastères des états dont le Christ nous a donné le gouvernement, on prît soin non seulement du maintien de la vie régulière et de l'observance des lois de notre sainte religion, mais qu'on se préoccupât d'ins-

---

[1] *Vie de Charlemagne*, ch. xix.

truire dans la science des lettres et selon la capacité de chacun tous ceux à qui le Seigneur a donné la faculté naturelle d'apprendre, en sorte que, si la discipline régulière apprend à bien vivre, l'instruction apprenne à bien parler, et que tous les serviteurs de Dieu qui s'appliquent à lui plaire par la sainteté se rendent capables de le servir par la science. En effet, quoi qu'il soit mieux de bien faire que de savoir, il faut savoir avant de faire. Si l'erreur, le mensonge, l'ignorance, sont si pernicieux dans le commerce avec les hommes, combien plus ne le sont-ils pas dans la vie chrétienne, où les fidèles doivent être par excellence les serviteurs de la vérité.... ? »

Les vues du grand monarque trouvèrent dans le clergé un concours qui ne fit jamais défaut. Les statuts synodaux, ou *capitula*, adressés vers cette époque par Théodulfe au clergé d'Orléans, nous en sont une preuve. « Les prêtres qui voudront envoyer aux écoles soit leur neveu, soit tout autre enfant de leur parenté, auront la faculté de les placer gratuitement soit à l'église Sainte-Croix ou au monastère de Saint-Aignan, soit à Saint-Benoît-sur-Loire ou à Saint-Lifard, soit enfin dans tout autre des monastères confiés à notre gouvernement. Que les prêtres tiennent des écoles dans les villes et dans les bourgs. Si quelqu'un des fidèles veut leur confier ses enfants pour leur faire étudier les lettres, qu'ils ne refusent point de les recevoir et de les instruire, mais au contraire qu'ils les élèvent en toute charité, se souvenant du mot de l'Écriture : « Les docteurs brilleront de l'éclat du firmament, et ceux qui auront enseigné aux autres la voie de la justice resplendiront comme des astres dans les profondeurs de l'éternité. » Les prêtres n'exigeront aucune rétribution pour cette œuvre éminemment désintéressée ; ils ne recevront absolument rien, excepté ce que spontanément et par affection les parents voudraient leur offrir[1].»

Ainsi, d'après les ordonnances de Charlemagne, comme d'après les prescriptions formelles de l'Église, chaque cathédrale devait avoir, comme annexe, une école dans laquelle on recevait, à l'origine, les enfants et les jeunes gens qui se destinaient à l'état ecclésiastique, et, plus tard, tous les enfants indistinctement, quels que fussent la classe de la société à laquelle ils appartenaient et le genre de vie qu'ils voulaient embrasser.

Aucun Français ne doit oublier un semblable bienfait.

Après un règne long et glorieux, entièrement consacré au bonheur de ses sujets et à la défense de l'Église, Charlemagne se sentit attaqué mortellement (20 janvier 814). Lui seul envisagea le péril sans effroi, et avec tout l'héroïsme qui l'avait signalé en tant de rencontres. Le septième jour de la maladie, il se fit administrer le saint viatique, ne marqua aucune émotion humaine pendant toute la cérémonie, et parut uniquement occupé des sentiments de la religion. Au moment du trépas, il recueillit ses forces pour faire sur lui le signe de la croix, murmura les mots du Psalmiste : « Seigneur, je remets mon âme entre vos mains ; » puis il expira doucement sur les neuf heures du matin, le vingt-huitième jour de janvier 814, la soixante-douzième de son âge, la quarante-septième de son règne, et la quatorzième de son empire. On l'enterra dans l'église d'Aix-la-Chapelle, qu'il avait fait construire, et où son magnifique tombeau se voit encore. Avec lui se fût peut-être éteint pour jamais le flambeau de la civilisation en Occident, si la papauté n'eût été là pour le relever [2].

---

[1] Theodulfe, Capitul. XIX et XX.
[2] *Histoire générale de l'Église*, par l'abbé Darras, t. XVIII, ch. II.

Montesquieu parle ainsi des lois et du gouvernement de Charlemagne : « Ce grand prince fit d'admirables règlements ; il fit plus, il les fit exécuter. On voit dans sa législation un esprit de prévoyance qui comprend tout et une certaine force qui entraîne tout ; les prétextes pour éluder les devoirs sont ôtés, les négligences corrigées, les abus réformés ou prévenus ; il savait punir, il savait encore mieux pardonner. Vaste dans ses desseins, simple dans l'exécution, personne n'eût à un plus haut degré l'art de faire les plus grandes choses avec facilité, et les difficiles avec promptitude. Il parcourait sans cesse son vaste empire, portant la main partout où il allait tomber. Les affaires renaissaient de toutes parts, il les finissait de toutes parts. Jamais prince ne sut mieux braver les dangers, jamais prince ne sut mieux les éviter. Il se joua de tous les périls, et particulièrement de ceux qu'éprouvent presque toujours les grands conquérants, je veux dire des conspirations. Ce prince prodigieux était extrêmement modéré, son caractère était doux, ses manières simples ; il aimait à vivre avec les gens de sa cour. Il mit une règle admirable dans sa dépense ; il fit valoir ses domaines avec sagesse, avec attention, avec économie ; un père de famille pourrait apprendre, dans ses lois, à gouverner sa maison ; on voit, dans ses Capitulaires, la source pure et sacrée d'où il tira ses richesses. Je ne dirai plus qu'un mot : il ordonnait qu'on vendît les œufs des basses-cours et les herbes inutiles de ses jardins, et il avait distribué à ses peuples toutes les richesses des Lombards et les immenses trésors de ces Huns, qui avaient dépouillé l'univers[1]. »

Mais, comme l'a dit un historien, « c'est l'Église surtout qui a

---

[1] Montesquieu, *Esprit des Lois*, l, xxxiii.

droit de revendiquer comme sienne la personnalité à jamais glorieuse de Charlemagne. Il ne fut grand que parce qu'il fut le plus soumis des fils de l'Église ; il ne fut empereur que parce que l'Église ceignit son front du diadème impérial [1]. »

Faut-il le mettre au nombre des saints et ajouter l'auréole de la canonisation à celle de son génie et de ses vertus ? Il est certain que les églises de Paris, de Reims, de Rouen, d'Aix-la-Chapelle, l'ont de temps immémorial honoré du culte qu'on rend aux saints. La catholique Espagne lui a rendu les mêmes honneurs, et nous avons l'office propre qu'elle avait consacré dans sa liturgie à « saint Charlemagne, empereur et confesseur ». Sur sa tombe même, les contemporains du grand empereur, dont on trouva le corps inanimé revêtu d'un cilice qu'il avait porté toute sa vie, le proclamèrent saint. Son culte a continué et subsiste de nos jours encore, sans que les papes aient élevé à ce sujet la moindre réclamation.

Dès l'an 1001, l'empereur Othon III fit ouvrir le tombeau de Charlemagne. On trouva le corps du héros chrétien assis sur un trône d'or, la couronne en tête, couvert du manteau impérial, la main gauche appuyée sur un évangéliaire et tenant de l'autre un sceptre d'or.

Il y a quelques années, la chàsse qui renferme ces restes vénérés fut ouverte en présence du savant archéologue français, le P. Arthur Martin, dont nous reproduisons le récit: « La chàsse de style roman qui renferme les ossements de Charlemagne a dû être exécutée dans ce but et achevée, sinon sous Frédéric Barberousse, du moins peu d'années après lui... Ce ne fut pas sans un

____

[1] L'abbé Darras.

religieux saisissement que nos regards avides pénétrèrent dans l'intérieur. Nous y aperçûmes d'abord une feuille de parchemin, puis des étoffes et des ossements disséminés, la plupart d'une bonne conservation. Le parchemin était un acte du Chapitre d'Aix-la-Chapelle, remontant à l'époque de Louis XI et constatant que l'os de l'avant-bras avait été extrait de la châsse, à la demande de ce prince, pour être placé dans un reliquaire dû à sa libéralité. Je brûlais du désir de tenir entre les mains les étoffes dont j'entrevoyais les dessins et les couleurs. Mais une main du XIXe siècle pouvait-elle bien, sans frisson, remuer les cendres d'un Charlemagne, de celui dont le nom s'accole à ceux d'Alexandre, de César, de Napoléon, et reste le plus grand de tous ? Nous eûmes cette audace ; il fallait bien d'ailleurs examiner en détail l'état de ces illustres restes pour dresser un procès-verbal et procéder à la confrontation désirée. On eut bientôt la garantie que la châsse renfermait le corps du héros, auquel il ne manquait que les grands ossements conservés à part. On vit aussi par la dimension des ossements que les traditions, appuyées sur le témoignage d'Éginhard, relativement à la haute stature du grand homme, n'avaient rien d'exagéré [1].

« Il nous restait à étudier de près ces étoffes contemporaines de notre plus grande gloire nationale. Pour les développer à loisir, nous enlevâmes avec le plus grand soin la poussière sacrée dont elles étaient couvertes. Je pus alors en prendre des calques précis. L'une était ornée de fleurs rouges, bleues, blanches, vertes et jaunes, sur un fond violet, et tissue en soie, mais d'un caractère artistique moins prononcé : c'est elle qui renferme en ce

---

[1] L'os du fémur mesure 52 centimètres.

moment la dépouille de Charlemagne soigneusement enveloppée. L'autre, tissue en soie ou en fil, nous apparut magnifique de formes et d'harmonies de couleurs. Sur un fond rouge amaranthe, étaient semés de larges ovales, au centre desquels figuraient des éléphants richement caparaçonnés. Les broderies des encadrements et la rose jetée au centre des vides laissés entre les ovales rappelaient ces crêtes fleuronnées qui se découpent sur les châsses du XIIe siècle. Au-dessus et au-dessous des éléphants, se dessinaient, sur les fonds, des végétaux que l'on eût dit avoir servi de type aux arbres de Jessé que nous admirons à Saint-Denis et à Chartres. L'effet général avait quelque chose de celui des vases étrusques. D'où provenait ce splendide travail ? Était-ce un ouvrage latin, grec ou arabe ? Notre faible science hésitait, quand tout à coup une inscription est découverte, tissue dans l'étoffe ; elle était écrite en grec du moyen âge. L'étoffe avait été commandée par le europalate (maître du palais) de Constantinople et exécutée dans les manufactures impériales des Césars de Bysance. » Ainsi l'Orient avait apporté son tribut d'hommages et de regrets au tombeau de Charlemagne. L'Europe et l'Asie s'étaient unies pour pleurer la mort du héros chrétien.

IV

JEAN GERSON

(1363-1429)

Jean Gerson, célèbre chancelier de l'Université de Paris, surnommé le docteur très chrétien, naquit dans l'indigence et l'obscurité, le 14 décembre 1363. Ce nom, sous lequel il est connu,
n'était pas celui de sa famille, car son père s'appelait Arnauld le
Charlier et sa mère Élisabeth la Chardenière. Gerson était le nom
de son endroit natal, petit village dépendant de la paroisse de
Barby, non loin de Réthel, dans les Ardennes, au diocèse de
Reims. Il avait adopté lui-même et il aimait ce nom, qui veut dire
en hébreux, pèlerin, exilé ; étymologie qu'il commentait et s'appliquait d'une manière admirable, dans un profond sentiment de
piété.

Jean Gerson était l'aîné de douze enfants. Ses vertueux parents
avaient pour principe que « lorsque l'aîné se comporte bien dans
une famille, les autres sont meilleurs ». C'est dire que rien ne
fut négligé pour former son cœur à la vertu. Un crucifix, sus-
pendu au-dessus du foyer, étendait ses bras bénissants sur la
grande salle où l'on se rassemblait ; la mère du petit Jean amenait
souvent son fils devant cette image et la lui faisait saluer. Quand
il joignait les mains, soir et matin, pour prier Dieu, la prière ne

se terminait jamais sans une invocation à la Vierge Marie, à saint
Joseph et à l'Ange gardien. « Mon bon Ange, gardez-moi bien,
défendez-moi, gouvernez-moi. » Désirait-il un fruit du jardin ou
quelque belle fleur, sa mère lui représentait que toutes ces choses
appartiennent d'abord à Dieu qui les a faites, et que, s'il les destine à notre usage, il faut les lui demander. Alors elle le faisait
mettre à genoux, prononcer quelques mots de prière, et, lui
remettant l'objet désiré : « Vois comme Dieu est bon, » ajoutait-
elle. Mère chrétienne dans toute la force du mot, elle élevait son
fils avec cette tendresse austère, cette intelligence pieuse qui fait
remonter à l'influence du foyer domestique la sainteté de tant de
saints.

Plus tard, dans ses dialogues spirituels avec ses sœurs,
Gerson la comparera à sainte Monique. C'était une Monique, en
effet, par le cœur et le dévouement, mais, plus heureuse que la
mère d'Augustin, elle n'eut jamais à pleurer sur les écarts de son
fils.

Nul de ses soins ne fut perdu. La nature droite et bonne du
petit Jean se développait bien sous cette sage direction. S'agenouiller quelques instants tout seul dans la petite église de Barby
était son grand bonheur. Il trouvait mille moyens, quoi qu'il ne
fût pas riche, de rendre service aux pauvres, aux malades, tant
il avait envie d'exercer la charité ; et sa mère ne pouvait lui
accorder de meilleure récompense que de le laisser couper lui-
même un morceau de pain noir dans la huche pour le pèlerin qui
frappait à la porte, ou de lui permettre de conduire un bout de
chemin, par les plus sûrs sentiers, le voyageur en quête de sa
route, et craignant de rencontrer les écorcheurs qui rôdaient par
la campagne.

Avec douceur et complaisance, il se rendait utile à ses parents dans toutes les occupations que ceux-ci lui désignaient. Tantôt aux champs avec son père, il labourait ou semait ; tantôt, remplaçant sa mère dans la pauvre maison aux murs noircis et aux grosses solives, il veillait sur les corbeilles d'osier où reposaient ses petits frères. D'autres fois, il tenait par la main, pour les aider à marcher, ses jeunes sœurs qui essayaient alors leurs premiers pas, et dont il devait plus tard guider la marche dans une voie plus haute, dans la voie de la perfection et du ciel. Simple et doux dans toutes ces occupations du ménage ou des champs, serviable pour les voisins, toujours prêt à courir de côté et d'autre pour toute commission, il semblait n'avoir pas d'autre horizon que celui de cette vie obscure dont il remplissait si bien les moindres devoirs, et on l'avait surnommé dans le village « le bon petit gas du bon Dieu ».

Un homme avait vu déjà un peu plus loin. C'était celui dont le regard pénétrait fréquemment au fond du cœur de l'enfant, celui qui avait manié sa jeune âme toute fraîche sortie des mains de Dieu et l'avait préparée à sa première communion : c'était le curé du village. Il avait démêlé dans le petit Jean, à côté d'une piété tendre, une intelligence assez vaste pour concevoir de grandes choses ; à côté de sa bonté, de sa soumission et de son dévouement, un jugement assez droit et un caractère assez ferme pour être capable de faire le bien en des circonstances moins faciles. Le bon curé s'était demandé alors si Dieu ne destinait pas son petit paroissien à une scène d'action plus vaste que le village de Barby, et s'il ne réservait pas d'autres objets, à son zèle, que les pauvres et les infirmes de la campagne rhételoise. Ce n'était peut-être pas, d'ailleurs, un grand génie que ce curé ;

qu'importe ? Dieu prête le coup d'œil de l'aigle à qui il veut et quand il veut. Avoir donné Gerson à l'Église de France, c'est assez pour remplir une vie.

Toujours est-il qu'après avoir fait de Jean son enfant de chœur et lui avoir appris à lire le livre d'offices d'un bout à l'autre, pour satisfaire sa piété, le digne ecclésiastique crut devoir aller plus loin et enseigner à l'enfant les premiers éléments du latin. La facilité avec laquelle Jean se livrait au travail décida le bon curé à se concerter avec ses parents, pour qu'on pût l'envoyer à l'école de Réthel, puis au collège de Reims.

A Réthel et à Reims, Jean se fit non seulement aimer de ses condisciples, mais admirer des maîtres. La pureté très grande de son âme, sa douceur et sa simplicité lui gagnaient tous les cœurs des hommes, pendant que l'ardeur de son amour et les élans de sa foi vive inclinaient vers lui le cœur de Dieu.

Ses succès au collège de Reims attirèrent sur lui l'attention et lui valurent une bourse pour le collège royal de Navarre. Il ne tarda pas à s'y faire des amis, mais Dieu surtout lui ménageait un protecteur. Professeur à la faculté de théologie et plus tard grand-maître au collège de Navarre, Pierre d'Ailly jouissait alors d'une réputation justement méritée. Il eut bientôt découvert la valeur intellectuelle du nouvel arrivé, ainsi que la droiture de son caractère et l'angélique beauté de son âme. Tout cela lui prit le cœur, et Jean fut pour lui autre chose qu'un élève ordinaire.

Après quatre années consacrées à étudier les sept arts libéraux, c'est-à-dire la grammaire, la logique, la rhétorique, l'arithmétique, la musique, la géométrie et l'astronomie, Jean fut reçu licencié ès arts en 1381 et fit son entrée dans la faculté de théologie. Pendant les sept années qu'il y passa, il dut s'occuper d'abord des sciences naturelles : la physique et la métaphysique, la médecine, l'éthique, la politique, l'économique, comprises sous la dénomi nation de *connaissances humaines*. Il aborda enfin la série des *connaissances divines :* le droit canon et la théologie.

Pendant que le jeune théologien s'appliquait à poursuivre la vérité, sa piété grandissait. Il vivait avec Dieu dans une union profonde, intime, continuelle. Au milieu du travail et des obligations de la vie commune, il ne perdait pas de vue l'Ami divin avec qui il avait conversé le matin cœur à cœur, l'Hôte céleste qu'il recevait souvent dans sa poitrine. Au milieu du tracas présent des études, comme plus tard au milieu de celui des affaires, en lisant les auteurs profanes, comme en savourant l'Écriture sainte, il vivait intérieurement sous le regard de Dieu. Il visait surtout à acquérir la parfaite imitation de Jésus-Christ, par l'union de son esprit aux sentiments, aux affections de l'Homme-Dieu et par la conformité à sa volonté. « Plus on s'efforce d'imiter Notre-Seigneur, disait-il, plus on avance dans la perfection. Tout ce qu'il a fait et enseigné n'est que pour nous instruire de ce que nous devons faire. »

Il ne négligeait pas la mortification. Les mercredis, vendredis et samedis de chaque semaine étaient toujours marqués par quelque pénitence. Au dire de ses condisciples, elles étaient nombreuses les nuits où il ne prenait que quelques instants de repos et qu'ils passaient presque entières au pied du crucifix.

Sa santé souffrit des austérités qu'il s'imposait, de son assiduité excessive au travail, surtout de ses veilles prolongées et, sur le conseil des médecins, ses maîtres l'obligèrent à se modérer.

Plus l'âme du jeune étudiant s'élevait vers son Créateur, plus son Créateur l'attirait près de lui. Il ne tarda pas à sentir que

Dieu demandait sa vie tout entière et l'appelait au sacerdoce.

Bientôt après, il reçut le titre de docteur, et lorsque, en 1398, Pierre d'Ailly fut appelé à l'Évêché du Puy, il désigna, pour le remplacer, son ami et ancien condisciple, Gerson. Il ne connaissait pas, disait-il, dans toute la France, de sujet plus capable de remplir cette charge de chancelier, devenue difficile à cause du schisme et des factions qui désolaient l'Église et la patrie.

En effet, l'Église traversait une crise terrible, connue sous le nom de grand schisme d'Occident.

Les papes avaient résidé environ soixante-dix ans à Avignon. Grégoire XI eut la gloire de transporter le siège pontifical à Rome (1377). A sa mort, les Romains ayant exigé des cardinaux qu'ils choisissent un pape italien, leurs suffrages se réunirent sur l'archevêque de Bari, qui prit le nom d'Urbain VI. Mais les caprices bizarres et l'inégalité de caractère du nouveau pontife donnèrent presque aussitôt des regrets aux cardinaux. Seize d'entre eux, sous prétexte que l'élection n'avait pas été libre, se séparèrent de lui et élurent, à Agnani, Robert, évêque de Cambrai, qui prit le nom de Clément VII. Dans le doute sur la validité de ces deux élections, la chrétienté se partagea en deux obédiences.

On espérait que la mort d'Urbain mettrait fin à cette lutte; mais les cardinaux de son obédience lui donnèrent pour successeur Pierre de Romacelli, qui prit le nom de Boniface IX (1389). A celui-ci succédèrent ensuite Innocent VII (1404), puis Grégoire XII (1406). Clément VII était mort de chagrin à Avignon, sans avoir rien fait pour la cessation du schisme. A sa place fut élu l'Aragonais Pierre de Luna, l'inflexible Benoît XIII, incapable de faire la moindre concession pour le rétablissement de la paix.

Pour mettre fin à ces divisions et à cette anarchie, dans lesquelles chacun était las de vivre, les cardinaux des deux obédiences résolurent de se réunir en Concile. Ils s'assemblèrent à Pise, citèrent les deux papes, et, sur leur refus de comparaître, les déposèrent. Ils donnèrent ensuite la tiare au vieux cardinal-archevêque de Milan, qui régna sous le nom d'Alexandre V. Le schisme eût pris fin si les papes qui avaient été déposés, Grégoire XII et Benoît XIII, se fussent soumis aux décisions du concile ; mais ils s'obstinèrent dans leur résistance et conservèrent une partie de leurs partisans. C'est ainsi qu'au lieu de deux papes il y en eut trois. Alexandre V ne survécut que dix mois à son élection et eut pour successeur Jean XXIII. Ce pontife, doué d'une très grande habileté dans les affaires et désireux de rendre la paix à l'Église, convoqua un concile à Constance. Trois patriarches, vingt-deux cardinaux, vingt archevêques, quatre-vingt-douze évêques, cent vingt-quatre abbés, cent quatre-vingts prêtres, une foule de docteurs, plus de seize cents princes, seigneurs, comtes et chevaliers, s'y rendirent avec une suite nombreuse. Jean XXIII donna sa démission ainsi que Grégoire XII, mais Benoît XIII persista dans son opiniâtre détermination. Ce pontife fut alors abandonné par l'Espagne, seule nation qui le soutenait encore, et il fut déposé par les Pères de Constance. Alors les cardinaux et trente députés du concile élurent unanimement Martin V, auquel se soumit le monde catholique, et le calme fut rendu à l'Église.

Dans ces circonstances si pénibles, Gerson ne cessa d'écrire et de prêcher pour l'union de l'Église. Dans les deux conciles sa voix se fit entendre et eut la plus heureuse influence.

Gerson, ce docteur si instruit, dont la parole était écoutée à la cour et dans les conciles, se distingua par son amour pour les

Portrait de Jean Gerson.

D'après le tableau de Reynier.

enfants et les soins qu'il leur prodigua. On a dit que nul, depuis Jésus-Christ, n'avait aimé les enfants comme il les aima, et que, même en face du zèle déployé de nos jours, peu d'hommes ont pris à cœur la tâche de l'enseignement primaire comme le fit Gerson.

Pour vulgariser la science, mettre surtout la doctrine de Jésus-Christ à la portée des plus petits et des plus ignorants, il écrivit dans la langue du peuple. « Entendez-vous, leur dit-il, petits enfants, fils et filles et autres gens simples, je vous écrirai en français votre a,b,c, qui contient plusieurs points de notre religion chrétienne... Et quant à plus savoir, je vous renvoie à l'*Exemplaire des petits enfants*, au *Miroir de l'âme parlant des X Commandements* ; à la *Science de bien mourir*; à l'*Examen de Conscience*, et à autres tels petits traités. »

Tous ces traités, annoncés pour le peuple et pour l'enfance, il les composa. Aussi, on l'a dit avec raison : Gerson est le *Docteur du peuple et le Docteur des petits enfants*.

Il ne se contente pas d'écrire, pour les enfants, il leur fait le catéchisme et devient leur maître d'école, au point que les docteurs de Sorbonne trouvent les fonctions qu'il exerce indignes de son titre de chancelier et s'en scandalisent presque. « Eh quoi ! leur répond tranquillement Gerson, si le roi m'avait nommé précepteur du Dauphin de France, est-ce que la Sorbonne se regarderait comme déshonorée en me voyant me consacrer à l'éducation du prince ? Et parce que ceux-ci ne sont que les enfants de Dieu, héritiers du royaume céleste, faut-il se plus émouvoir ? Je me tiens au contraire pour grandement honoré et heureux de leur pouvoir enseigner quelque chose des sciences, et, entre autres, la plus sublime de toutes, la science de Dieu. »

Il s'inquiète des dangers qui menacent les enfants, et il écrit pour que ces dangers soient écartés. Dans un livre *contre les images obscènes*, Gerson fait un appel aux *Pouvoirs publics, tant ecclésiastiques que séculiers*. Il les adjure de sauvegarder ce qui n'est pas le moindre trésor de la société et ce qui est souvent le trésor le moins défendu. On fait nombre de lois pour garantir la propriété, et l'enfant est livré sans défense aux attaques du vice. « Donc, ils sont coupables, conclut Gerson, ils sont coupables devant vous, ciel et terre, responsables jusqu'au tribunal même de Dieu, ceux qui trahissent les intérêts de la cause chrétienne, et, par malice et négligence, lui causent un tel préjudice. Ils portent un lourd fardeau sur leurs épaules, ceux qui n'ont pas fait tout leur possible pour inculquer la vertu et inspirer l'horreur du vice. »

Dans un second opuscule sur l'*Innocence des Enfants*, Gerson se propose *d'appuyer ce qui est dit dans le précédent touchant les peintures obscènes, qu'il ne faut pas exposer aux yeux des enfants, et les livres licencieux, qu'ils ne doivent pas lire.* Il y expose que, doués d'une nature viciée par le péché d'Adam, ils n'attendent qu'une occasion pour suivre la concupiscence qui frappe à la porte de l'âme. Il faut donc éloigner de leurs yeux, de leurs oreilles, de tous leurs sens, ce qui peut éveiller chez eux l'idée du mal, en exciter le désir. Ces peintures dangereuses pour leur âme, il ne les voit pas seulement dans les écrits ou les images mis entre leurs mains avec une intention coupable ; il les voit dans certains auteurs dont on nourrit leur esprit, sous prétexte d'études, tels sont : Ovide, Térence, Juvénal et d'autres, et montre qu'on trouverait dans nos écrivains chrétiens d'aussi grandes beautés, et des beautés plus pures.

Gerson avait rêvé, en effet, pour agir efficacement sur l'esprit des enfants, de fonder pour eux une littérature chrétienne et nationale, à la place de ce paganisme littéraire de l'antiquité. Il n'en eut pas le temps.

Lorsque Jean sans Peur, fils et successeur de Philippe le Hardi, duc de Bourgogne, eut fait assassiner lâchement Louis d'Orléans, Gerson ne craignit pas d'élever la voix pour condamner ce crime. Et lorsque Jean Petit écrivit pour faire l'apologie de l'assassin, Gerson n'eut point de repos qu'il n'eût fait condamner un tel livre. Mais on n'attaque pas sans péril les actes des puissants. Gerson eut tout à redouter du parti des Bourguignons qui, maîtres à Paris, y exerçaient librement les plus cruelles vengeances contre les Armagnacs. Aussi, au sortir du Concile de Constance, il prit le chemin de l'exil, sous l'habit d'un pèlerin, erra quelque temps dans les montagnes de la Bavière et dans les forêts du Tyrol, passa de là à Vienne, où le duc Frédéric d'Autriche l'accueillit avec honneur et le nomma professeur de l'université : il s'arrêta quelques mois dans cette ville. C'est pendant les jours de son exil qu'il écrivit les quatre dialogues mêlés de vers et de prose intitulés : *De Consolatione Theologiæ* et son *Monotessaron* (Concordance des quatre Évangiles).

En 1419, Gerson quitta l'Autriche ; le meurtre du duc de Bourgogne lui rouvrait les portes de la France. Il se rendit à Lyon. Jean, un de ses frères, prieur du couvent des Célestins, lui offrit un asile, qu'il accepta. Les dernières années de la vie du chancelier s'écoulèrent doucement, dans le silence du cloître de l'église Saint-Paul, entre les exercices d'une vive piété et la méditation. Toutefois son dévouement n'est pas épuisé, il ne se renferme pas dans une égoïste solitude. Il se mêle encore aux hommes pour les instruire ; il les édifie par ses discours autant que par ses exemples. Ses enseignements et ses conseils ne manquent pas à ceux qui s'adressent à lui. Il emploie ses loisirs à composer, surtout il s'occupe des enfants. Au faîte des honneurs, il s'était fait critiquer maintes fois pour les soins assidus qu'il donnait à la jeunesse ; il voulait par elle régénérer la France. Il s'établit dans le cloître qui reliait la collégiale Saint-Paul à l'église Saint-Laurent, et se mit à chercher, à poursuivre, à attirer par sa bonté les enfants de ce quartier populeux. Il allait les demander dans les familles, ou les recueillait dans la rue, les amenait chez lui, passait des heures entières à faire bégayer aux plus petits le nom de Jésus-Christ, partageant leurs jeux quelquefois, les consolant dans leurs petits chagrins, gardant pieusement dans son bréviaire la longue liste de ses bien-aimés, avec leur nom, leur âge, la situation de leur famille. C'était un spectacle unique et doux de le voir au milieu de cette foule innocente, les menant d'un endroit à un autre, ou les faisant asseoir autour de lui, pour leur enseigner les rudiments du christianisme et des lettres humaines, et leur parler avec une tendresse que Dieu seul peut donner. Il était pour eux plus qu'un père ; il était une mère : il se faisait petit avec les petits, enfant avec les enfants. Ah ! certes, il gagna bien leurs cœurs. « Il devint bientôt, lit-on dans la *Méthode de Saint-Sulpice*, le confesseur de tous les enfants de Lyon. La plupart, touchés de son extrême bonté pour eux, lui découvraient toutes les plaies que le démon avaient faites à leur âme, et plusieurs lui assuraient que jamais ils n'auraient osé confesser leurs péchés à un autre prêtre qui n'eût pas eu pour eux tant de condescendance. » Le bien qu'il leur fit fut immense.

En récompense de son amour pour eux, il demandait à ses

enfants de répéter, à la fin de chaque leçon, cette humble et touchante prière : *Mon Dieu, mon créateur, faites miséricorde à votre pauvre serviteur Jean Gerson*. Chaque jour il conduisait dans l'église Saint-Paul sa petite famille tout entière. Après la messe, célébrée tantôt par lui, tantôt par d'autres prêtres, quand il l'avait célébrée de grand matin, il se prosternait sur le pavé du temple, qu'il mouillait souvent de ses larmes, et, avant de se relever, il disait à son petit troupeau : « Maintenant, mes enfants, vous allez répéter avec moi : *Mon Dieu, mon Créateur, faites miséricorde à votre pauvre serviteur Jean Gerson*. » On assure que l'écho de ces voix angéliques, traversant les murs de l'église, arrachait des larmes aux passants.

Non content de ce qu'il faisait pour les enfants de Saint-Paul et des environs, Gerson voulut éveiller dans d'autres âmes le zèle qui remplissait la sienne. Il écrivit le traité: *De Parvulis trahendis ad Christum :* Qu'il faut attirer les petits enfants à Jésus-Christ. Ce traité roule tout entier sur cette parole du divin Maître : « Laissez les enfants venir à moi. » Gerson le crie à la fois aux enfants qu'il s'agit d'amener à Jésus et à ceux qui empêchent ces petits élus d'approcher. « Il serait à désirer, dit le P. Théodore de Ratisbonne, que ce livre entrât dans la bibliothèque de toutes les écoles normales. » — « Jamais, ajoute un docteur d'Allemagne, on n'a rien écrit sur les enfants de plus beau que ce petit livre, digne d'être rappelé au souvenir de notre âge. » Cette pensée de chercher dans la jeunesse les éléments d'une renaissance chrétienne inspira, depuis, les Ignace de Loyola, les Charles Borromée, le bienheureux de la Salle, l'illustre Lacordaire ; serait-elle de trop aujourd'hui, et l'opuscule du pieux chancelier n'aurait-il pas sa place sur la table de nos maîtres d'école ?

Dans des écrits éclos pendant ses dernières années, Gerson laissait s'épancher les effusions de son cœur trop plein et qui déborde. Ce sont : le commentaire sur les sept psaumes de la Pénitence, le beau traité sur le *Magnificat*, le traité sur le Verbe et le *Gloria Patri*, des opuscules sur Jeanne d'Arc qui commençait la mission que Dieu lui avait donnée, le commentaire du *Cantique des Cantiques*.

Le Saint est mort.

Le dernier mot du *Commentaire sur le Cantique* fut écrit le 9 juillet 1429. Le 11, il réunissait encore ses enfants bien-aimés, leur parlait avec sa douceur accoutumée et ne manquait pas de leur faire répéter l'invocation habituelle : « *Mon Dieu, mon Créateur, faites miséricorde à votre pauvre serviteur Jean Gerson.* » Le 12, les enfants ne le voyant pas paraître montèrent à sa cellule et le trouvèrent mourant. Quelques-uns, redescendant tout en larmes, traversèrent le cloître et la place en criant : « O Dieu, notre Créateur, ayez pitié de votre serviteur et de notre Père Jean Gerson. » Il expira sans maladie, sans agonie et sans secousse, à l'âge de soixante-six ans.

Le saint est mort ! Ce fut le cri général. On accourut en foule voir une dernière fois ces traits qui respiraient la bonté et la simplicité, cette bouche devenue muette et dont les paroles avaient été considérées comme des oracles de sainteté. Les uns cherchaient à se procurer quelques parcelles de ses vêtements ; d'autres lui faisaient toucher leurs chapelets.

On l'enterra dans l'enceinte de Saint-Laurent (côté nord de la place), à droite de la chaire du prédicateur.

Gerson s'était acquis une telle réputation de sainteté dans toute la région lyonnaise que les foules accoururent aussitôt à son tombeau nouvellement fermé. On y priait avec ferveur ; des miracles, dit-on, s'y produisaient, et le bénédictin Dom Calmet nous apprend qu'on voyait, dans la chapelle du pieux docteur, des ex-voto et autres marques de la reconnaissance des pèlerins. C'était un véritable culte non autorisé, il est vrai, mais instinctif, plein de confiance et de foi, c'était la canonisation populaire. L'archevêque de Lyon, Amédée de Talaru, dans un écrit à son sujet, plaçait Gerson au rang des flambeaux du ciel et des confesseurs du Christ ; il rappelait que ce docteur avait fait la gloire de l'Église par ses travaux et ses vertus et le considérait, disait-il, comme jouissant de la gloire céleste. Plusieurs évêques témoignèrent par leurs écrits de la vénération qu'ils portaient au chancelier. L'habitude de le désigner sous le nom de bienheureux devint tout à fait générale.

Le roi Charles VIII, informé du culte qu'on rendait à Gerson et des miracles qu'on lui attribuait, fit construire à Saint-Paul, avec l'assentiment de l'archevêque de Lyon, une chapelle avec un autel dédié à la mémoire du bienheureux. Au-dessus de l'autel, on mit un tableau représentant Gerson, vêtu de la toge doctorale et tenant dans sa main gauche un cœur élevé vers le ciel, avec cette devise : *Sursum corda !*

Cette dévotion devenait florissante ; des miracles signalés contribuaient à l'étendre, et le bruit s'en répandait au loin. En 1504, à la sollicitation du clergé de Lyon et de plusieurs évêques, et avec l'agrément de son chapitre, François de Rohan, décerna à Gerson le titre de Saint et approuva le culte qu'on lui rendait à Saint-Paul.

Moins d'un siècle après, en 1562, les huguenots faisaient leur entrée à Lyon. Ils profanèrent les églises, les vases sacrés, les reliques des saints. La chapelle royale de Saint-Laurent fut détruite. On crut même que le tombeau de Gerson avait été violé et ses restes livrés aux flammes. Il n'en était rien cependant. Le 14 avril 1642, son cercueil était trouvé portant cette inscription : *Joannes de Gerson, Cancellarius Parisiensis* [1]. On ouvrit le

cercueil. Le corps du chancelier apparut très bien conservé, revêtu des ornements sacerdotaux et répandant une odeur très suave. Plus tard on rétablit le tombeau dans l'église Saint-Laurent, qui avait été rebâtie. Puis, quatre-vingt-treize arriva. L'église, con-

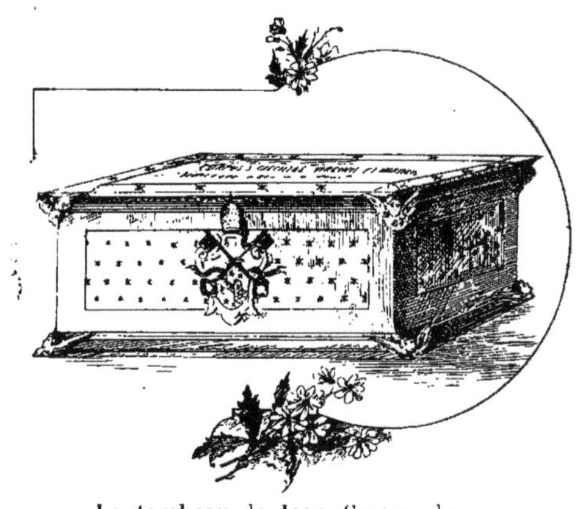

Le tombeau de Jean Gerson dans l'église Saint-Laurent.

vertie en magasin à fourrage, fut ensuite détruite et le mausolée disparut. Une place publique, qui porte le nom de Gerson, marque le lieu où elle était. Là fut placé, en 1879, le groupe représentant Gerson, avec un des enfants qu'il instruisait. On lui a donné son ancien costume de cérémonie pour rappeler qu'à

[1] Jean Gerson, chancelier de Paris.

Paris même, au milieu de ses hautes fonctions, et au grand scandale de quelques esprits étroits, il catéchisait souvent les petits enfants. Il est donc vêtu de la simarre aux manches doublées de fourrure ; le manteau de chancelier, doublé d'hermine, est jeté sur une épaule, la tête est coiffée du bonnet de docteur. Un jeune enfant s'appuie contre lui ; une des mains de Gerson est posée sur son épaule en signe d'amour et de protection ; la main droite montre le ciel à l'enfant.

Bien des raisons ont fait regarder Gerson comme l'auteur de l'*Imitation de Jésus-Christ*, « le plus beau livre qui soit sorti de la main des hommes, puisque l'Évangile n'en est pas, » a dit Fontenelle.

Finissons par la strophe suivante, extraite d'une pièce trouvée dans les *Heures d'Anne de Bretagne*. Charles VIII récitait souvent cette prière à Gerson :

O saint Docteur en divine science,
O très heureuse et pure conscience,
O sûr Guydon véritable et parfait,
Exemple doulx, et par dict et par faict ;
O esprit de nature angélique,
Très-florissant docteur évangélique,
Imitateur du très-doulx Jhésus-Christ,
Réprobateur des faits de l'Ante-Christ,
Qui as montré de bien vivre la forme,
Et de mourir par vertu uniforme,
Requiers à Dieu que nous suivions tes pas :
Dans ce chemin on ne s'égare pas.

PENSÉES, FRAGMENTS ET COURTE ANALYSE
DE PLUSIEURS OUVRAGES DE GERSON

Plus on s'efforce d'imiter Notre-Seigneur, plus on avance dans la perfection. Tout ce qu'il a fait et enseigné n'est que pour nous instruire de ce que nous devons faire.

Les enseignements de la sagesse doivent être forts et solides, frapper par leur clarté plutôt qu'étonner par une vaine subtilité. Le beau travail que d'écrire en lettres microscopiques l'Iliade d'Homère et de la faire tenir dans la coque d'une noisette! Il faut s'appliquer à être utile, non à surprendre l'admiration.

Apprenons non pas tant à disputer qu'à vivre saintement, nous souvenant toujours de notre fin dernière.

Aimer Dieu beaucoup, beaucoup faire pour lui, beaucoup souffrir pour lui, voilà les trois désirs que nous devons avoir, les trois ailes qui soulèvent l'âme vers le ciel.

Il n'est plus mauvaise servitude que la puissance de mal faire. Un homme est malheureux, quand il veut le mal et qu'il le peut.

Vous tirerez plus d'avantages de travailler à étendre le culte de saint Joseph que de la fondation même d'un obit pour le salut de votre âme, car saint Joseph sera pour vous un patron incomparable, un ami généreux, un intercesseur puissant près de Jésus et Marie, pour le temps et l'éternité.

Où est l'humilité là est la sagesse.

Sans la prière, on ne peut, à moins d'un miracle spécial de la bonté de Dieu, vivre en chrétien.

Tant plus à Dieu demanderas, tant plus tu auras, comme qui plus ouvre les fenêtres de sa chambre au soleil, de tant plus reçoit sa lumière.

Mieux vaut savoir rien que savoir peu et mal, et croire qu'on sait beaucoup.

C'est périlleuse chose de bailler aux simples gens qui ne sont pas grands clercs, livres de la sainte Écriture, traduits en français, car, par mauvais entendement, ils peuvent tantôt choir en erreur.

Les intelligences supérieures sont plus soumises que les esprits médiocres ; la raison, arrivée à une certaine hauteur, vole d'elle-même au-devant de la foi.

PASSAGE D'UN DIALOGUE ENTRE SATAN ET L'AME AGONISANTE

Ce dialogue fait partie d'une instruction sur la préparation à la mort, instruction qui a surtout pour but de prévenir le moribond contre les craintes du dernier moment, l'effroi de ses péchés, les tentations du désespoir.

« SATAN. — Tes péchés sont plus nombreux que les sables de la mer.

L'AME. — La miséricorde de Dieu est plus immense encore.

SATAN. — Comment oses-tu te confier en ta justice ?

L'AME. — Ma justice est Jésus-Christ.

SATAN. — Toi qui es chargé d'iniquités, iras-tu en Paradis avec saint Pierre et saint Paul ?

L'AME. — Nenny ; mais j'irai avec le bon larron à qui Jésus a dit : « Aujourd'hui vous serez avec moi en paradis. »

Satan. — D'où te vient cette fiance, vu que tu n'as fait aucun bien ?

L'ame. — C'est que j'ai un juge excusable et un gracieux avocat.

Satan. — Dieu n'exauce point les pécheurs.

L'ame. — Mais il exauce les pénitents, et il est mort pour les pécheurs.

Satan. — Ta pénitence est trop tardive.

L'ame. — Celle du bon larron était tardive ; et elle ne le fut pas trop.

Satan. — La foy du bon larron était ferme, et la tienne vacille.

L'ame. — Je supplierai Notre-Seigneur qu'il augmente ma foi.

. . . .

Satan. — C'est chose bien misérable de mourir.

L'ame. — Heureux ceux qui meurent en la foy de Jésus-Christ.

Satan. — Tu laisses ce monde.

L'ame. — Je m'en vais d'un ennuyeux exil en mon pays.

Satan. — Tu laisses tous tes biens.

L'ame. — Mais encore plus de maux.

Satan. — Tu laisses tes richesses.

L'ame. — Ce que je laisse est à aultruy : j'emporte ce qui est à moy.

Satan. — Qu'emportes-tu donc, quand tu n'as aucuns biens ?

L'ame. — Cela est vrayment... hormis ceux que Dieu de sa grâce me donne.

Satan. — Tu abandonnes ta femme et tes enfants.

L'AME. — Ils sont au Seigneur avant moy ; je les luy recommande.

SATAN. — C'est chose bien griefreuse qu'être ainsy séparé de ceux qu'on aime.

L'AME. — Ils me rejoindront sans qu'il soit bien longtemps.

. . . .

SATAN. — Je te dis que tu seras damné.

L'AME. — Tu n'es pas le juge, mais seulement le calomniateur ; tu es damné et non celluy qui damne.

SATAN. — Plusieurs légions de diables attendront ton âme.

L'AME. — Il y a la sainte Vierge, et mon ange, et mes saints patrons qui viendront me défendre. »

Tu es damné et non celluy qui damne.

PRINCIPAUX OUVRAGES DE GERSON

A l'âge de vingt-deux ans, Gerson composa le petit et ravissant traité intitulé : *les Noces du Théologien avec la Sagesse*, sorte de contrat passé entre son âme et la Beauté éternelle et suprême.

On a encore de lui :

Un *Mémoire* qui fut présenté au roi. C'était une requête à l'effet d'obtenir que désormais le prêtre accompagnât le condamné, même sur l'échafaud, pour lui montrer jusqu'au dernier moment ce ciel où peuvent être reçus ceux qui sont retranchés de la terre, et où siège le Dieu de justice et de miséricorde, qui pardonne en dernier ressort.

La *Montagne de Contemplation* et la *Mendicité spirituelle*, deux traités pleins d'onction et de simplicité, qui placent Gerson au premier rang des grands docteurs mystiques, sans même qu'il soit question des très grandes probabilités du livre sublime qu'on appelle l'*Imitation de Jésus-Christ*.

Deux *Leçons sur l'Évangile de Saint-Marc*, opuscules qui ont pour but de réprimer la curiosité humaine touchant les choses de la foi, de porter les âmes à la componction du cœur et de les tenir, par un saint désir, toujours élevées vers les biens éternels.

L'*Œuvre tripartite*, espèce de catéchisme destiné à dégager la doctrine chrétienne de toute argutie de l'école et à la présenter aux fidèles, et même aux esprits les plus simples, sous une forme régulière et facile à saisir.

La première partie est consacrée aux commandements de Dieu. La seconde traite de la confession et renferme un examen de conscience. La troisième enseigne la science de bien mourir.

Si simple que fut cet écrit, Gerson en voulut un plus concis encore, où les enfants et les personnes simples trouvassent juste les prières principales et les notions indispensables : ce fut l'*A, B, C des simples Gens*. « Entendez-vous, petits enfants, fils et filles, et aultres gens simples, je vous escriray en français cet *A, B, C*, qui contient la Patenostre, laquelle Dieu fist de sa propre bouche ; l'*Ave Maria*, que l'Ange Gabriel adressa à la Vierge Marie, et le *Credo* qui fut fait par les apôtres, et les X commandements et aultres points de notre religion chrétienne, lesquels ont été révélés de Dieu et auxquels on doit croire. »

Les religieux lui demandaient fréquemment des traités sur quelques vertus ou l'éclaircissement de quelques cas difficiles. Le nombre des écrits ainsi composés par Gerson est immense. La doctrine et l'onction se mêlent dans tous ces écrits. On dirait un moine parlant à d'autres moines. On y sent vibrer l'âme d'un homme qui se trouve dans son élément quand il est en contemplation devant Dieu et qui parle sur la matière avec la facilité de l'amour et l'autorité de l'expérience.

Il composa en l'honneur de saint Joseph un office complet, le premier qui ait paru, avec proses, hymnes, antiennes, oraisons. L'hymne *Te Joseph celebrent* faisait partie de cet office. Ce travail n'avait pas épuisé son enthousiasme pour son protecteur préféré, il composa un poème, le *Josephina*, qui compte près de trois mille vers.

L'admirable *Traité sur le Magnificat*, qui a fait surnommer Gerson le premier évangéliste du Cœur de Marie. « Il le compose, dit-il lui-même, pour se consoler en approchant du terme de son pèlerinage, pour exciter les cœurs à aimer la Vierge toute aimable, la Vierge aimante et dévouée au-dessus de toutes les créatures. »

L'ouvrage est divisé en douze petits traités qui, suivant pas à pas la marche du sublime cantique, sont le commentaire, la méditation d'un verset spécial.

Deux opuscules sur Jeanne d'Arc. Le premier porte pour dédicace : *A la gloire de la bénie et très glorieuse Trinité, de la Mère de Dieu toujours Vierge et de toute la Cour céleste.* Et comme épigraphe : « Le Seigneur m'a pris à la suite de mon troupeau ; il m'a dit : valet prophétise à mon peuple d'Israël. » (Amos, VII, 15.)

Ces deux opuscules sont un plaidoyer, calme, serré, logique, où il passe en revue les raisons qui montrent l'intervention divine.

C'était la seule chose à démontrer, car, une fois cette intervention admise, il est hors de doute que Dieu peut faire tout ce qu'il veut.

Deux mois après avoir élevé la voix en faveur de Jeanne d'Arc, Gerson s'endormait dans le Seigneur et ne voyait pas la fin de la mission de la sainte héroïne.

Le dernier ouvrage auquel Gerson consacra les suprêmes battements de son cœur est le *Commentaire du Cantique.*

Vingt considérations sur l'amour gratuit de Dieu pour l'âme et l'amour libre de l'âme pour Dieu forment le prologue de l'ouvrage, qui se divise en dix chapitres ou commentaires, où, tout en méditant les paroles saillantes du livre saint, Gerson en déduit les cinquante propriétés de l'amour divin.

« Qu'il me donne un baiser de sa bouche ! » C'est que l'amour s'élance d'abord vers l'objet aimé, et il s'élance avec ardeur. Dans un baiser sublime, le Verbe s'est uni à la nature humaine ; l'âme remontera le chemin qu'il a parcouru pour descendre, elle aspire à l'embrassement éternel qui l'unira à la Divinité.

L'amour adoucit, calme, apaise : « Votre nom est comme une huile répandue. »

L'amour enflamme. Ardents sont les désirs de l'épouse : « Attirez-moi après vous... je courrai à l'odeur de vos parfums. »

L'amour pénètre dans le lieu le plus intime et le plus retiré, car il lui faut la solitude : « Le roi me fait entrer dans son cellier, c'est là que nous nous réjouirons. »

L'amour embellit tout : « O filles de Jérusalem, je suis noire, mais je suis belle. » Mon âme était noire ; Dieu m'a aimée, je suis devenue belle ; je l'aime, le rayon de sa gloire repose sur mon front.

L'amour est fort, il combat, il triomphe : « Les enfants de ma mère se sont élevés contre moi. »

Mais aussi l'amour soupire après le repos et les caresses du Bien-Aimé : « Dites-moi, ô vous qu'aime mon âme, où est le lieu de votre repos et de vos pâturages. »

C'est que l'amour est craintif, il a peur de perdre ce qu'il aime : « Dites-le-moi de peur que je m'égare en suivant les troupeaux de vos compagnons. »

Ce repos, il faut le mériter ; l'amour doit être actif, vaillant, obéissant : « Si tu l'ignores, ô toute belle, sors, suis les traces des troupeaux, et mène paître tes chevreaux près des tentes des pasteurs. » Le camp des pasteurs, c'est l'Église qui plante ses tentes sur tous les rivages. Elle nous enseigne ce que nous devons faire pour suivre l'époux et lui plaire.

« Que votre voix si douce résonne à mon oreille, » s'écrie, en terminant, le pieux docteur. Quand verrai-je les régions de la lumière et de la paix ? Quand vous trouverai-je au lieu de votre repos, sur les collines éternelles ? Je m'anéantirai devant votre face comme l'insecte au milieu des rayons du soleil. Je cacherai mon cœur dans la grande douceur de votre amour. J'irai des tabernacles de la terre aux tabernacles éternels. Aussi je ne sais redire qu'une chose à la fin de ce Traité comme au commencement ; une chose unique, que j'attends quoique indigne, que j'espère de votre amour : *Osculetur me osculo oris sui*, « Qu'Il me donne un baiser de sa bouche. »

Ce mot fut probablement le dernier écrit par Gerson sur la terre.

Les personnes qui désireraient avoir une connaissance plus

complète de la vie et des œuvres de Gerson feront bien de lire *Jean Gerson, sa Vie, son Temps, son Œuvre*, par A.-L. Masson, 1 vol. grand in-8°, 424 pages, chez Vitte, éditeur, à Lyon.

Elles pourront consulter aussi avec fruit l'*Histoire générale de l'Église*, par Darras, t. XXXI, pp., 43, 46, 78 et 317 ; la *Biographie universelle*, par Feller; l'*Appendix ad defensionem déclarationis cleri gallicani*, par Bossuet, cap. v.

V

SAINT JÉROME ÉMILIANI

(1481-1537)

Saint Jérôme Émiliani a été appelé à bon droit le saint Vincent de Paul du XVIe siècle.

Ce saint naquit à Venise, en 1431, d'une noble famille. Après avoir étudié dans sa jeunesse les lettres humaines, il embrassa, à quinze ans, la profession des armes, malgré les larmes de sa mère. Les mauvais exemples de ses compagnons l'entraînèrent bientôt dans la voie du désordre. En 1508, les Vénitiens, qui connaissaient les talents et la bravoure du jeune officier, lui confièrent la défense de Castel-Nuovo, forteresse importante dans la marche de Trévise.

La place était assiégée par les Allemands. Le gouverneur, craignant de tomber au pouvoir de l'ennemi, s'évade la nuit, laissant l'épouvante parmi la garnison. Émiliani prend la défense à sa place, il fait réparer les brèches, encourage ses hommes, soutient plusieurs assauts, fait des prodiges de valeur. Mais il perd du monde, et bientôt il n'a plus qu'une poignée d'hommes pour lutter contre un corps d'armée. Il est obligé de se rendre. La garnison est passée au fil de l'épée, et Jérôme, chargé de chaînes, est jeté dans une obscure prison.

La pensée de la mort, qu'il attend à chaque moment, fait naître en lui de sérieuses réflexions sur les désordres de sa vie passée. Il les pleure amèrement et promet de changer de conduite si Dieu le délivre du danger où il est. Puis, se souvenant de Notre-Dame de Trévise, il la supplie d'avoir pitié du plus misérable des pécheurs et de lui obtenir grâce et miséricorde. Il fait vœu de visiter nu-pieds son sanctuaire de Trévise, d'y faire célébrer des messes, d'y publier ses bienfaits, et de vive voix et par des tableaux. A peine a-t-il prononcé ce vœu que sa prison fut éclairée d'une lumière céleste. La Mère de Dieu lui apparaît, lui donne les clefs de ses fers et de son cachot, lui dit de sortir et d'exécuter fidèlement ses promesses. Aussitôt, il traverse l'armée ennemie jusqu'à Trévise, se rend à l'église de la Vierge, dépose au pied de son autel la clef de sa prison, ses fers, suspend à la voûte son boulet, publie tous ces faits de vive voix, les fait enregistrer par notaire et peindre dans des tableaux.

A la paix, Jérôme reçut en don le château de Castel-Nuovo, fut nommé podestat ou chef de justice, puis sénateur de Venise. Mais devenu un homme nouveau, il renonça à toutes les douceurs et à toutes les grandeurs pour embrasser une vie de renoncement et de charité.

La guerre avait amené la disette; elle produisit une maladie contagieuse, et la mort fit un grand nombre d'orphelins. Pour l'amour de Dieu, Jérome se fit le père et la mère de ceux qui n'en avaient plus; il disposa une maison pour les recevoir, alla les chercher par les rues et les places, leur procura des maîtres pour apprendre les métiers, sans permettre qu'aucun d'eux mendiât, suppléant par sa charité à ce qui manquait encore au bénéfice de leur travail.

Il avait encore bien plus soin de leurs âmes. Le matin, il leur faisait réciter leurs prières, entendre la sainte messe, apprendre à lire ; le travail manuel était varié par des moments de silence, par des lectures, par le chant des hymnes et des litanies, en particulier du saint rosaire. Deux fois par jour, il leur apprenait les éléments de la doctrine chrétienne. En se lavant les mains avant le repas, ces enfants récitaient le *Miserere* pour les âmes du purgatoire. Ils se confessaient tous les mois et aux principales fêtes de Notre-Seigneur et de la sainte Vierge. Ils étaient tous vêtus de blanc. Les jours de fête, il les conduisait en procession, en chantant des litanies par les rues et les places de Venise, visiter les principaux sanctuaires ou entendre quelque sermon. Toute la ville accourait à ce spectacle édifiant. On était ému en voyant ce noble sénateur, ce vaillant capitaine, devenu le père des orphelins.

La piété, la modestie de ces enfants attendrissaient tous les cœurs ; la plupart des spectateurs pleuraient de joie ; d'autres, faisant chœur avec les enfants qui chantaient les litanies de la sainte Vierge, répondaient dévotement : *Ora pro nobis.* Ce fut une commotion de piété par toute la ville. Tout le monde voulut visiter la maison des orphelins. Ce que l'on y vit d'admirable attira bientôt des secours suffisants. Du reste, le saint avait un moyen puissant pour attirer sur ses œuvres les bénédictions d'en haut. Quand il voulait obtenir de Dieu quelque grâce particulière, il faisait prier avec lui quatre petits orphelins au-dessous de huit ans, et jamais il ne manquait d'obtenir ce qu'il demandait.

En visitant la campagne de Venise, Émiliani trouva une plus grande foule d'enfants abandonnés. Il fonda une seconde maison à Brescia, puis deux à Bergame, et deux autres à Côme.

A Bergame, il ajoutait à ses orphelinats un établissement de filles repenties, appliquait ses groupes d'orphelins aux travaux des champs, et se faisait aider par eux pour l'évangélisation des campagnes. Voici quelle était sa méthode. Arrivé dans un endroit, il allait d'abord à l'église implorer la grâce de Dieu et l'intercession du saint patron sur son entreprise. Une clochette invitait ensuite tous les habitants à se réunir. Quand ils étaient un certain nombre, Émiliani s'adressait aux plus pauvres et aux enfants, leur apprenait d'une manière familière les principaux mystères de la foi chrétienne, l'Oraison dominicale, la Salutation angélique, le Symbole des Apôtres, les Commandements de Dieu et de l'Église, quelquefois même à faire le signe de la croix, car l'ignorance de quelques-uns allait jusque-là. Ses petits catéchistes le secondaient à merveille et s'attachaient de préférence aux enfants de leur âge. Le succès fut prodigieux.

Deux pâtres s'étant joints à Jérôme, il fut question entre les trois amis de se constituer en congrégation régulière et de choisir, en dehors des villes, un lieu qui pût leur servir de séminaire. Le village de Somasque, entre Milan et Bergame, leur parut favorable à ce dessein. De là leur nom de Clercs réguliers Somasques. On leur a donné aussi quelquefois le nom de Congrégation de Saint-Maïeul, parce que ce saint est patron d'un collège de Pavie, dont saint Charles Borromée leur confia la conduite. Après avoir cherché une maison commode pour recevoir les pauvres orphelins, ils y firent leur demeure. Le saint fondateur prescrivit les premiers règlements pour le maintien de la petite congrégation. La pauvreté paraissait en toutes choses, surtout dans les vêtements et les meubles. Les mets délicats étaient bannis de leur table ; les frères se contentaient de la nourriture

des paysans et des pauvres. On faisait la lecture pendant le repas,
.e silence était exactement observé, les austérités fréquentes. Il y
avait une sainte émulation entre eux, à qui pratiquerait le plus de
mortifications. Émiliani était le premier à exciter les autres par
son exemple. A la mortification ils joignaient une prompte obéis-

sance, beaucoup d'humilité,
employaient une partie de la
nuit à l'oraison, et, pendant
le jour, conféraient ensemble
de choses saintes, s'occupaient de travail manuel, visi-
taient les malades ou instruisaient les pauvres. Le but
principal des Somasques était
dès lors et est encore l'instruction des enfants et des
jeunes écclésiastiques.

Jérôme mourut de la peste,
dont il fut atteint en soignant

Mort de saint Jérôme Émiliani.

les malades. Il avait cinquante-six ans. Il fut béatifié par Benoît XIV
et couronné par Clément XIII.

Sa fête se célèbre le 20 juillet.

PRIÈRE

Dieu, Père des miséricordes, par les mérites et l'intercession
du bienheureux Jérôme, qui fut le soutien et le père des orphelins,
accordez-nous la grâce de garder fidèlement l'esprit d'adoption

qui fait de nous vos véritables enfants. Par Jésus-Christ Notre-
Seigneur. Ainsi soit-il.

OUVRAGES A CONSULTER

Petits Bollandistes, au 20 juillet.
La vie du saint, écrite par Augustin Turtura, à Milan, en 1620.

VI

SAINT IGNACE DE LOYOLA

(1491-1556)

Ignace de Loyola, fondateur de la Compagnie de Jésus, naquit de noble race, dans cette partie de l'Espagne qu'on nomme la province de Guipuzcoa, l'an 1491. Le pape Innocent VIII occupait alors la chaire de saint Pierre, Frédéric III gouvernait l'Empire, et en Espagne régnaient les rois catholiques don Ferdinand et dona Isabelle, de glorieuse mémoire.

Il eut pour père Beltran Yanez de Onoz y Loyola, seigneur du château et domaine de ce nom, au territoire de Azpeitia, et chef de cette célèbre et antique famille. Sa mère s'appelait dona Maria Saenz de Balda, de la maison et seigneurie de Balda, au territoire d'Azcoitia, dame qui marchait de pair avec son mari pour la noblesse et la vertu.

Dieu avait béni le mariage de ces bons seigneurs en leur donnant cinq filles et huit fils, dont Ignace fut le dernier.

Quand se furent écoulées les premières années de l'enfance, Ignace fut envoyé par ses parents à la cour des rois catholiques. Plein de fougue et d'ardeur, à l'âme vaillante, excité par l'exemple de ses frères, qui étaient tous de braves chevaliers, l'adolescent se livra entièrement à l'exercice des armes, s'efforçant de surpasser ses rivaux et d'acquérir, avec le renom d'un homme valeureux, de l'honneur et de la gloire.

L'occasion ne tarda pas à lui en être offerte.

En l'année 1521, les Français ayant attaqué Pampelune, capitale du royaume de Navarre, et pressant avec une extrême vigueur le siège de la citadelle, les capitaines qui la défendaient parlaient de se rendre, et ils l'eussent fait si Ignace ne s'y fût opposé. Il les encouragea, et tous résolurent de résister jusqu'à la mort. On se battit de part et d'autre avec acharnement. Un éclat de pierre frappa Ignace à la jambe gauche et un boulet de canon lui cassa la jambe droite. Les Navarrois, le voyant hors de combat, perdirent courage et se rendirent à discrétion. Les Français, pleins d'admiration pour la valeur dont il avait fait preuve, emportèrent Ignace au quartier de leur général, le firent panser, et, quand sa jambe fut remise et que l'état de sa blessure lui permit de voyager, ils le firent porter en litière au château de Loyola, peu éloigné de Pampelune.

Soit que ce voyage eût été entrepris trop tôt, soit que l'appareil eût été mal appliqué, on trouva en le levant que les os n'étaient pas bien joints. Les médecins déclarèrent que, pour les remettre dans leur situation naturelle, il fallait les casser de nouveau. Ignace y consentit et souffrit cette cruelle opération sans donner signe de douleur. Mais son état, au lieu de s'améliorer, allait toujours empirant; la fièvre le réduisit à toute extrémité. En la vigile des saints apôtres Pierre et Paul, les médecins déclarèrent qu'il n'y avait plus d'espoir, si la nature n'amenait une crise. Cette crise réparatrice se produisit, en effet, vers minuit. Au rapport de tous les historiens, saint Pierre, pour qui saint Ignace avait toujours eu une grande dévotion, lui apparut et lui promit qu'il recouvrerait la santé. A partir de ce moment, un mieux sensible s'annonça; mais il restait à la jambe une double difformité. D'une part, un os faisait une laide saillie au-dessous du genou; d'autre part, la jambe elle-même restait plus courte, au point de l'empêcher de marcher et de se tenir debout. Cette difformité parut insupportable au jeune chevalier, et il demanda aux médecins de couper l'os qui avançait. Il souffrit avec une constance inouïe cette opération douloureuse, sans permettre qu'on le liât; il tint même la jambe sous la scie. Cette opération fit disparaître la difformité, mais la jambe resta plus courte, quoique Ignace se mît longtemps à la torture, en se la faisant tirer avec une machine de fer. Malgré tous ses efforts, il devait rester un peu boîteux toute sa vie.

Pendant sa longue convalescence, Ignace demanda, pour se distraire, des romans de la chevalerie. Dieu permit qu'il ne s'en trouvât aucun dans la maison. On lui apporta la *Vie de Jésus-Christ* et les *Fleurs des Saints*. Il les lut d'abord pour se distraire, puis avec plaisir et intérêt, et bientôt après cette lecture fit sur lui une telle impression qu'il se résolut à renoncer au monde et à se vouer à Dieu.

Une nuit qu'il s'offrait à Dieu avec larmes, il sentit un ébranlement qui agita fortement la maison, le mur de sa chambre se fendit, les vitres furent brisées: Dieu lui donnait un signe qu'il acceptait son offrande. La lutte était finie, le monde était vaincu.

Ignace, ayant en partie recouvré la santé, prétexta une visite au duc Maurique de Naxera, qui avait, à plusieurs reprises, envoyé prendre des nouvelles, pendant sa maladie; il lui devait, disait-il, ce témoignage de gratitude et de courtoisie. En réalité, il se disposait, comme Abraham, à quitter son pays et à se séparer des siens.

Après quelques jours de voyage, congédiant ses serviteurs, trop faible encore pour aller à pied, il continua sa route monté sur une mule et se dirigea vers le couvent de Montserrat. Le Montserrat est une montagne à un jour de marche de Barcelone ; son sommet est formé de plusieurs pics en forme de dents, ce qui lui donne l'apparence d'une scie : c'est de là qu'elle tire son nom. Au-dessous des cimes et sur une plate-forme, est située la célèbre église qui sert de lieu de pèlerinage et une abbaye de Bénédictins.

A l'approche de Montserrat, Ignace se procura un costume de pèlerin : c'était un long vêtement de toile grossière, une corde pour ceinture, des espadrilles pour chaussure, le bourdon et la calebasse. En arrivant, il fit à un religieux français sa confession générale et régla son programme d'avenir. Puis, comme les chevaliers, avant d'entrer dans l'ordre il fit sa veillée d'armes. La nuit qui précéda la fête de l'Annonciation, il resta à la chapelle afin d'honorer le mystère dans lequel Marie est devenue mère du Verbe incarné. Cette nuit-là, enveloppé dans son sac de pèlerin, tantôt à genoux, tantôt debout, appuyé sur son bâton, il revêtit en quelque sorte l'homme nouveau. Avant de s'en aller, il suspendit, près de l'autel, son épée et sa dague.

En quittant le sanctuaire de Montserrat, au lieu de partir aussitôt pour faire son pèlerinage à Jérusalem, Ignace alla passer quelque temps à l'hôpital de Sainte-Lucie pour y mener la vie de pénitence. « Tous les jours, dit le Père Génelli, il entendait dévotement la messe et assistait aux vêpres et aux complies ; il communiait régulièrement tous les dimanches. Il avait réservé sept heures pour ses prières particulières, qu'il faisait toujours à genoux et qu'il partageait entre le jour et la nuit. Il ne donnait que très peu de temps au sommeil, n'avait pour lit que le sol nu, pour oreiller qu'une pierre ou qu'un morceau de bois. Dès qu'il était levé, il se flagellait jusqu'au sang, et répétait trois fois par jour, et quelquefois plus encore, cet exercice.

Il mendiait chaque jour sa nourriture, ne mangeait qu'une fois et choisissait de préférence les morceaux de pain les plus durs et les plus noirs ; son breuvage consistait en un verre d'eau. Le dimanche il ajoutait un verre de vin et quelques herbes, qu'il saupoudrait de cendre pour les rendre désagréables au goût, comme il l'avoua un jour au P. Laynéz. Sous son vêtement de toile grossière, il portait sur la chair un cilice, auquel il ajouta plus tard une chaîne de fer qui lui servait de ceinture. Il cherchait au reste à faire tout le contraire de ce qu'il avait aimé et désiré autrefois. Ainsi, il se plaisait dans la société des pauvres et des petits et s'efforçait de parler et de faire comme eux ; il servait les malades à l'hôpital, préférant ceux qui avaient les maladies les plus repoussantes ou l'humeur la plus désagréable. Il se joignait aux mendiants, négligeait son corps, laissait croître ses cheveux et sa barbe en désordre ; mais, malgré toutes les peines qu'il se donna, il ne put se faire passer auprès de ces gens pour un des leurs, et ne recueillit que les mépris et les dérisions, comme la chose est inévitable en pareil cas. Les enfants des rues criaient après lui quand ils le voyaient, en disant : « Voyez-vous l'homme vêtu d'un sac ; » et ils le poursuivaient en riant et en se moquant de lui [1].

---

[1] *Vie de saint Ignace*, t. I, p. 43.

A deux cents pas de Manrèze, au pied des coteaux rocheux qui forment la vallée délicieuse que les habitants nomment Vallon du Paradis, s'ouvre une caverne obscure et solitaire. Cette caverne mesure vingt-six palmes de long, huit de large et onze de hauteur ; mais le sol est beaucoup plus bas dans le fond. C'est là qu'Ignace se retira en quittant l'hôpital Sainte-Lucie. Il dut, pour entrer, se frayer un passage à travers les broussailles. Dans cette caverne, il eut d'abord à souffrir des épreuves corporelles. Les austérités excessives auxquelles il se livrait, emporté par l'ardeur de son caractère, au-delà des bornes de la sagesse, agirent d'une manière fâcheuse sur sa santé. Quoiqu'il fût d'une constitution robuste, il tomba deux fois malade assez gravement, et dut se retirer dans des maisons particulières pour y recevoir les soins dont il avait besoin. Par l'expérience qu'il en fit, il apprit dans quelles limites doit se renfermer la mortification chrétienne.

A ces épreuves de sa santé se joignirent les épreuves spirituelles. Ignace fut tenté de dégoût pour la vie de pénitence qu'il avait embrassée, de vaine gloire, de scrupule sur l'intégrité de ses confessions. Il sortit vainqueur de cette terrible lutte, mais ces épreuves successives lui avaient donné l'expérience des divers états de la vie spirituelle, le discernement des bons et des mauvais esprits, et la manière de se conduire en ces circonstances. En ce temps-là, cet homme, qui ne savait que lire et écrire, *composa cet admirable Livre des Exercices, approuvé par le jugement du Siège apostolique et par l'expérience que tous ont faite de son utilité* [1].

On peut dire qu'ils sont un exercice de l'esprit par lequel un

---

[1] *Office de la fête de saint Ignace*, iie leçon du IIe nocturne.

Portrait de saint Ignace de Loyola.

homme médite, devant Dieu, dans la retraite et le silence, les vérités éternelles, et scrute à leur lumière l'état de son âme, dans le dessein de corriger ce qui est défectueux, et de donner ainsi à sa vie la direction la plus agréable à Dieu et la plus utile à son âme. Pour atteindre ce but, celui qui suit les *Exercices* doit parcourir plusieurs degrés, dont chacun conduit à un but spécial. Le pécheur a d'abord besoin de se purifier, et pour cela de connaître ce qu'est le péché et quelles en sont les suites. Ce sera donc sur cet objet qu'il conviendra d'appliquer les puissances de l'âme, et le fruit produit sera le repentir et la haine du péché. Après s'être purgée des vices qui la rendent malade, l'âme s'efforce d'acquérir une santé parfaite, laquelle consiste dans la connaissance et l'accomplissement de la volonté divine. C'est alors qu'elle choisit l'état où Dieu veut qu'elle le serve, ou qu'elle se réforme, si son choix est déjà fait. Ces méditations préparent au dernier degré qui consiste à unir fortement et pour toujours à Dieu le cœur qui s'est détaché de l'amour du monde.

Après une année environ passée à Manrèze, dans cette austère pénitence, le temps vint où le bienheureux Ignace avait résolu d'aller à Jérusalem. Il se dirigea vers Barcelone ; là il trouva un navire prêt à mettre à la voile pour l'Italie. La navigation fut de peu de durée, mais très pénible ; au bout de cinq jours il aborda à Gaëte. Avec des souffrances extrêmes il se rendit de Gaëte à Rome, visita avec une grande dévotion les stations et les sanctuaires de la Ville sainte, et reçut la bénédiction du Saint-Père, qui était en ce temps-là Adrien VI.

De Rome le bienheureux se rendit à Venise, d'où il mit à la voile, le 14 juillet, et le 4 septembre, avant midi, il était à Jérusalem.

Il serait difficile de peindre la joie dont Dieu remplit son âme à la vue de la sainte Cité et de quelles consolations il combla son serviteur à la visite de ces lieux sacrés qui gardent la mémoire de la présence du Christ, notre Rédempteur.

En allant à Jérusalem, Ignace avait pour but de se fixer près du tombeau du Christ, d'établir une société d'apôtres dont les conquêtes spirituelles pussent préparer à l'Église des consolations. C'était la sublime idée des croisades réalisée, non plus par les armes, mais par la pénitence et la prédication, seul moyen d'entamer le fanatisme de l'Islam. Convaincu cependant, par les conseils reçus, que Dieu ne le voulait pas à Jérusalem, il retourna en Espagne, et il atteignit heureusement Barcelone au commencement de mars 1524.

En revenant en Espagne, Ignace avait l'idée bien arrêtée de se livrer à l'étude. Forcé de quitter les Lieux saints et Jérusalem, où il avait pensé finir sa vie, il se mit à réfléchir à ce que Dieu voulait de lui. Tout bien examiné, il jugea que, pour mieux s'employer au service du prochain, il fallait être versé dans les lettres et joindre la science acquise par l'étude à la ferveur de l'esprit que Notre-Seigneur lui communiquait.

Il se décida donc à étudier, et la ville de Barcelone lui parut propre à ce dessein. Ainsi, à l'âge de trente-trois ans, Ignace commença à étudier les premiers éléments de la langue latine, apprenant avec de jeunes enfants à décliner, à conjuguer, travail qu'il accepta pour se vaincre et plaire à Dieu. La nécessité de retenir cette variété de règles et de préceptes, l'obligation d'apprendre par cœur et de réciter des leçons, ne surent le rebuter. Et, après deux ans passés dans cet humble et pénible labeur, le maître estima que l'élève pouvait passer à l'étude de sciences plus hautes et lui conseilla de s'appliquer à la philosophie ; c'est pour suivre ce conseil qu'Ignace se rendit à l'université d'Alcala. Il mena avec lui trois compagnons, qui voulurent l'assister dans la pratique de ses bonnes œuvres, surtout dans l'enseignement de la doctrine chrétienne aux enfants et aux ignorants.

D'Alcala, sur les conseils de l'archevêque de Tolède, Ignace alla achever ses études à Salamanque, dont l'université était une des plus célèbres du monde. De Salamanque il se rendit à Paris, où il fut reçu maître ès arts avec applaudissements et après un examen très rigoureux. Il fit ensuite sa théologie dans l'école de Saint-Thomas, aux Jacobins. Là, il puisa les lumières qu'il a depuis répandues dans ses sermons et ses exhortations pleines de doctrine et de force.

Tant que durèrent ses études, Ignace s'efforça, par son exemple et ses conseils, d'attirer les autres étudiants à l'imitation de Notre-Seigneur, et telle fut son influence que plusieurs gentilshommes, pleins de talent et de savoir, dirent adieu au monde et à toute espérance humaine pour se réfugier au port assuré de la sainte religion.

Cependant le temps arriva auquel Dieu voulut donner à son Église, par le moyen de son serviteur, le secours de la Compagnie de Jésus. Il inspira à six excellents jeunes hommes de se joindre à lui pour travailler au salut du prochain. C'étaient Pierre Lefèvre, du village de Villaret, en Savoie ; François Xavier, gentilhomme du royaume de Navarre ; Jacques Laynez, du village d'Almazan, au diocèse de Liguenza ; Alphonse Salméron, des environs de Tolède, en Castille ; Nicolas Alphonse, de Bobadilla, petit endroit près de Valence ; Simon Rodriguez, d'Azèvèdo, en Portugal. Tous, depuis, ont jeté un grand éclat par leur doctrine, leur sainteté et les services qu'ils ont rendus à l'Église.

Le jour de l'Assomption de la sainte Vierge, en l'année 1534, ils s'assemblèrent tous les sept dans l'église du monastère de Montmartre, de l'Ordre de Saint-Benoît, auprès de Paris : après s'être confessés et avoir communié, ils firent vœu d'entreprendre, dans un temps qu'ils fixèrent, le voyage de Jérusalem pour obtenir la conversion des infidèles du Levant, de quitter tout ce qu'ils possédaient, hors ce qui leur serait nécessaire pour le voyage ; et, au cas où ce voyage leur devint impossible, ou qu'on ne leur permît pas de demeurer dans l'Orient, d'aller se jeter aux pieds du Pape afin que Sa Sainteté disposât entièrement d'eux pour le service de l'Église et le salut des âmes.

Un peu plus tard, trois autres compagnons, également théologiens, se joignirent à eux : c'étaient Claude Le Jay, savoyard ; Jean Codure, provençal ; et Pascal Broët, français de Picardie.

« Tous étaient prêts à s'embarquer pour Jérusalem, quand les circonstances leur enlevèrent tout espoir de faire ce pèlerinage. En ce temps-là, la seigneurie de Venise déclara la guerre au grand Turc Soliman et se ligua contre ce puissant ennemi avec le souverain Pontife et l'empereur Charles-Quint. Les deux partis couvrirent la mer de puissantes escadres, et ces préparatifs belliqueux interrompirent les départs des pèlerins, qui exigeaient plus de sécurité et de calme.

« Il est à remarquer que ce fut la seule année que les navires des pèlerins ne purent partir ; cela n'était pas arrivé depuis longtemps et ne se renouvela plus avant l'an 1570. La divine Providence, qui gouverne toutes choses avec une sagesse infinie, dirigeait elle-même ses serviteurs et leur destinait une mission plus

haute que tout ce qu'ils pouvaient concevoir. C'est elle qui leur
ferma la route de la Terre sainte pour les appliquer à d'autres
œuvres [1]. »

Voyant que leur dessein était devenu impossible à réaliser, le
bienheureux Ignace et ses compagnons se dispersèrent sur le territoire de la république de Venise, prêchant, écoutant les confessions, enseignant la doctrine chrétienne aux enfants et aux ignorants,
Ils se résolurent aussi d'aller dans les plus célèbres universités
d'Italie, rendez-vous des plus beaux esprits, et de voir si Notre-
Seigneur daignerait inspirer à quelques jeunes gens d'élite le désir
de se vouer avec eux au service du prochain.

Saint Ignace avait obtenu à ce moment l'approbation du Saint-
Siège pour sa Congrégation, à laquelle il donna le nom de *Compagnie de Jésus*. Et il est digne de remarque que, dans la bulle
d'approbation, il y est dit expressément qu'Ignace et ses compagnons « ont *instruit les enfants et les simples* des choses nécessaires à une éducation chrétienne..., que la société est principalement instituée pour travailler à l'avancement des âmes dans la
vie et la doctrine chrétienne, et à la propagation de la foi, par
des prédications publiques et le ministère de la parole de Dieu,
par des exercices spirituels et des œuvres de charité, *notamment
en faisant le catéchisme aux enfants* et à ceux qui ne sont pas
instruits du christianisme... et encore : Sur toutes choses, qu'ils
aient à cœur *l'instruction des enfants* et des ignorants *dans la
connaissance de la doctrine chrétienne*, des dix commandements
et autres semblables éléments... Et, dans la formule des vœux que
prononçaient saint Ignace et ses premiers compagnons, ainsi que

[1] Ribadéneira.

dans celle que les Jésuites continuent à prononcer, il est dit : « Je promets de faire en sorte que *la jeunesse soit instruite dans la doctrine de la foi*, conformément à la Bulle et aux Constitutions. »

Une fois la Compagnie de Jésus confirmée par le pape Paul III, le principal souci des premiers Pères fut d'élire un supérieur qui la gouvernât avec courage et prudence. La chose était d'autant plus urgente que plusieurs membres étaient déjà hors de l'Italie et que le Pape avait l'intention d'en envoyer d'autres dans diverses contrées. Saint Ignace appela donc à Rome, au carême de 1541, tous les Pères qui étaient dispersés en Italie. Tous les compagnons d'Ignace arrivèrent promptement. Après avoir délibéré sur le meilleur mode d'élection, ils convinrent de passer trois jours en prière, sans converser entre eux ni s'occuper aux œuvres du dehors, puis d'apporter leur vote que chacun écrirait de sa main. Ils le firent, ajoutant à leurs suffrages ceux que les absents avaient laissés avant leur départ ou avaient envoyés depuis.

Pour que l'élection fût plus sérieuse encore, ils consacrèrent trois autres jours à l'oraison avant de lire les votes. A l'unanimité, Ignace fut nommé général ; il ne lui manquait que sa voix. Ignace avait donné son suffrage à celui qui obtiendrait, en dehors de lui, la majorité, car, par humilité, il s'excluait. Plus disposé à obéir qu'à commander, se voyant élu : « Mes Frères, dit-il, je ne suis pas digne de cette charge, et je ne la saurais remplir ; car qui ne peut se conduire soi-même, comment pourrait-il bien diriger les autres ? Très sincèrement je pense ainsi devant Dieu ; j'ai devant les yeux les vices et les désordres de ma vie passée, les péchés et les grandes misères de ma vie présente, je ne puis dès lors me résoudre à accepter le fardeau que vous mettez sur mes épaules. Je vous supplie donc, pour l'amour de Dieu, de ne pas interpréter mes paroles en mauvaise part et de recommander encore pendant trois ou quatre jours cette affaire à la divine Majesté, avec plus de ferveur que jamais, afin que, éclairés par la lumière de son Saint-Esprit et favorisés de sa grâce, nous élisions pour supérieur et pour Père celui qui, mieux que les autres, doit gouverner la Compagnie. »

On voulut d'abord s'opposer à ce dessein ; mais, pour ne pas contrister le bienheureux Père, on condescendit à son désir. Le quatrième jour, ils élurent pour la seconde fois Ignace supérieur et général. Lui, hésitant d'une part à les contredire et d'autre part à subir une charge qu'il estimait au-dessus de ses forces, conclut en disant : « Je vais remettre toute l'affaire aux mains de mon confesseur. Je lui déclarerai tous les mauvais penchants de mon âme et toutes les infirmités de mon corps, et si, après cela, il m'ordonne, au nom de Jésus-Christ, de prendre sur moi un si lourd fardeau, j'obéirai. »

Durant trois jours, retiré loin de ses compagnons au monastère des Pères Franciscains de Saint-Pierre *in Montario*, où fut crucifié le Prince des apôtres, Ignace ne s'occupa que de cette affaire et fit sa confession générale. Il rendit compte de toute sa vie passée à un saint religieux qui était son confesseur. Celui-ci lui répondit qu'en n'acceptant pas son élection il résistait au Saint-Esprit. Et le bienheureux Père déclara qu'il obéissait.

L'élection ratifiée, il restait aux membres à s'engager par des vœux solennels. Tous visitèrent les sept grandes basiliques de Rome, puis se rendirent dans la basilique de Saint-Paul-hors-les-murs. Saint Ignace célébra la messe dans la chapelle de Notre-

Dame, où se gardait alors le saint Sacrement. Avant de communier, il se tourna vers ses compagnons, tenant l'hostie à la main au-dessus de la patène, lut tout haut la formule des vœux, et communia. Les autres firent également leur profession et commu-

Ignace employé à la cuisine.

nièrent de la main de leur supérieur. « La messe achevée, ayant visité avec grande dévotion les saints lieux de cette basilique, tous s'approchèrent du maître-autel, où sont déposées les reliques sacrées des glorieux Princes de l'Église, saint Pierre et saint Paul, et là ils s'embrassèrent avec grand amour et larmes abondantes, pleins de joie spirituelle et de reconnaissance envers la souveraine et éternelle Majesté qui avait daigné parfaire ce qu'elle avait commencé. Ils avaient donc vu se lever ce jour tant désiré où le ciel agréait l'holocauste d'agréable odeur ! Désormais, bien que de nations différentes, tous n'avaient plus qu'un seul cœur et ne faisaient plus qu'un seul corps dans les liens de la charité et pour le meilleur service de Dieu [1].

[1] Ribadéneira.

Pour inaugurer sa charge par l'humiliation, Ignace se rendit à la cuisine où, pendant plusieurs jours, il remplit l'emploi de cuisinier, sans négliger d'autres offices plus bas encore, avec l'application et l'ardeur d'un novice désireux de se former à la mortification.

En outre, il enseigna la doctrine chrétienne aux enfants, dans la chapelle de la Compagnie, durant quarante-six jours consécutifs. Une foule d'hommes et de femmes, les plus instruits aussi bien que les ignorants, se pressaient pour l'entendre, et il remuait si vivement les cœurs qu'il portait tous les auditeurs à pleurer sur eux-mêmes au souvenir de leurs péchés.

Il serait bien long de raconter de quels établissements pieux Ignace dota la ville de Rome. Il avait été frappé de la disposition des Juifs à se convertir. Il leur ouvrit un asile, une maison de catéchumènes. Des femmes de mauvaise vie faisaient le scandale de Rome ; le pape gémissait de la difficulté qu'on éprouvait à les retirer du désordre. Saint Ignace, pour répondre au vœu du pontife, fonda le monastère de Sainte-Marthe, qui admettait sans condition toutes les converties. Il était nécessaire de préserver les filles pauvres : Ignace fit construire pour elles la maison de Sainte-Catherine. Une des plus vives afflictions de son cœur était de voir les orphelins abandonnés à la charité publique ; il bâtit deux maisons, l'une pour les garçons, l'autre pour les filles. On les céda depuis aux Frères Somasques.

Cependant il était un projet qui occupait davantage Ignace ; il en attendait pour l'avenir les plus brillants résultats et s'y consacrait avec sa puissante ardeur, c'était la fondation d'un grand collège. Le 16 février 1550, Ignace prenait à bail une petite maison au pied du Capitole. A peine les classes furent-elles ouvertes que le nombre des élèves obligea de chercher un local plus commode. L'école était gratuite, et tout jeune homme avait le droit de suivre les cours et de recevoir l'instruction. En 1555, deux cents élèves y prenaient place. En 1584, le registre du collège inscrivait 2.107 élèves. Les Jésuites avaient le talent de rendre l'instruction aimable, ils savaient aussi exciter l'émulation. En 1564, dans ce but, ils établissaient la distribution publique des prix, solennité si douce pour le cœur des mères, si intéressante pour les enfants, et dont la magie se garde parmi les bons souvenirs de l'âge mur. Le pape Grégoire XIII fit construire l'immense édifice qu'avait tant souhaité le Saint et assigna des revenus pour payer les professeurs. En 1623, un élève du collège romain montait sur le siège de saint Pierre. Depuis lors, le collège romain n'a pas cessé de produire des hommes distingués, soit dans les lettres, soit dans la politique, soit dans les sciences, soit dans la sainteté. Sept autres papes, Innocent X, Clément IX, Clément X, Innocent XII, Clément XI, Innocent XIII et Clément XII, sortirent de cette maison. On y formait des savants, on y élevait des saints, tels que Jean Berchmans, saint Camille de Lellis, le bienheureux Léonard de Port-Maurice et le vénérable Pierre Berna, martyr. Ce n'était plus le collège des Jésuites, il devenait le collège du monde entier ; car tous les autres établissements de Rome se faisaient honneur de n'être que ses succursales. Rome, que la mauvaise foi a si souvent accusée d'obscurantisme, avait quatorze écoles qui, en dehors de leurs cours particuliers, suivaient ceux des Jésuites. C'étaient les collèges des Anglais, des Grecs, des Écossais, des Maronites, des Irlandais et des Néophytes ; les collèges Capranica, Fuccioli, Mattei, Pamphili, Salviati, Ghislièri, le collège germanique et le collège Gymnasio.

L'hérésie s'était implantée en Allemagne. Pour remédier à ce mal, saint Ignace pensait qu'il ne suffisait pas d'envoyer des missionnaires. Il estimait, à bon droit, que le mal, en ces contrées, venait principalement de l'ignorance et des désordres du clergé, et que, par suite, le remède devait être dans la science solide et dans la vie exemplaire des prêtres et des prédicateurs. Il convenait que ceux-ci fussent allemands ; des gens de même nature, soumis aux mêmes lois, ayant les mêmes coutumes, gagneraient plus aisément leurs compatriotes ; parlant la même langue, ils se feraient mieux comprendre et prêcheraient plus efficacement la vérité catholique.

Mais il fallait un séminaire pour les former. Cet établissement ne pouvait se former en Allemagne ; car choisirait-on les lieux les moins infestés, il était à craindre que les jeunes étudiants, entourés de toutes parts d'hérétiques, ne fussent atteints par la contagion. Et dès lors, nulle autre ville que Rome ne pouvait être choisie plus à propos, « puisqu'on y trouverait, mieux que partout ailleurs, tout ce qui peut entretenir la vraie foi dans l'esprit de la jeunesse : enseignement sûr, exemple d'une cité fidèle, concours de pieux pèlerins, souvenirs des premiers siècles et de la prédication des princes des Apôtres, scellée de leur sang, présence des souverains Pontifes, dont la libéralité pourrait soutenir cette fondation et dont les bienfaits gagneraient les cœurs de ces jeunes gens[1]. »

De là naquit le collège germanique.

En voyant Ignace fonder ce collège, Chemnitz, l'un des coryphées du protestantisme, avait reconnu l'habileté de la stratégie : « Il ne manquait plus que cela, disait-il ; cet homme ne se con-

---

[1] Ribadéneira.

tente pas de nous faire attaquer par des étrangers, il nous jette sur les bras nos compatriotes eux-mêmes. » En effet, à leur retour en Allemagne, les élèves communiquaient à leurs familles, à leurs amis, les fruits des leçons reçues.

A la fin du xviiie siècle, on avait vu sortir du collège germanique le pape Grégoire XV, vingt quatre cardinaux, six électeurs de l'empire, dix-neuf princes, vingt et un archevêques, deux cent vingt et un évêques, quarante-six abbés et généraux d'ordres, onze martyrs.

Ce n'est pas à Rome seulement, c'est partout, et avec une rapidité merveilleuse, que naissent les collèges tenus par la Compagnie de Jésus pour l'éducation de la jeunesse ; on en voit en Espagne, en Portugal, en Sicile, en Corse, en Allemagne, en Flandre, en France.

Cette diffusion fut si rapide que les luthériens en étaient atterrés : Mélanchton en éprouvait le plus profond chagrin. «Près de mourir, ayant la nouvelle de tant de Jésuites, lesquels passaient les mers et les déserts, si bien qu'il n'y avait coin des quatre coins du globe où l'on ne put voir leurs traces souvent arrosées de leur sang : « Hé, bon Dieu ! s'écriait-il en soupirant, étendu au lit de mort, je vois que tout le monde se remplit de Jésuites[1]. »

« Tel était l'état de la Compagnie, quand le bienheureux P. Ignace, chargé d'années, accablé d'infirmités, affligé des grandes calamités de l'Église et enflammé du désir de voir Jésus-Christ, commença à supplier avec larmes Dieu Notre-Seigneur de finir son exil et de l'introduire au lieu du repos, pour le louer en toute liberté avec ses élus et jouir de sa bienheureuse présence.

[1] *Histoire de la Naissance, Progrès et Décadence des Hérésies*, par Florimond de Rémond, t. V, ch. iii (1648).

« Si l'énergie de l'âme soutenait la faiblesse du corps, si, parfaitement soumis à la volonté divine, il supportait avec patience et courage les peines de ce pèlerinage, néanmoins il languissait dans l'impatience de voir Dieu, si bien qu'il ne pouvait, sans pleurer de joie, songer à l'heure du départ.

« En ce temps-là, Rome était encombrée de soldats, par suite de la guerre entre Paul IV et le roi Philippe II. On n'entendait, dans la Ville sainte, que tambours et trompettes, que fracas d'arquebuses et d'artillerie, et toute la population était remplie de crainte et d'épouvante.

« Pour ne pas voir ces maux de trop près et pleurer dans la solitude sur de telles calamités, le P. Ignace alla passer quelques jours dans une villa assez à l'abri du bruit de Rome. Mais là, l'insalubrité de l'air et les chaleurs de l'été l'éprouvèrent plus que de coutume ; et sachant que le terme de ses travaux approchait, il revint à la maison de Rome.

Les médecins ne s'inquiétaient pas de l'état du bienheureux Père, croyant que cette faiblesse était sans danger. Mais, mieux instruit que les médecins de ce que Notre-Seigneur voulait faire de lui, il se confessa, communia et se prépara à la mort, qu'il désirait si ardemment.

« Le 30 juillet, à trois heures du soir, il manda le P. Jean de Polanco, qui, durant neuf années entières, l'avait aidé dans le gouvernement de la Compagnie, et, le prenant à part, lui dit, à sa grande surprise, le plus tranquillement du monde : « Maître Polanco, voici l'heure de quitter cette terre ; allez baiser pour moi les pieds de Sa Sainteté et lui demander, avec sa bénédiction, l'indulgence plénière pour tous mes péchés, afin que j'aie plus de consolation et de confiance en mon passage. Et dites à Sa Béatitude que si, comme je l'espère de la miséricorde infinie de mon Seigneur, je gravis la sainte montagne de sa gloire, je n'oublierai pas de prier pour Sa Sainteté comme je l'ai toujours fait, même au temps où j'avais si grand besoin de prier pour moi-même. »

« Le Saint-Père envoya sa bénédiction avec de grandes démonstrations de douleur et d'affection. Cependant les Pères de la maison ne savaient que faire dans un cas si douteux. D'une part, la maladie ne semblait point grave ; les médecins ne redoutaient aucun danger ; Ignace lui-même ne changeait rien à ses habitudes ; le soir même, du même air aimable qu'il avait coutume, il traita avec les Pères une affaire qui se présentait, son humilité ne lui permettant pas de révéler les dons du Seigneur et l'engageant plutôt à laisser faire les médecins et à se soumettre à leur bon plaisir. D'autre part, les Pères s'inquiétaient des paroles que le bienheureux Ignace avait dites à maître Polanco et de la bénédiction réclamée du souverain Pontife ; il leur semblait qu'il n'aurait pas agi de la sorte sans un grave motif, sans un avertissement de Dieu au sujet de sa mort prochaine.

« Enfin, tout bien considéré, ils se déterminèrent à remettre au lendemain matin la décision de ce qu'il y avait à faire. Ils revinrent au point du jour et le trouvèrent presque expirant. On voulut lui donner quelque potion, mais il leur dit : « Ce n'est plus le temps. » Et les mains et les yeux élevés vers le ciel, le nom de Jésus sur les lèvres et dans le cœur, le visage serein, il rendit son âme à Dieu, le dernier jour de juillet de l'an 1556, une heure après le lever du soleil[1]. »

Il avait soixante-cinq ans.

[1] Ribadéneira.

Mis au rang des bienheureux, par Paul V, en 1609, il fut canonisé, treize ans plus tard, par Grégoire XV, qui avait été dès l'enfance au collège germanique et qui eut à cœur de payer au bienheureux Père ce tribut d'amour filial.

« Ignace, dit-il dans la Bulle de canonisation, ne cessa de secourir les pauvres et les malades dans les hôpitaux, leur distribuant les aumônes qu'il recevait des personnes charitables. Dès le commencement de sa conversion, il s'employa d'une manière toute particulière à instruire dans la doctrine chrétienne les enfants et les ignorants.

« C'est lui qui, par son exemple, introduisit la coutume de visiter et de soulager les prisonniers. C'est lui qui fonda des missions dans toutes les contrées de la terre, bâtit des églises et des collèges, particulièrement dans cette ville de Rome, où, sans compter le collège romain dans lequel on donne l'enseignement gratuit, il établit le collège germanique ; c'est lui qui créa les hospices des orphelins et des catéchumères, les couvents de Sainte-Marthe et de Sainte-Catherine, et une foule d'autres institutions pieuses. C'est lui qui apaisa les différends, donna de sages conseils, rédigea le livre des *Exercices spirituels*, encouragea la fréquentation des sacrements, réconcilia les ennemis et les fit prier les uns pour les autres.

« Toutes ces œuvres prouvent jusqu'à quel point il aima le prochain pour l'amour de Dieu. »

La fête de saint Ignace de Loyola se célèbre le 31 juillet, jour anniversaire de sa mort.

PRIÈRE

O Dieu, qui, pour étendre de plus en plus la gloire de votre Nom, avez donné à votre Église, pour la fortifier, de nouveaux soldats par le ministère de saint Ignace, faites que, combattant sur la terre avec son secours et à son exemple, nous méritions d'être couronnés avec lui dans le ciel. Ainsi soit-il.

QUELQUES PENSÉES DE SAINT IGNACE DE LOYOLA

Ah ! que la terre est méprisable, quand je contemple le ciel !

Saint Ignace de Loyola avait pris pour devise ces mots qui furent l'âme de toute sa vie: *A la plus grande gloire de Dieu !*

Je préfère entrer avec un œil dans la gloire de Dieu que d'aller avec mes deux yeux en enfer.

Laissons souffrir le corps, et nous sauverons l'âme.

Si Jésus-Christ vous demandait à manger, lui donneriez-vous le pire ou le meilleur ? Or, les pauvres représentent Jésus-Christ: ce qu'on leur donne pour son amour, on le donne à lui-même, comme il l'a déclaré dans l'Évangile.

A qui veut, rien n'est difficile, surtout en ce qu'on fait pour l'amour de Notre-Seigneur Jésus-Christ.

Qu'un seul de ces petits consente à m'écouter, ce me sera un excellent auditoire.

Lorsqu'on est malade, on ne peut rien faire pour le prochain ; il faut une bonne santé pour se dévouer au service de Dieu.

AUTEURS A CONSULTER

Le **R. P.** Pierre Ribadéneira, l'un des plus chers disciples et des plus intimes confidents de saint Ignace.

Le **R. P.** Bouhours, historien consciencieux et bien informé, mais généralement froid, solennel, peu intéressant.

Le **R. P.** Clair, qui a complété Ribadéneira.

VII

LE VÉNÉRABLE CÉSAR DE BUS

(1544-1607)

Quand Dieu veut sauver un siècle et glorifier son Église, il envoie un souffle divin, et la face de la terre se renouvelle. Depuis le Concile de Trente, ce souffle passa sur le monde. D'abord il s'est levé en Italie et l'on a vu tout à coup apparaître, comme autant de prodiges, saint Gaëtan de Thienne, saint Jérôme Émiliani, le bienheureux Antoine Zaccaria, saint Philippe de Néri, sainte Angèle de Mérici, saint Charles Borromée, et une foule d'autres. Ensuite il a traversé l'Espagne, et saint Ignace, saint François de Borgia, saint François Xavier, saint Jean de Dieu, saint Pierre d'Alcantara, saint Jean de la Croix, sainte Thérèse se sont levés comme autant d'astres lumineux. Maintenant il commence à soulever la vieille terre des Gaules, et l'heure est venue où, après mille hésitations, la fille aînée de l'Église va prendre, elle aussi, part à la grande rénovation catholique. Trop longtemps séduite par l'attrait des nouvelles doctrines, préparée d'ailleurs par de mauvaises mœurs à accepter les plus tristes hérésies ; des légèretés de François Ier descendue aux intrigues néfastes de Catherine de Médicis, des faiblesses de Charles IX à celles de Henri III, la France avait été à la veille de glisser dans l'abîme du calvinisme. Heureusement elle venait de se réveiller, et, prise d'effroi, elle se préparait à porter dans cette lutte du bien et du mal l'ardeur et l'élan qui la caractérisent. A la lueur des éclairs, on apercevait enfin et la grandeur du péril et les maux qui l'avaient créé : l'ignorance des vérités religieuses, les mœurs corrompues, le relâchement déshonorant l'autel et s'introduisant dans le cloître, des pontifes sans zèle ouvrant à des prêtres sans vocation les portes du sanctuaire, et les choses saintes méprisées par les peuples, parce qu'elles n'étaient pas suffisamment respectées par les ministres de Dieu. Ces plaies, dont on ne pouvait plus se dissimuler la profondeur, arrachaient aux uns des gémissements stériles, excitaient dans le cœur des autres une féconde émulation.

Pour aviser aux remèdes, partout se réunissaient des conciles ou des assemblées du clergé. A ces prédications de la Ligue, si fougueuses, si ardentes, mais parfois imprégnées des passions de la terre, succédaient d'autres prédications non moins ardentes ni moins populaires, mais tombant des lèvres des saints et ne s'adressant plus qu'à la conscience. Saint François Régis dans les Cévennes, le Père Eudes en Normandie, Michel le Nobletz en Bretagne, le bienheureux Pierre Fourier en Lorraine, le cardinal Duperron à Paris, luttant pied à pied, ici contre l'hérésie, là contre l'ignorance, partout contre les mauvaises mœurs. Et, comme toute réforme est éphémère si elle ne repose sur une solide base, César de Bus fondait, pour l'éducation de la jeunesse pauvre, la Congrégation des Pères de la Doctrine chrétienne. Les Jésuites, rappelés de l'exil, rouvraient leurs collèges armés surtout contre le protestantisme.

Entre ce double enseignement des classes riches et des classes pauvres, comme complément de l'un et de l'autre, Pierre de Bérulle se disposait à établir les collèges de l'Oratoire. C'était la même ardeur, la même intelligence, les mêmes projets de congrégations et d'écoles pour les jeunes filles. Sans doute, rien n'était sûr encore ; mais tout se préparait, tout germait dans la pensée des saints. La France se peuplait d'un nombre immense de vierges, qui, frappées du besoin de former des chrétiennes, renonçaient au bonheur d'être mères pour se consacrer à cette œuvre suprême ; et déjà les Ursulines, les Sœurs de Notre-Dame-de-Lorraine, celles de Notre-Dame-de-Bordeaux, et quelques autres, ouvraient des écoles, et, en renouvelant la jeunesse, préparaient ce xviie siècle, qui fut grand par les femmes presque autant que par les hommes et qui ne fut grand que parce qu'il fut chrétien.

A quoi pourtant eussent abouti ces missions et ces écoles, cette vaste rénovation des âmes et des œuvres, si l'ordre sacerdotal ne refleurissait ? Les plus saints évêques y pensaient en gémissant ; mais celui qui devait assurer un meilleur avenir, Vincent de Paul, n'était qu'un jeune prêtre, et son disciple, Jacques Olier, n'était pas encore au berceau. Du moins, leur maître à tous les deux, Charles de Condren, avait déjà commencé l'œuvre. Homme d'une science toute divine, né, disait plus tard sainte Jeanne de Chantal, pour instruire les anges, comme saint François de Sales pour instruire les hommes, il vivait entouré d'une foule de prêtres, qu'il enthousiasmait par ses idées sur le sacerdoce, dont il renouvelait le cœur et qu'il lançait, brulants de zèle, à la conduite des âmes.

En même temps l'ordre monastique se relevait de ses ruines.

On voyait paraître, dans l'ordre de Cîteaux, la réforme des Feuillants, de Septfonds et d'Orval, prélude d'une réforme plus éclatante, celle de la Trappe. Les vieilles abbayes bénédictines, décidées à faire revivre le pur esprit de saint Benoît, se réunissaient en congrégation sous le nom de saint Hidulphe et de saint Vannes, en attendant le nom plus célèbre de congrégation de Saint-Maur. Les capucins arrivaient d'Italie ; les frères de Saint-Jean-de-Dieu, du Portugal ; les carmélites, d'Espagne. Tout se ranimait à la fois. Du sein inépuisable de l'Église, de son cœur toujours jeune, jaillissaient mille inspirations de piété et de dévouement, et, pour les réaliser en institutions publiques, Dieu préparait en silence une foule d'âmes saintes, dont l'apparition simultanée allait donner à la rénovation catholique de la France son merveilleux éclat.

César de Bus est une de ces âmes.

César de Bus naquit à Cavaillon, ville épiscopale du Comtat-Venaissin, le 3 février 1544. Jean-Baptiste, son père, et Anne de la Marq, sa mère, recommandables par leur piété, descendaient d'une noble famille de Côme, liée de parenté à sainte Françoise, veuve romaine. De leurs treize enfants, César fut le septième. Dès son bas âge, on vit en lui une dévotion pleine d'amour envers la sainte Vierge, un ardent désir de mortifier sa chair par des abstinences, la charité pour les pauvres et une pureté angélique. A Avignon, pendant ses études, il se fit remarquer par sa piété et par son application au devoir. Cet éclat d'une vertu naissante, d'un esprit vif, d'un jugement solide, d'une humeur agréable, le faisait aimer et respecter de tout le monde.

A dix-huit ans, voyant une grande partie de la noblesse prendre les armes contre les hérétiques, il crut que, catholique et Fran-

Le vénérable César de Bus.

çais, il lui appartenait d'exposer sa vie pour la défense de l'Église. Volontaire en Provence, il sut, au milieu des camps, se garder pur de tout excès. La paix, qui succéda au tumulte des armes, permit à César de se livrer à son goût pour la peinture et la poésie. Quelque temps après, il suivait son frère au siège de La Rochelle ; une maladie l'obligea à venir respirer l'air natal. Après sa convalescence, il fit le voyage de Paris. Là, répandu à la ville et présenté à la cour, il se donna tout entier au plaisir. Trois ans après, il rentrait à Cavaillon pour mener la même vie oisive et dissipée. La mort de son père et celle de son frère ne paraissent pas avoir fait d'impression sur son esprit. Ce ne fut qu'à vingt-huit ans que les exhortations d'une pieuse veuve et la lecture de la *Vie des Saints* ramenèrent César à une plus digne conduite. Sous la direction d'un célébre jésuite, il se livra aux pratiques de pénitence avec un tel zèle qu'il contracta une cruelle maladie, dont il ne guérit jamais parfaitement. Non seulement il brûla ses poésies licencieuses, mais, en dépit des railleries, il suivait le saint viatique avec un flambeau à la main, et, pour mieux penser à la mort, il couchait dans un cercueil, avec l'appareil ordinaire des funérailles. C'était un homme de caractère : par la réaction qu'il venait d'exercer sur lui-même, on pouvait deviner un grand avenir.

Après plusieurs années d'épreuves, son directeur déclara César appelé à l'état ecclésiastique. Cette déclaration alarma le jeune homme ; mais ni ses prières, ni ses larmes ne purent ébranler son confesseur. Après une retraite de trois semaines, il quitta plusieurs bénéfices dont il ne remplissait pas les fonctions et restitua les fruits qu'il croyait indûment perçus. Il ne suffisait pas de vaincre les répugnances de l'humilité ; il était plus difficile d'écarter l'obstacle de l'ignorance. A trente-deux ans, César, comme Ignace de Loyola et Camille de Lellis, se mit aux éléments de grammaire. Après avoir acquis une connaissance suffisante du latin, il fit de rapides progrès en rhétorique et en philosophie ; ensuite il s'adonna à l'Écriture sainte, à l'étude des Pères et de la théologie.

Dès que César se fut décidé à embrasser l'état ecclésiastique, l'évêque de Cavaillon, qui l'appréciait, le pourvut d'un canonicat dans sa cathédrale. Jamais chanoine ne répondit mieux au choix de son évêque : César fut le modèle de ses confrères et l'exemplaire du clergé. A moins qu'il ne prêchât le carême ou quelque mission, il s'était fait un devoir inviolable de ne manquer aucun office. Son attention, sa modestie, sa fidèle observance des rubriques le faisaient paraître, au chœur, comme un ange qui chante les louanges de Dieu. Pour mieux honorer son devoir canonial, il avait pris, près de la cathédrale, une modeste demeure, d'où tout luxe était absent. A peine s'il touchait ses revenus ; et, de ses économies, il trouvait encore moyen de faire à la cathédrale des réparations et des embellissements. Prêtre à trente-huit ans, il célébra sa première messe avec une dévotion admirable. Dans la suite, on venait de préférence entendre sa messe pour s'édifier de la piété qui éclatait dans sa personne. Après la messe, la chaire et le confessionnal recueillaient les fruits de son zèle apostolique.

César se distinguait donc également par ses talents et par sa piété. Orateur, il parlait naturellement, facilement, noblement, avec force et avec grâce. Une mémoire heureuse lui permettait de citer à propos l'Écriture et les Pères. Une belle voix, une physionomie agréable, un grand air, je ne sais quoi d'insinuant, le firent si fort goûter que des amis lui conseillaient de se rendre à la capitale et de se pousser à la cour. Ces conseils trop humains ne purent lui plaire : il trouvait assez beau d'édifier et de convertir sa province. Sa piété donnait crédit à sa parole ; ses veilles, ses jeûnes et ses prières l'élevaient, sans qu'il y pensât, jusqu'à la plus haute éloquence.

Le confessionnal était le champ où il recueillait l'abondante moisson qu'avaient semée ses discours ; il y passait des journées entières et excellait à la direction. « Pénétrant, dit son biographe, il dévoilait les plus secrets replis du cœur ; intéressant, il gagnait la confiance des plus timides ; habile, il décidait avec exactitude les cas les plus difficiles ; patient, il écoutait sans se lasser et s'accommodait à tout le monde ; plein d'onction, il touchait les plus endurcis ; doux et ferme, il savait également consoler, alarmer, imposer au vice et encourager la vertu ; expérimenté, il démêlait les ruses du démon, les artifices de la nature, les détours de l'amour-propre. Il y avait peu de pécheurs qui lui résistassent, peu d'âmes pieuses qu'il ne menât à la perfection. »

Son principal caractère était la douceur ; il était loin d'affecter cet air de rigorisme, dont une régularité apparente se fait trop souvent un voile trompeur ou un faux mérite. Un autre de ses biographes s'en exprime en ces termes : « Sa conduite était extrêmement douce ; il disait que le sacrement de pénitence était le joug de l'Évangile, que les hommes ne devaient pas l'appesantir, Dieu l'ayant fait doux et léger ; et que rien n'est plus contraire à la conduite du bon pasteur qui court après la brebis égarée lorsqu'elle fuit que de la chasser à coups de houlette quand elle veut revenir. » Et ailleurs : « Quand il fallait renvoyer les pénitents, ce renvoi était fort sensible à son cœur, ce qui paraissait par les manières douces et les paroles bienveillantes dont il l'accompagnait, par les excuses qu'il leur en faisait, et quelquefois même par les larmes qu'il lui en coûtait. » Cette manière d'agir eut bientôt radicalement changé la ville de Cavaillon. La foi reprit son empire, la piété fleurit, les mœurs s'améliorèrent, et la ville gagna tous les biens que seule procure une sincère religion.

Une piété si éminente, une si brillante réputation permirent à César de se livrer aux œuvres de zèle. Pour la plus grande gloire de Dieu, il entreprit les trois choses les plus difficiles du ministère évangélique : la réforme du clergé, le redressement des monastères et la conversion des hérétiques.

Dans le dessein de corriger les mœurs du clergé, il commença par s'insinuer dans l'esprit des ecclésiastiques de Cavaillon, qui avaient le plus de goût pour la vertu. Volontiers il les assemblait, leur adressait une exhortation pathétique, leur faisait des conférences de théologie, que terminaient quelques exercices de piété et de pénitence. Peu à peu ces assemblées devinrent nombreuses et se formèrent en Congrégation. L'évêque de Cavaillon ne crut pas au-dessous de sa dignité d'y prendre place, il les autorisa non seulement par sa présence mais encore par sa déférence respectueuse pour la direction du fondateur et la pratique de ses mêmes exercices de pénitence. La réforme des mœurs en fut le premier fruit ; le clergé de Cavaillon devint un modèle de régularité ; l'évêque lui-même se montra plus circonspect dans l'imposition des mains et la collation des bénéfices, plus difficile dans les dépenses, plus sévère dans la correction.

Le zèle de César ne fut pas moindre près des religieux. D'abord il encouragea le vénérable Jean de La Barrière, qui le consulta pour la réforme des Feuillants. Ensuite il aida de ses conseils et de son crédit un commissaire que le Pape envoyait pour réformer tous les Cordeliers du Comtat tombés dans le relâchement. Puis il entreprit d'établir l'esprit primitif dans le couvent des Jacobins de Cavaillon ; ce fut le berceau d'une plus grande réforme, qui se répandit dans les trois provinces du Languedoc, de la Guyenne et de la Provence. Heureux près des hommes, il le fut moins près des femmes. Ayant osé faire des remontrances aux Bénédictines de Cavaillon, et, de concert avec Catherine de la Croix, tenté de les ramener à la règle, il se vit en butte à une violente persécution. Le bruit fut tel et les intrigues si décidées qu'il dut quitter la ville. Cependant, bientôt après, les religieuses changèrent comme par miracle et rappelèrent le réformateur pour se mettre, sous sa direction, à la plus étroite réforme.

Avec les hérétiques, César usait surtout de modération et de charité. Pour obtenir leur conversion, il usait d'une méthode particulièrement originale et qui lui réussit merveilleusement. Au lieu de recourir à la controverse, qui met les amours-propres en campagne et éternise trop souvent les disputes sans profit pour les mœurs, il abordait ses adversaires comme s'ils eussent été catholiques. « Avant de discuter entre nous, disait-il, combattons ensemble notre ennemi commun; détruisons l'avarice, l'envie, l'impureté, l'orgueil et tous les autres vices ; concevons une grande crainte des jugements de Dieu et des peines de l'enfer ; il ne sera pas difficile, après cela, de nous accorder. » En effet les descriptions qu'il faisait du péché et des peines qui l'attendent, en frappèrent tellement plusieurs qu'ils passèrent du mouvement de la crainte à celui de la foi et reconnurent la vérité de la religion catholique. De cette manière, il ne préserva pas seulement une foule de catholiques, que la contagion de l'erreur aurait infailliblement perdus, mais il ramena au giron de l'Église un grand nombre d'âmes séduites par le protestantisme.

Mais l'œuvre capitale de César de Bus, son plus beau titre de gloire aux yeux de la postérité, fut l'établissement d'une congrégation spécialement chargée d'enseigner la doctrine chrétienne aux enfants. La doctrine chrétienne, la doctrine de Jésus-Christ, la sainte doctrine, c'est, en général, l'ensemble de toutes les vérités qui forment le corps de la religion. En ce sens, tous les apôtres, tous les Pères, tous les conciles, tous les théologiens, tous les prédicateurs, ont, sur l'ordre de Jésus-Christ, enseigné la doctrine chrétienne. Mais, dans le langage usuel de la Provence et du Languedoc, on entend par *doctrine chrétienne* les éléments de la religion, ce que nous appelons le catéchisme. Ainsi, dans l'idée primitive de son fondateur, la congrégation des *doctrinaires* ne devait être qu'un corps de catéchistes qui se borneraient à expliquer aux ignorants, d'une manière familière, les premiers éléments du christianisme. Rien, à cette époque, n'était plus négligé et plus nécessaire. L'ignorance des peuples était en proportion de la négligence des pasteurs. Ce fut une des causes des rapides succès de l'hérésie. Aussi l'Église, dans tous ses conciles, ordonna de travailler avec plus de soin à l'instruction des fidèles.

Le concile de Trente fit composer son fameux catéchisme qui est un chef-d'œuvre. César lut ce livre admirable, en fut charmé, et crut répondre au vœu de l'Église en consacrant ses forces à enseigner ce catéchisme, résumé si complet, si clair, si suave de toute la doctrine. Dans ce but, il réunit quelques ecclésiastiques et soumit son dessein à l'évêque de Cavaillon. C'était un disciple de saint Philippe de Néri; vice-légat d'Avignon, il s'empressa d'approuver une si sainte entreprise. Ces pieux catéchistes des enfants et des pauvres tinrent leur première assemblée, le 19 septembre 1592, dans l'église collégiale de l'Isle. Après une longue délibération, il y fut résolu, entre autres choses, que la congrégation de la Doctrine chrétienne ne se bornerait pas à évangéliser les campagnes, mais qu'elle instruirait aussi les habitants des villes.

Le moment était favorable. Clément VIII venait de nommer archevêque d'Avignon un des plus savants et des plus saints personnages de son siècle, Taurigio, supérieur général de l'Oratoire après saint Philippe. Dès qu'il connut César et ses projets, il les seconda de tout son pouvoir. Avant de partir pour son diocèse, il obtint du Saint-Siège l'approbation de la nouvelle congrégation. A peine arrivé à Avignon, il aida le pieux fondateur à lever toutes les difficultés d'un nouvel établissement. Le 29 septembre 1593, César prit possession de la maison qu'il avait obtenue et ouvrit ses catéchismes dans l'église de Sainte-Praxède. Il y en avait deux : l'un, pour les enfants, par demandes et par réponses, l'autre, pour les auditeurs qui demandaient une instruction plus solide et un langage plus relevé. César et ses premiers disciples possédaient un talent singulier pour expliquer et faire entendre aux peuples les vérités de la religion ; ils en faisaient goûter et pratiquer les lois avec une simplicité sans bassesse et une onction sans fadeur, réunissant la douceur à la fermeté, l'exactitude à la prudence. L'archevêque se mêlait souvent aux auditeurs ; il était tellement touché du bien que faisaient ces catéchismes qu'il pleurait de joie. Un jour, il embrassa tendrement César de Bus et lui dit: « Conservez toujours cet esprit. » Quand le pape le rappela à Rome pour le nommer cardinal, il resta, près du Saint-Siège, le protecteur de la congrégation. Le pape Clément VIII, en sa qualité de souverain d'Avignon, enseigna à César et à ses disciples, le couvent de Saint-Jean-le-Vieux pour devenir la maison-mère de l'Institut. Au xviiie siècle, cette con-grégation comptait trois provinces, quinze couvents et vingt-six collèges. La révolution la fit disparaître, comme tous les autres établissements religieux, dans le cyclone de ses destructions.

Nous devons au vénérable César de Bus une autre œuvre non moins utile, ni moins belle, l'introduction des Ursulines en France. Cassandre de Bus, sa nièce, et Françoise de Bermond, sa pénitente, furent les instruments choisis pour cette précieuse entreprise. Françoise de Bermond, la principale auxiliaire de César, était fille de Pierre de Bermond, trésorier royal en Provence. D'abord mondaine, puis convertie, enfin consacrée à Dieu, elle recruta quelques compagnes, rassembla des enfants, leur apprit à lire et leur enseigna le catéchisme. Toute la ville d'Avignon applaudit au dévouement des nouvelles maîtresses. L'archevêque, Dominique de Grimaldi, ne fut pas un des derniers à bénir une institution si charitable.

Toutefois, ces institutrices n'étaient pas, à proprement parler, des institutrices. Une demoiselle de Masan avait reçu de l'évêque de Carpentras, les constitutions de sainte Angèle. Elle en référa à son confesseur, qui en parla à l'archevêque d'Avignon. Le prélat fit venir Françoise de Bermond et ses compagnes, leur exposa les règles des Ursulines. Le résultat fut de ne plus chercher autre chose et de se ranger sous la bannière de sainte Ursule. La demoiselle de Masan s'offrit à procurer à la petite compagnie une maison toute meublée, située dans la ville de l'Isle. On s'y transporta en 1596, et c'est là que fut établie la première communauté des Ursulines en France. La mère de Bermond la recommanda par ses mérites et ses vertus. Cette première congrégation fut comme la pépinière de la plupart de celles qu'on y vit fleurir dans la suite ; et l'on peut dire avec justice qu'après la maison de Milan, dont elles étaient les filles, elles sont elles-mêmes les mères spirituelles des autres Ursulines de l'Europe. Dès lors, la diffusion de l'Ordre de sainte Angèle, il faut le dire, tint du miracle. A Paris, Madeleine Lhuillier, dame de Sainte-Beuve, fit venir des religieuses d'Avignon, les établit en 1610 et les constitua en religieuses cloîtrées avec l'approbation de Paul V, sous la règle de saint Augustin. A Lyon, en 1634, Françoise de Bermond fit une fondation en tout semblable à celle de Paris. Dès 1606, à Bordeaux, Françoise de Cazères, avec l'appui du cardinal de Sourdis, avait établi une maison d'Ursulines. A la même époque, Marguerite de Vigier et le cardinal de Joyeuse les introduisaient à Toulouse. Dès lors, par un rapide progrès, on voit les Ursulines enseigner dans tous les diocèses, presque dans toutes les villes. De France, elles passeront en Belgique, en Angleterre, en Allemagne ; d'Europe, elles iront en Amérique.

Outre ces deux fondations, l'Église doit à César de Bus des *Instructions familières* sur les quatre parties du *Catéchisme du Concile de Trente.* C'est un ouvrage écrit en français ; il se compose de quatre volumes consacrés au dogme, à la morale, à la prière et aux sacrements. L'ouvrage est, comme le catéchisme, par demandes et par réponses, mais les réponses sont très développées ; ce sont, comme le titre l'indique, des *instructions.* Dans ces instructions, César de Bus s'applique, sans doute, à instruire, mais il s'applique encore plus à faire aimer Jésus-Christ. En matière de religion, presque tout le monde est enfant. Or, chez les enfants, la raison est peu développée, l'imagination offre plus de ressources, le cœur est facile à ouvrir. Faire absorber la nourriture substantielle de la théologie à d'aussi faibles raisons est une entreprise à peu près impossible ; exciter l'imagination par des exemples est plus facile que de démontrer par des arguments ; mais éveiller dans le cœur la crainte et l'amour, faire aimer Dieu et la pratique de la religion, faire craindre les suites funestes de son abandon, il semble que c'est la tâche de tous les prédicateurs de l'enfance. Le grand évêque d'Hippone, dans son célèbre opuscule *De catechizandis Rudibus*, ne procède pas autrement. César de Bus suit la tradition de saint Augustin. En 1685, le Père Giry disait de ces *Instructions familières :* « Les grands fruits qu'elles produisent tous les jours entre les mains des curés, des missionnaires, des prédicateurs, des catéchistes, et qui ont obligé de les réimprimer souvent, donnent la gloire à cet excellent serviteur de Dieu, de continuer après sa mort l'enseignement de la doctrine chrétienne. » Un archevêque d'Avignon, Mathias Debelay, disait souvent au Père Ferrara, assistant du supérieur des Doctrinaires de France : « Si j'avais connu cet ouvrage quand j'étais jeune, jamais je n'aurais étudié d'autres livres pour me préparer à la prédication. » En effet, c'est non seulement un excellent catéchisme, mais un cours de théologie, un cours de prônes et même un cours de méditations, remarquable autant par la clarté de ses explications que par sa simplicité vraiment évangélique. On peut, sans exagération, dire qu'un tel livre mériterait de servir de *Manuel* à tous les prêtres chargés d'annoncer la parole de Dieu. C'est l'ouvrage d'un homme qui fut puissant en œuvres et en paroles ; c'est, pour son livre, la meilleure recommandation et la plus haute garantie.

La réputation de César de Bus se répandait au loin ; on accourait vers lui comme à un oracle pour recevoir des lumières dans les doutes et des consolations dans les peines. Pendant que son serviteur travaillait à sa gloire, Dieu le visita par une des peines les plus sensibles que l'homme puisse éprouver ici-bas : César devint aveugle. Mais, s'il dut cesser de dire la messe, il n'interrompit point ses autres travaux. Enfin, épuisé par la fatigue, bien qu'il n'eût que soixante-trois ans, accablé d'infirmités toujours croissantes, il languissait depuis longtemps, lorsqu'un dernier coup vint consommer son sacrifice. Le jour de Pâques, 15 avril 1607, il rendit paisiblement son âme à Dieu. On l'enterra dans l'église de Saint-Jean-le-Vieux, en présence d'une foule nombreuse qui l'honorait comme un saint. Quatorze mois après, lorsqu'on le releva, il n'était pas sensiblement changé. En 1807, un décret du cardinal Caprara permit de le déposer dans un cercueil de plomb et de l'inhumer à Avignon, au milieu du chœur de l'église paroissiale de Saint-Pierre.

Des marques indubitables attestèrent sa sainteté. Trois jours après son décès, une personne pieuse, voulant prier pour lui, se trouva tout à coup enveloppée de lumière et entendit une voix qui lui disait : « Il faut le prier et non pas prier pour lui. » Une religieuse, qui priait pour le repos de son âme, le vit rayonnant de gloire. Un estropié fut guéri par l'attouchement de ses membres.

Les procédures pour sa béatification commencèrent en 1817. Le 8 décembre 1821, Pie VIII déclara, du consentement des cardinaux, « qu'il est certain que le vénérable César de Bus a pratiqué dans un degré héroïque les vertus théologales et cardinales, et les autres vertus qui en sont la suite, que l'on peut, en conséquence, procéder à la discussion de trois miracles qu'on lui attribue ». Il n'y a pas eu depuis de nouveaux décrets, mais la cause se poursuit, et l'on attend avec impatience l'heureux moment où le saint fondateur de la Doctrine chrétienne sera proposé à la vénération publique. Par cette canonisation, comme par celle du bienheureux de La Salle, l'Église montrera quel cas elle fait des maîtres de la jeunesse et du progrès des lumières lorsqu'il a pour but le progrès dans la vertu.

OUVRAGES A CONSULTER

La *Vie détaillée de César de Bus* a été publiée, en 1867, par l'abbé Chamoux.

L'*Histoire de l'Église*, par Darras, t. XXXVI, p. 314-326, contient la biographie du vénérable César de Bus. C'est à cet ouvrage que le récit qu'on vient de lire a été emprunté presque en entier.

Les *Petits Bollandistes*, t. XIII.

QUELQUES MAXIMES DU VÉNÉRABLE CÉSAR DE BUS

Celui qui prend garde à ce qu'on peut dire des actions qu'il fait au service de Dieu est plutôt esclave du monde que serviteur affranchi de sa divine Majesté.

Qui ne se prépare durant le bon temps est en grand hasard au mauvais, parce que tout ce qui se fait au pas de la mort se fait plutôt par nécessité que de pure volonté.

Aimons la croix et mettons en elle toute notre confiance. C'est la clef qui ouvre les portes du paradis, c'est l'échelle mystérieuse avec laquelle on monte au ciel, c'est l'étendard sous lequel nous devons combattre, c'est le chemin étroit, la voie frayée par laquelle Jésus-Christ et les saints ont marché.

Pour avoir les plaisirs de la vie en mourant, il faut avoir les déplaisirs de la mort en vivant.

Quand le diable, le monde ou la chair te convieront à commettre quelque péché mortel, il te faut imiter le larron, lequel, avant que de jeter les mains sur ce qu'il veut dérober, regarde attentivement de tous côtés pour voir si personne ne le guette, écoute et considère longtemps si son crime pourrait être découvert. Ce faisant, tu ne verras pas seulement ton bon ange comme témoin irréprochable de toutes tes actions, mais encore comme juge qui te doit condamner, voire comme bourreau qui doit exécuter ta condamnation.

Tenez-vous sur le point de l'humilité, disait-il aux âmes qu'il dirigeait, si vous désirez de faire quelque chose de bon.

Si j'avais à choisir l'une de ces deux vertus : la prudence ou la simplicité, je choisirais la dernière, puisque Dieu se plaît particulièrement à converser avec les âmes simples, comme l'assure le sage dans les *Proverbes*.

VIII

SAINT JOSEPH CALAZANCE

(1556-1648)

Joseph Calazance naquit à Pétralte, en Aragon, d'une famille noble et fort chrétienne. Dès ses plus tendres années, il donna des marques de la charité qu'il devait exercer un jour à l'égard des enfants et du zèle qu'il déploierait pour leur procurer le bienfait de l'instruction. Il était encore très jeune que, déjà, il rassemblait autour de lui ses petits compagnons pour leur apprendre le catéchisme et les prières chrétiennes.

Il fit ses premières études à Estadilla où il fut un modèle de travail, de ponctualité, de piété et de vertu, aimé de ses condisciples et estimé de ses maîtres.

Il fit ses études de droit à l'Université de Lérida et celles de théologie à Valence. Dans cette dernière ville il triompha courageusement des efforts que fit, pour le séduire, une femme noble et puissante, et, par une insigne victoire, il conserva sans atteinte la virginité qu'il avait vouée à Dieu.

Joseph poursuivait avec ardeur ses études et ses examens pour le doctorat en théologie, lorsque la mort de son frère aîné, suivie bientôt de la mort de sa mère, le rappela à la maison paternelle.

Son père voulait qu'il se mariât et embrassât la carrière des armes ; Joseph, ne voulant pas augmenter la douleur de son père en lui déclarant son irrévocable résolution d'être prêtre, sut employer toutes sortes de prétextes honnêtes pour gagner du temps et amener son père à consentir à ces désirs, sans contrister sa vieillesse.

Devenu prêtre, il fut employé comme collaborateur par plusieurs évêques, dans les royaumes de la Nouvelle-Castille, d'Aragon et de Catalogne. Il surpassa l'attente générale ; partout il corrigea les mœurs dépravées, rétablit la discipline ecclésiastique, montra un talent admirable pour éteindre les haines et désarmer les factions qui ensanglantaient les villes.

Cependant il entendait une voix intérieure qui lui disait : « Joseph, va à Rome. » Cet appel lui donna beaucoup à réfléchir, surtout lorsque, dans une vision, il lui sembla qu'il était dans la ville sainte, en face d'une foule d'enfants qui paraissaient des anges ; il leur enseignait à vivre en bons chrétiens, et, pour l'aider dans ce ministère, se joignaient à lui un grand nombre d'anges. Après avoir mûrement réfléchi et mis ordre à ses affaires, vers la fin de 1591, âgé de trente-cinq ans, Joseph se rendit à Barcelone et s'embarqua bientôt pour l'Italie.

Rome était alors un foyer ardent de sainteté ; à côté de ces hommes illustres que l'Église a inscrits au nombre des bienheureux, il y avait une foule d'hommes remarquables, adonnés à toutes les pratiques de la charité, soignant les âmes et les corps des malheureux, des pauvres, des abandonnés, instruisant les ignorants dans la doctrine chrétienne, soignant les maladies morales et physiques.

C'est surtout par des confréries que se faisait un si grand bien ;

Joseph s'y agrégea, et l'on ne saurait s'imaginer l'ardeur avec laquelle il soulageait par l'aumône et par tous les services de la charité les pauvres, etparticulièrement ceux d'entre eux qui étaient malades ou détenus dans les prisons. Pendant une peste qui dépeupla la ville de Rome, de concert avec saint Camille de Lellis, il poussa la charité si loin que, non content de distribuer généreusement des secours aux pauvres que le fléau avait atteints, il transportait encore sur ses épaules les cadavres de ceux qui avaient succombé et leur donnait lui-même la sépulture.

Il ne s'accordait aucun repos. Dès minuit il récitait Matines et Laudes, se livrait à la méditation et partait pour visiter les sept basiliques. Au jour, il récitait Prime et célébrait la messe. Ensuite il se rendait dans les hôpitaux ou les prisons pour visiter et consoler les prisonniers et les malades. Après ces visites, il allait à l'église où se célébraient les Quarante-Heures, récitait les petites heures de l'office canonial, puis le petit office de la sainte Vierge. De midi à une heure, il prenait son premier et unique repas, le plus souvent au pain et à l'eau.

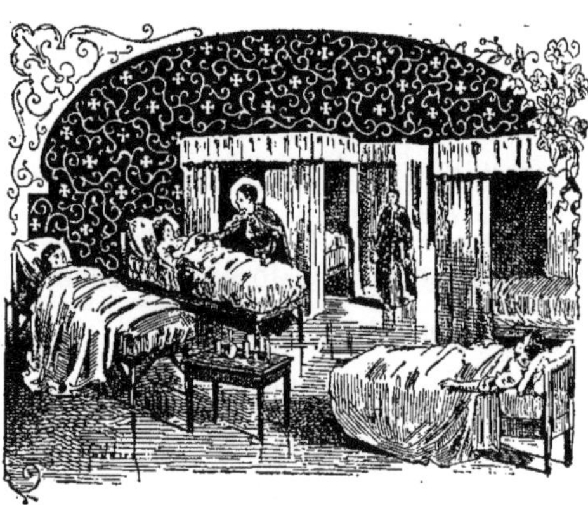

Il se rendait dans les hôpitaux pour visiter les malades.

Après ce frugal repas, il allait vénérer, à l'église des Douze-Apôtres, les corps de saint Philippe et de saint Jacques, puis récitait Vêpres et Complies. Ces dévotions terminées, il lisait les Écritures, donnait quelques leçons à un élève. Dès qu'il était libre, ses pas se dirigeaient vers l'église où se célébrait la fête du jour. A la nuit, il rentrait pour travailler et méditer, se donnait la discipline et se livrait au sommeil lorsqu'il n'avait plus la force de veiller.

Il y avait cinq ans que Joseph de Calazance était à Rome, et il avait acquis la connaissance exacte de l'ignorance profonde où croupissaient les pauvres et de l'éducation insuffisante que recevaient les enfants. Dans le désir d'assister ces pauvres petits êtres, vagabonds la plupart, souvent corrompus, même avant l'âge de raison, il s'adressa successivement au Sénat, aux maîtres des écoles de Rome et aux jésuites du Collège romain. Tout le monde était de son avis, tant qu'il s'agissait de constater le mal; mais lorsqu'il fallait venir au remède, il se trouvait toujours quelque obstacle. Joseph se demandait comment, dans Rome, où tant de saints fondaient chaque jour des œuvres si utiles, pas un n'eût songé à élever des enfants pauvres, les plus nombreux dans toutes les villes. Un jour d'automne 1597, il traversait une place où des enfants jouaient à des jeux immodestes ; tout à coup il entend une voix intérieure qui lui dit : « Regarde, Joseph, regarde. » La même voix ajouta ces mots d'un psaume : « C'est à vous que le pauvre s'abandonne, c'est vous qui êtes le protecteur de l'orphelin. » En même temps il se rappela la voix qu'il avait entendue autrefois et qui lui disait : « Va à Rome, » et la vision où il lui semblait être à Rome, au milieu d'une légion d'enfants pour les instruire et les sanctifier. Fixé désormais sur la mission à laquelle Dieu l'appelait, il se consacra à l'éducation religieuse et gratuite de la jeunesse abandonnée.

Joseph se mit aussitôt à l'œuvre et donna à son école le nom d'*École Pie*, entendant par là une école religieuse et charitable.

Le succès ne se fit pas attendre; dès la première semaine, cent enfants figuraient sur les listes d'admission. On leur enseignait la lecture, l'écriture, le calcul, la grammaire. Des groupes de douze enfants se succédaient à l'oratoire pour recevoir l'instruction religieuse. Il résultait de cette organisation des fruits abondants, et le nombre des élèves atteignit bientôt le chiffre de six cents.

Une telle affluence d'enfants avait nécessité l'aide de maîtres dont quelques-uns étaient payés et d'autres venaient à titre gratuit. Ce fut parmi eux que Joseph Calazance trouva les premiers éléments de l'*Ordre des pauvres Clercs réguliers de la Mère de Dieu*. Les règles de l'Institut obligeaient ces religieux à s'appliquer avec un soin tout spécial à l'instruction des enfants. Cette association fut hautement approuvée par Clément VII, Pascal V et plusieurs autres souverains pontifes, et bientôt Joseph la propagea d'une manière étonnante dans beaucoup de provinces et de royaumes de l'Europe. Rien que dans l'Italie, les écoles dépassent le chiffre de cent, en 1637. Elles s'établissent dans la Moravie, à Breslau, à Troppau et à Vienne. La Hongrie et la Bohême se joignent à l'Autriche; l'Istrie, la Dalmatie, l'Espagne, la Pologne les réclament. Le bien immense qu'elles produisent, l'enthousiasme des gouvernements, des populations et des évêques, forment, pour les écoles Pies, le plus bel éloge. On peut comparer le prodige de leur diffusion à la diffusion si étonnante de la Compagnie de Jésus. Jamais, depuis les temps où l'Ordre de Saint-Benoît faisait la conquête de l'Europe ravagée par les Barbares, on n'avait vu un institut répondre à un besoin plus universellement senti et se répandre sous une bénédiction plus manifeste de la Providence.

Au milieu de cette diffusion et des jalousies qu'elle ne manqua pas de susciter, Joseph Calazance eut à essuyer tant de fatigues et à souffrir tant d'humiliations, qu'il supporta avec une constance invincible que, d'une voix unanime, il fut appelé un prodige de force et la copie parfaite du saint homme Job.

Quoiqu'il fût chargé du gouvernement de tout son Ordre et qu'il s'appliquât de tout son pouvoir au salut des âmes, jamais cependant Joseph Calazance ne cessa d'instruire les enfants, ceux des pauvres de préférence. Il balayait lui-même leurs écoles et les reconduisait après les classes dans leurs familles. Il persévéra cinquante-deux ans dans cette œuvre de patience et d'humilité, et il ne l'abandonna pas même à une époque où sa santé était considérablement altérée. Ce dévouement lui mérita que Dieu le glorifiât par de nombreux miracles, dont ses élèves furent témoins. Un jour qu'il assistait, dans l'oratoire, à la prière avec les enfants, la bienheureuse Vierge Marie, entourée d'anges et tenant dans ses bras l'Enfant-Jésus, apparut sur une blanche nuée. La vision s'approcha de Joseph et de ses élèves, temoignant une grande joie de les voir réunis autour de l'autel. Marie se tourna vers son Fils et le pria de bénir ces enfants. Jésus leva sa main droite, et la vision disparut. Cet événement est resté célèbre dans les annales de la congrégation.

Ce saint homme, qui avait refusé les plus hautes dignités, brillait encore par le don de prophétie, par celui de connaître les secrets du cœur ainsi que les événements éloignés, et par la gloire des miracles. Il fut souvent favorisé de l'apparition des habitants du ciel, et notamment de la Vierge Mère de Dieu, pour qui, dès son enfance, il eut cette tendre piété qu'il recommandait si fortement à ses disciples.

Après avoir prédit le jour de sa mort, le rétablissement par lequel son Ordre, presque détruit, se relèverait un jour, et les accroissements qu'il prendrait, arrivé à sa 92ᵉ année, il s'endormit dans le Seigneur, à Rome, le 25 août de l'an 1648.

On doit à Joseph Calazance quelques écrits : un opuscule sur la Passion de Notre-Seigneur, une courte direction pour chaque jour, la manière de réciter la couronne des douze étoiles de la bienheureuse Vierge, des maximes pour les religieux, les constitutions de l'Ordre et quatre à cinq mille lettres de correspondance.

Son cœur, qui avait tant aimé les enfants, et sa langue qui les avait si longtemps instruits, furent, après un siècle, retrouvés intacts et sans aucune marque de corruption. Illustré encore par de nombreux miracles qui s'accomplirent après sa mort, Joseph fut d'abord honoré par Benoît XIV du culte des bienheureux, et ensuite Clément XIII le plaça solennellement au nombre des saints.

PRIÈRE

O Dieu qui, par saint Joseph, votre confesseur, avez daigné envoyer à votre Église un nouveau secours pour élever les enfants dans l'esprit d'intelligence et de piété, accordez-nous, nous vous en prions, d'agir et d'enseigner à son exemple, afin que nous méritions les récompenses éternelles, par Jésus-Christ Notre-Seigneur. Ainsi soit-il.

IX

SAINTE JEANNE DE CHANTAL

(1572-1641)

Jeanne-Françoise Frémyot de Chantal naquit à Dijon, le 23 janvier 1572, de Bénigne Frémyot, président au parlement de cette ville, et de Marguerite Berbisey. La famille était peu ancienne, mais occupait un rang considérable dans la noblesse de Bourgogne.

Jeanne ne connut jamais sa mère; du moins elle ne la connut qu'à cet âge où le cœur n'a pas encore de mémoire. Son père, un de ces hommes chez lesquels le sentiment du devoir domine tout, qui n'estiment pas qu'il y ait à hésiter une minute à y obéir, dût-on perdre mille vies, et qui, élevés ainsi au-dessus d'eux-mêmes par la fermeté de leurs principes, n'ont besoin que d'une occasion pour devenir des héros, pourvut à son éducation. Soir et matin, elle recevait de son père l'instruction religieuse, montrait une précoce dévotion envers la sainte Vierge, une tendre compassion pour les pauvres et un attachement profond envers l'Église romaine.

Dans les bras et sur les lèvres de cet homme de bien, l'enfant respira de bonne heure quelque chose de viril et d'ardent, de sensé

et de résolu, qui demeura un des traits saillants de sa physionomie.

Surtout la foi entra profondément dans sa jeune âme.

Un jour, raconte un auteur de sa vie, à peine âgée de cinq ans,
elle s'amusait dans le cabinet de son père, lorsqu'une vive discussion s'engagea entre le président Frémyot et un gentilhomme
protestant qui lui était venu faire visite. Il s'agissait de la sainte
Eucharistie. Le seigneur protestant disait que ce qui lui plaisait
surtout dans la religion réformée, c'est qu'on y niait la présence
réelle de Notre-Seigneur au Saint-Sacrement. A ces mots, la
sainte enfant n'y peut tenir ; elle s'approche vivement du protestant, et arrêtant sur lui un regard ému : « Monseigneur, lui dit-
elle, il faut croire que Jésus-Christ est au Saint-Sacrement, parce
qu'il l'a dit; quand vous ne le croyez pas, vous le faites men-
teur. » Le ton avec lequel elle parlait étonna le protestant, qui
entreprit de discuter avec elle ; mais elle l'arrêta court par la
sagesse de ses réponses, en même temps que, par l'ardeur de sa
foi, elle enchantait tous les assistants. Embarrassé de ses vives
réparties, le seigneur protestant voulut terminer la discussion
comme on termine tout avec les enfants : il lui présenta des dra-
gées. Aussitôt elle les prend dans son tablier, et, sans y toucher,
les va jeter au feu, en disant : « Voyez-vous, Monseigneur, voilà
comment brûleront dans le feu de l'enfer tous les hérétiques,
parce qu'ils ne croient pas ce que Notre-Seigneur a dit. »

Un autre jour, ce même seigneur étant encore dans le salon du
président Frémyot et discutant à son ordinaire sur la doctrine
réformée, la sainte enfant s'approcha et lui dit : « Monseigneur,
si vous aviez donné un démenti au roi, mon papa vous ferait
pendre. Eh bien, ajouta-t-elle en montrant un grand tableau qui

représentait saint Pierre et saint Paul, vous donnez tant de démentis à Notre-Seigneur que ces deux présidents-là vous feront pendre. »

Le mariage de sa sœur Marguerite lui permit de se retirer en Poitou pendant les guerres civiles. Le voyage affligea tristement sa sensibilité : elle ne voyait partout que clochers abattus et églises en ruines. Les calvinistes étaient passés par là. Son père tenait pour Henri III contre la Ligue ; plus tard, quand Henri III eut été poignardé, il se prononça pour Henri IV, mais à condition qu'il se ferait catholique. « Sire, disait-il plus tard au grand Henri, je confesse que si Votre Majesté n'eût crié : « Vive l'Église romaine ! » je n'aurais jamais crié : « Vive le roi Henri IV ».

En Poitou, Jeanne courut plus d'un péril et de la part du monde qui faisait entendre à ses oreilles de seize ans son langage séduisant, et de la part d'une vieille dame de sa compagnie, qui ne cessait de l'entretenir de fêtes, de toilettes, de bals, étalant chaque jour devant elle les mille secrets de l'art de plaire, et ne négligeant rien pour flétrir par ses artifices cette âme innocente. Jeanne, avec la protection de la sainte Vierge, sut résister à ces inspirations basses ; elle rejeta, de même, le mariage qu'on lui proposait avec un seigneur protestant. Un jour qu'on la pressait plus vivement, elle prononça une parole toute pleine de cette virilité chrétienne dont elle avait déjà donné tant de preuves : « J'élirais plutôt, dit-elle, une perpétuelle prison que le logis d'un huguenot pour séjour, et plutôt mille morts l'une après l'autre que de me voir liée par le mariage à un ennemi de l'Église. »

Jeanne Françoise approchait de sa vingtième année, lorsque son père la rappela près de lui, car il entrevoyait pour elle une alliance des plus honorables. L'époux, que le président Frémyot destinait à sa fille, était Christophe II, baron de Chantal, dernier descendant, par la lignée maternelle, de la famille de saint Bernard. Le mariage eut lieu au château de Bourbilly, en décembre 1592. Les deux époux se convenaient parfaitement : d'un côté, le baron, gentilhomme plein de vaillance, était en même temps doux, affable et communicatif ; de l'autre, Jeanne-Françoise alliait à la grâce naturelle une humeur vive et gaie, un esprit pénétrant, un jugement solide, enfin des qualités qui la firent surnommer la dame parfaite.

La noble châtelaine se mit aussitôt à remplir tous ses devoirs, ne songeant plus qu'à trois choses : servir Dieu, plaire à son mari et veiller aux affaires de sa maison.

Pour mettre ordre au château, elle commença par régler les gages et les attributions de chaque employé et commanda qu'on s'adressât à elle-même pour toutes les affaires. Mais persuadée que l'exemple vaut mieux que la parole, et afin de surveiller les domestiques de plus près, elle prit le parti de se lever de grand matin, à cinq heures, aussitôt qu'eux. Elle leur faisait elle-même la prière, et elle voulait qu'ils pussent tous les jours entendre la sainte messe. Dans ce but, elle ordonna que la messe serait célébrée dans la chapelle du château, de grand matin. De cette sorte, tout le monde la pouvait entendre, même ceux qui devaient aller travailler dans la campagne. Le soir, avant le coucher, on rendait compte du travail accompli. Souvent, dans le milieu du jour, elle prenait son ouvrage et venait coudre ou filer auprès des domestiques, profitant de ce moment pour élever doucement, par de pieuses et aimables causeries, leurs esprits grossiers à la connaissance et à l'amour de Dieu. Les dimanches et jours de fêtes, elle les conduisait tous à la messe de paroisse, parce que

Saint Vincent de Paul présenté par saint François de Sales
à Mme de Chantal et aux sœurs de la Visitation.

c'est à la noblesse à donner l'exemple de l'assiduité aux offices.

Madame de Chantal se voua au travail. Ses doigts, dit un biographe, ne se reposaient pas. Quand, le matin, après avoir entendu la messe, elle avait visité les cuisines, les cours, quelquefois même les fermes les plus éloignées, et donné à toutes choses ce coup d'œil de maître qui fait tout prospérer, on la voyait rentrer gaie et joyeuse et reprendre son ouvrage. Elle ne l'interrompait que par nécessité, quand il lui venait des visites, et encore fallait-il que le rang des personnes l'y obligeât.

Dans une vie aussi sérieusement occupée, il n'y avait pas de place pour la lecture de ces romans dangereux qui commençaient à se répandre. Ses lectures ordinaires étaient la *Vie des Saints* et les *Annales de l'Histoire de France*. Elle puisait dans ces lectures la connaissance et l'amour de l'Église et de la France, de ces deux patries du ciel et de la terre, dont l'amour devrait faire battre tous les cœurs.

La mise de madame de Chantal, si modeste avant son mariage, le devint encore davantage depuis. Elle ne portait, dit un témoin entendu au procès de canonisation, que des habits de laine, excepté dans les temps où elle croyait ne devoir refuser à son mari de porter ceux de soie et ornés d'or qu'on lui avait faits à son mariage.

De même, tout occupée de plaire à son mari, qui aimait la société, où il réussissait à merveille, elle se faisait un plaisir de multiplier les invitations et elle recevait toujours de la meilleure grâce la noblesse des environs.

Tout le temps que M. de Chantal était présent, c'étaient presque tous les jours de nouvelles fêtes, de grandes chasses, de longues et charmantes soirées. Mais dès que son mari partait pour la guerre, madame de Chantal ne sortait plus du château, n'y supportait ni jeux, ni chasses, ni parties de plaisir. « Les yeux à qui je dois plaire, disait-elle, sont à cent lieues d'ici ; c'est inutilement que je m'agencerais. »

Le service des pauvres contribuait aussi à remplir et à sanctifier la vie de madame de Chantal. « Tous les jours, après son dîner, elle allait recevoir à la porte du château les pauvres qui venaient y chercher leur nourriture. Elle prenait elle-même leurs écuelles, qu'elle remplissait de potage; elle coupait leur pain et les servait avec autant d'amour que s'ils eussent été ses enfants... Si quelques-uns de ses pauvres habitués manquaient au rendez-vous, ou si on lui avait signalé quelques nouvelles indigences, elle partait à la hâte, quelque temps qu'il fît, et, pénétrant avec respect dans les cabanes les plus enfumées, elle apportait du pain, des vêtements, des remèdes, de bonnes paroles, et les distribuait avec un si gracieux visage que, selon la touchante expression des pauvres de Bourbilly, « il y avait plaisir à être malade pour avoir la visite de la sainte baronne[1] ».

Dieu avait béni ce saint mariage. La pieuse baronne avait mis au monde six enfants, dont deux moururent en bas âge. La profonde affection qui unissait ces deux époux augmentait de jour en jour, quand M. de Chantal, dans une partie de chasse, fut tué d'un coup d'arquebuse.

Veuve à vingt-huit ans, chargée de quatre enfants, dont l'aîné n'avait que cinq ans, madame de Chantal se tourna plus que jamais vers Dieu et fit vœu de chasteté perpétuelle. Puis elle distribua aux pauvres les habits de M. de Chantal et les siens

---

[1] *Histoire de sainte Chantal*, par Mgr Bougaud, t. I, ch. II.

propres, ceux qu'ils avaient portés l'un et l'autre aux jours de leur union terrestre. Elle ne conserva pas même les parures qu'elle avait reçues à l'époque de son mariage, et les donna aux églises. Elle fit aussi le vœu d'employer toujours le travail de ses mains pour les autels et pour les pauvres, réduisit le train de sa maison, régla l'emploi de ses journées, et résolut d'employer désormais à la prière, à la lecture, aux visites des pauvres et des malades, le temps que, pour plaire à son mari, elle avait coutume de donner à la chasse, au jeu, aux compagnies.

Pour mener une vie aussi complètement consacrée à Dieu, madame de Chantal sentit le besoin d'un directeur qui pût la conduire à travers les sentiers toujours si difficiles de la piété au milieu du monde. Elle pria, fit prier, et distribua de nombreuses aumônes à cette intention.

Dieu lui avait réservé un directeur, et de premier ordre.

Un jour, se promenant dans la campagne, elle aperçut, non loin d'elle, un homme dont elle n'avait jamais vu les traits. Il ressemblait à un évêque, avait une soutane et un rochet, et elle entendit une voix qui lui disait : « Voilà le guide bien-aimé de Dieu et des hommes, entre les mains duquel vous devez reposer votre confiance. » A quelque temps de là, Dieu lui montra une troupe innombrable de filles et de veuves qui venaient à elle, et lui dit, dans le secret du cœur : « Vous serez, sous la conduite de mon serviteur, la mère de cette génération sainte. »

Il y avait près d'un an que madame de Chantal était veuve, lorsque son père, pour la distraire, l'appela à Dijon. Peu après, son beau-père lui écrivait qu'il se faisait vieux et qu'il voulait qu'elle vînt demeurer avec lui. La vertueuse veuve se rendit près de son beau-père avec ses enfants et y resta sept années, qui furent un vrai martyre. Le vieux baron était tombé sous la dépendance d'une servante, qui n'épargna à la belle-fille aucune avanie. Madame de Chantal accepta, pour sa perfection, ce rôle de souffre-douleur ; elle environna de sollicitude le faible beau-père, elle secourut les pauvres, les visita à domicile, et mena ainsi une vie cachée, mortifiée et pleine de mérites.

En 1604, saint François de Sales vint prêcher le carême à Dijon. Le président Frémyot, sachant combien sa fille serait heureuse d'entendre un évêque de si grande réputation de doctrine et de sainteté, lui écrivit pour lui annoncer cette nouvelle et l'inviter à venir à Dijon. La sainte, ravie de joie, fit à la hâte les préparatifs de son départ.

Dès le premier sermon, elle reconnut fort bien celui-là même que Dieu lui avait montré, et, de son côté, le saint prélat remarqua cette veuve et eut un doux souvenir d'une vision qu'il avait eue au château de Sales. Par son frère André, nommé archevêque de Bourges, la baronne de Chantal entra en relations avec l'évêque de Genève. Dès les premières entrevues, ces deux âmes se comprirent ; la baronne admira la sainteté de l'évêque ; l'évêque, pour s'assurer des dispositions de la baronne, lui fit déposer la plupart de ses ajustements. Leurs rencontres étaient rares et fugitives. Un mercredi saint, madame de Chantal étant assaillie de tentations et n'ayant pas son directeur ordinaire s'en fut trouver saint François de Sales, qui dissipa ses doutes et rendit le calme à son âme.

Après le Carême, l'évêque de Genève quitta Dijon, mais, au premier relai, il écrivit ce billet à sa fille spirituelle : « Dieu ce me semble, m'a donné à vous ; je m'en assure à toutes les heures davantage. Je prie la bonté divine de nous mettre souvent ensemble dans les sacrées plaies de Jésus-Christ et de nous y rendre la vie que nous en avons reçue. Je vous recommande à votre bon ange; faites-en autant pour moi qui vous suis dédié en Jésus-Christ. »

Saint François de Sales était un directeur consommé ; il possédait une clairvoyance parfaite, une juste sévérité, une douceur ineffable, et, par-dessus tout, la franchise la plus absolue. Madame de Chantal ne pouvait que gagner à cette direction. Après quelques hésitations fatigantes pour sa conscience, elle se remit entièrement sous la direction du saint évêque.

Le premier acte du prélat fut de lui donner un règlement qui pût la diriger dans toutes ses actions et qui devînt pour elle, vis-à-vis de Dieu, l'occasion d'une perpétuelle obéissance. Ce règlement embrassait trois objets : les prières et les différents exercices de piété, les pénitences et les œuvres de charité, enfin les devoirs de famille et de société.

Surtout saint François de Sales enseignait à madame de Chantal l'aimable voie de la dilatation du cœur et de la sainte liberté, et il s'efforçait de la préserver des deux grands écueils contre lesquels échouent tant de personnes pieuses : ou le défaut de constance, qui fait que les unes abandonnent leurs exercices de piété pour des bagatelles ; ou le défaut de liberté qui fait que les autres ont peine à les quitter, lors même que la charité ou la nécessité le demande. Le premier défaut était peu à craindre pour madame de Chantal ; mais elle inclinait sans cesse au second par la pente naturelle de son caractère.

La pieuse baronne eut à peine reçu ce règlement qu'elle s'appliqua à tout, particulièrement aux choses divines. Cette ardeur était excessive, et le saint directeur eut besoin de la modérer.

Tourmentée par de nombreuses tentations, et de quelque secours que fussent pour elle les lettres de son saint directeur, madame de Chantal crut qu'il était nécessaire qu'elle le revît, et elle se rendit au château de Sales, à trois lieues d'Annecy.

On ne tarda pas à s'apercevoir des progrès qu'elle fit sous la direction de saint François de Sales. Sa fière et ardente nature se transformait. Elle avançait à grands pas dans la pratique de l'humilité, de la douceur, de la mortification, de la patience, de ces vertus si difficiles en elles-mêmes, si opposées à toutes ses inclinations. Elle s'y était exercée, et même avec succès, mais elle les entendait maintenant d'une certaine manière nouvelle qu'on ne lui avait pas vue et qui charmait tout le monde.

En même temps qu'elle travaillait à la perfection de son âme, madame de Chantal s'appliquait, en mère admirable, à l'éducation de ses quatre enfants ; elle leur faisait contracter de bonne heure des habitudes de prière, leur inspirait l'amour du travail, la simplicité des goûts, l'éloignement des grandes parures, la charité envers les pauvres.

Pendant qu'elle se montrait vraie mère, elle conservait de son mari défunt le plus tendre souvenir, car, loin de détruire les affections de l'épouse et de la mère, l'amour de Dieu les rajeunit et les vivifie.

Madame de Chantal était jeune encore, elle avait un beau nom, une grande fortune, d'admirables qualités d'esprit et de cœur, de grands attraits extérieurs, avec je ne sais quoi d'achevé que la vertu ajoute à la beauté. Aussi à peine se passait-il une année qu'elle ne se vît demandée en mariage. Elle répondit nettement qu'on n'y pensât plus, que la chose était impossible. Puis, elle renouvela son vœu de chasteté et, avec un poinçon qu'elle fit chauffer au feu, elle traça sur sa poitrine, en lettres profondes, le nom de Jésus, à l'endroit du cœur, pour marquer qu'elle renonçait décidément à toute autre alliance qu'à celle de Jésus-Christ.

La baronne de Chantal sentait en elle le désir de quitter le monde pour se donner entièrement à Dieu. Quand l'évêque de Genève fut sûr que ce désir venait de Dieu, il commença à déployer devant la sainte tout le plan et l'idée générale de la Visitation. A cette proposition, écrivait plus tard la sainte, je sentis soudain une grande correspondance intérieure avec une douce satisfaction et lumière qui m'assuraient que cela était la volonté de Dieu. De son côté, saint François de Sales éprouvait au fond de son cœur une indicible sécurité. « Ma fille, disait-il à la sainte, courage ; toutes choses concourent à affermir ce projet en mon âme. J'y vois de grandes difficultés pour l'exécution, et je n'y vois goutte pour les démêler, mais je m'assure que la divine Providence le fera par des moyens inconnus aux créatures. »

C'est ainsi qu'après de longs et ardents désirs du côté de madame de Chantal, après les plus sages lenteurs du côté de saint François de Sales, il fut définitivement arrêté que madame de Chantal quitterait le monde aussitôt que les circonstances le permettraient et qu'elle fonderait une congrégation nouvelle, dont l'idée, le plan, les lignes générales avaient été révélés par Dieu au saint évêque de Genève.

Restait à trouver les moyens de réaliser ce projet.

La fille aînée de madame de Chantal épousa le jeune baron de Thorens, frère de saint François de Sales. Le président Frémyot se chargeait du fils, Celse-Bénigne, et surveillait ses études, confiées du reste à un excellent précepteur. Madame de Chantal pouvait emmener avec elle ses deux filles les plus jeunes et se charger de leur éducation ; elle pouvait donc aller là où Dieu l'appelait, et elle en sollicita l'autorisation de son père et de son beau-père. Elle l'obtint, mais non sans peine.

Il fallait fixer en quelle ville on établirait la maison de la nouvelle congrégation. Madame de Chantal montra qu'il était impossible de ne pas l'établir en Savoie ; que, d'une part, l'œuvre naissante ne pouvait se passer de l'œil et de la direction de saint François de Sales ; que, de l'autre, sa petite baronne était si jeune qu'elle ne pouvait la laisser partir seule ; qu'il était nécessaire qu'elle allât l'établir à Annecy et demeurer au moins quelques années auprès d'elle ; que rien ne l'empêcherait d'amener ses deux autres filles, et qu'ainsi elle aurait en Savoie tous ses enfants avec elle, à l'exception de Celse-Bénigne. Saint François de Sales appuya ces observations, et le consentement le plus absolu fut donné par la famille.

Le départ fut déchirant : le plus jeune fils de la baronne se coucha au seuil de l'appartement par où elle devait passer. Madame de Chantal, inondée de larmes, passa sur le corps de son fils et s'arracha aux larmes de son vieux père qui la bénit : « Allez, ma chère fille, lui dit-il, où Dieu vous appelle ; je mourrai content, s'il arrive que je ne vous voie plus au monde, de vous savoir dans la maison de Dieu, et j'ai confiance que vous soutiendrez, par vos prières, la vieillesse du père qui vous permet ce départ. »

En arrivant à Annecy, madame de Chantal trouva mademoiselle Jacqueline Favre et mademoiselle Charlotte de Bréchard, qui se joignirent à elle. Elles visitèrent ensemble les églises de la ville, prirent congé de leurs connaissances, et le soir, vers sept heures, elles vinrent à l'évêché demander la bénédiction de saint François de Sales, qui ne pouvait contenir son émotion en con-

templant ces chastes épouses de Jésus-Christ : « Vous êtes bien-
heureuses, leur dit-il, vous que le Seigneur a choisies ; ayez un
très humble courage. Dieu sera votre Dieu, et, sous son divin
regard, vous marcherez sur la tête de vos ennemis. » Ensuite, il
remit à madame de Chantal un premier essai des *Constitutions*
qu'elle devait suivre, puis, levant les yeux au ciel, il les bénit, au
nom du Père tout-puissant qui les attirait, au nom du Fils qui les
dirigeait, au nom du Saint-Esprit qui les animait de ses amoureuses
flammes. Elles partirent alors à la maison qui allait être le berceau
du nouvel Ordre. Le peuple, qui était dans les rues pour les voir
passer, faisait retentir l'air de bénédictions. D'abord, elles se rendirent à la chapelle. Là, tombant à genoux, elles remercièrent
Dieu et lui demandèrent l'accomplissement de sa très sainte volonté :
elles s'embrassèrent et se jurèrent une éternelle et fidèle affection.
Mademoiselle Favre et mademoiselle de Bréchard promirent, de
plus, à madame de Chantal, une filiale obéissance, comme à Dieu
même dont elle allait tenir la place. La nouvelle supérieure lut
le règlement de la maison et l'on alla prendre le repos. Le lendemain, elles revêtirent l'habit des novices. Saint François de
Sales vint à huit heures célébrer la messe et leur fit une exhortation sur la fidélité à garder les règles de leur nouvel état.

Le noviciat fut ce qu'on pouvait attendre des saintes dispositions qui avaient préparé ces trois pieuses âmes au cloître. Après
un an de noviciat, le saint évêque reçut leur profession qu'elles
firent avec une ferveur angélique. Cinq semaines après, le président Frémyot mourait à l'âge de soixante-trois ans. Saint François
de Sales, chargé d'annoncer cette triste nouvelle à madame de
Chantal, lui dit, un matin, après la messe : « Ma fille, Dieu veut
être votre unique père, car il a retiré à lui celui qu'il vous avait

donné sur la terre. Vous perdez un bon père, je perds un bon ami ;
Dieu l'a voulu, c'est tout dire. » La mère de Chantal avait toujours
aimé tendrement son père ; sa mort lui causa une profonde douleur,
tempérée cependant par les détails consolants que lui donna saint
François de Sales. M. Frémyot était mort en grand chrétien,
comme il avait vécu, plein de foi, ayant fait sa dernière confession
à son propre fils André et ayant reçu de sa main le saint viatique.

Dans une circonstance si douloureuse, sainte Chantal n'hésita
pas ; en vraie mère qu'elle était, elle résolut de partir immédiatement pour la Bourgogne, afin de recueillir et de transmettre à ses
enfants l'héritage de leur grand-père, et de s'occuper, en conseil de famille, de l'avenir de son fils, Celse-Bénigne.

L'arrivée de la baronne à Dijon fut, pour la ville, une grande
édification ; la comparaison de ce qu'elle avait été dans le monde et
de la vie pauvre qu'elle avait embrassée parlait à tous les cœurs
plus éloquemment que les plus beaux discours. Elle mit ordre à
tous les intérêts de sa famille avec une habileté qui prouve que la
piété bien entendue n'ôte rien à l'intelligence des affaires. Elle
mit son fils Celse-Bénigne au collège de Dijon, pria son oncle,
M. Claude Frémyot, de vouloir bien lui servir de père, et, sa mission remplie, elle revint à Annecy.

Lorsque le vieux baron de Chantal, son beau-père, mourra,
inquiète de l'état dans lequel il laissait la fortune de ses enfants,
la mère de Chantal croira, et ce sera aussi l'avis de saint François de Sales, qu'un nouveau voyage en Bourgogne sera absolument nécessaire. Là, elle examinera les titres des terres et des
châteaux de ses enfants, vérifiera les contrats et les livres, s'as-
surera par elle-même que tout est en bon ordre. Et c'est ainsi que,
jusqu'à la majorité de ses enfants, elle se fera rendre chaque année

un compte exact des rentes et des dettes, et, du fond de son monastère, surveillera leur fortune avec tant d'intelligence que celle-ci
doublera en quelques années.

Le premier janvier 1612, la mère de Chantal commença à exécuter le dessein primitif de son Institut, à visiter les pauvres et les
malades. Annecy, étonné, vit cette dame de si haut rang pénétrer
dans tous les réduits de la misère, marcher dans les rues avec la
modestie religieuse, sans parler à personne, porter de ses propres
mains aux malades tout ce dont ils avaient besoin : vivres, remèdes,
linges, couvertures. Cette belle conduite toucha les pauvres et
leur fit aimer la religion.

Cependant la pieuse communauté s'accroissait ; la maison se
trouvait trop petite pour les aspirantes qui se présentaient. En conséquence, on acheta une maison près du lac, et, malgré de nombreuses difficultés, on bâtit le premier monastère de Visitandines,
celui qu'elles nomment encore la *sainte source*. Il a été sinon la
tête des autres maisons de l'Ordre, du moins leur cœur, leur
centre, leur trait d'union.

Pendant qu'il dirigeait la construction de ce monastère, saint
François de Sales s'occupait de l'envoi d'une colonie de ses filles à
Lyon. L'établissement de la maison de Lyon allait amener un
changement profond dans la Congrégation. En établissant son
Institut, saint François de Sales avait fait une chose qui nous paraît
aujourd'hui très simple, mais qui alors était très hardie : il avait
supprimé la clôture ; il avait conçu le projet de faire sortir les religieuses de leur couvent et de les envoyer, comme des mères,
dans les greniers et les mansardes du pauvre. L'idée avait épouvanté l'archevêque de Lyon, qui estimait que, dans sa ville épiscopale et dans les autres villes de France, la visite des pauvres ne

se pouvait pas faire sans danger. Saint François de Sales tenait à cette humble congrégation qui s'employait à tous les offices de la charité, et il eut mille peines à céder. Mais enfin l'insistance de l'archevêque et, d'autre part, le caractère doux et condescendant du saint, joint au peu de confiance qu'il avait dans ses propres lumières, le déterminèrent à faire toutes les concessions demandées.

Ainsi furent modifiés les plans de saint François de Sales et de sainte Chantal, ces religieuses qu'on avait tant admirées à Annecy, quand elles portaient des secours aux pauvres, rentrèrent dans l'obscurité de leur couvent. Mais Dieu allait profiter de ce changement pour confier à ces belles âmes une œuvre supérieure au service des pauvres, l'éducation chrétienne des jeunes filles.

Les constitutions primitives de la Visitation ne comportaient point de pensionnats; les circonstances allaient en décider autrement.

« Après le premier moment de stupeur causé par le nombre et l'éclat des apostasies que produisit la révolte de Luther, par la facilité surtout avec laquelle des peuples entiers s'étaient laissé séduire, il y avait eu dans le monde catholique comme un grand coup de lumière. A la lueur de l'orage, on entrevit qu'il n'y avait à tant de maux qu'une cause, l'ignorance religieuse, et qu'un remède, l'éducation. Tout le monde sentit le besoin de s'emparer à la hâte des jeunes générations, de leur donner une éducation forte, qui les mît à l'abri de chutes pareilles et qui leur fît traverser sans péril les abîmes dans lesquels s'étaient englouties les générations contemporaines [1]. » Tout le monde se préoccupa de

[1] *Histoire de sainte Chantal*, par Mgr Bougaud, t. II, chap. xix.

l'éducation des jeunes gens et des jeunes filles; la plupart des ordres religieux voulurent s'y dévouer.

Il était difficile que, dans un tel entraînement, les yeux ne se tournassent pas vers la Visitation. L'enthousiasme qui avait accueilli l'*Introduction à la Vie dévote*, la distinction personnelle qui caractérisait les premières compagnes de sainte Chantal, firent penser qu'on ne trouverait nulle part une éducation plus sage et de meilleures maîtresses. Aussi, à peine saint François de Sales eut-il établi les premières maisons de la Visitation que de toutes parts on lui écrivit pour le prier de recevoir des pensionnaires. Le saint refusa ou ne donna qu'un demi-consentement. Le service des pauvres et la perfection des religieuses paraissaient suffire au but de l'Ordre. On ne fit donc d'abord qu'entr'ouvrir la porte. Ce qui avait fait hésiter au début, c'est que l'éducation des pensionnaires ne devînt pour les religieuses une trop grande distraction. Plus tard, cette crainte se dissipa. On vint à se dire que, quand le temps des grandes fondations serait passé, les sœurs jeunes, actives, trouveraient là une occasion d'occuper leur esprit, leur cœur, leur zèle, et que la chose, bien conduite, ne nuirait pas à la vie contemplative. Aussi, la bonne Mère fondatrice, qui d'abord avait refusé l'établissement des pensionnats dans ses monastères, à la fin n'hésita plus.

Vers 1635, il y en a partout ; et lors que, l'année suivante, la Mère commence un long voyage à travers la France, partout où elle s'arrête, les petites pensionnaires vont au-devant d'elle, lui récitent des vers et chantent des couplets. Partout elle les caresse, les bénit, leur donne de petites pratiques avec des récompenses. Plus on avance, plus ce nombre augmente, et, avant la fin du XVIIe siècle, les pensionnats sont très nombreux.

On écrit des manuels pour les pensionnaires ; on compose, à leur intention, des tragédies. On commence à rencontrer dans le monde, et jusque dans la plus haute société, une foule d'élèves de la Visitation. Au xviiie siècle, le nombre augmente encore ; en vain l'impiété se moque des couvents ; les suffrages d'une Maintenon, d'un Fénelon, d'une Sévigné, suffisent à les défendre. La Révolution seule frappe ces asiles de vertu ; et quand la Révolution est passée, l'estime publique les relève. C'est que, dit à ce propos un témoin compétent, « à part l'éducation de famille, qui est la meilleure quand elle est possible, il n'en existe point pour une jeune fille ni de plus simple, ni de plus solide, ni de plus aimable, que l'éducation des couvents. Là, par un heureux concours de circonstances, se trouve réuni tout ce dont l'enfant a besoin pour le développement de ses facultés, ce qui élève l'esprit avec ce qui touche le cœur, ce qui forme le jugement avec ce qui préserve l'innocence, ce qui hâte la maturité de l'âme avec ce qui entretient la candeur et la grâce. Ce qu'est un prêtre pour l'adolescent qui a conservé son innocence, la religieuse l'est pour la jeune fille. Par son caractère et par son habit, elle lui commande le respect ; par son dévouement, elle lui inspire l'amour ; par le spectacle de sa vie humble, mortifiée, obéissante, elle la prépare à comprendre ces grandes vertus, sans lesquelles il n'y a pas plus de vie chrétienne que de vie monastique. Et qu'ils sont bien faits aussi pour être le théâtre d'une éducation sérieuse et sainte, ces cloîtres silencieux, avec leurs grands jardins tranquilles, leurs images bénites, et ces chants doux et pieux qui retentissent, pour ainsi dire, à chaque heure ! De quelque côté que la jeune fille lève les yeux, elle ne voit que paix, modestie et recueillement. On ne subit pas en vain un pareil spectacle, et à un pareil âge. Peu à peu, cette paix pénètre l'enfant ; ce doux recueillement saisit son âme ; le goût des joies saintes, des plaisirs purs et paisibles, naît en elle et la prépare admirablement à la vie cachée de l'épouse et de la mère ; il n'est pas jusqu'à ces grilles, contre lesquelles on déclame, qui n'apportent à l'éducation le plus précieux secours. Par elles sont écartées de l'enfant, et les laides images qui souillent son imagination, et les livres mauvais qui gâteraient son cœur, et la vue des scandales, des impiétés et des blasphèmes, qui étonneraient son jeune esprit ; par elles se conserve l'innocence, mère de la sensibilité, de la tendresse et de la foi [1]. »

Le monde ne l'ignore pas. C'est pourquoi, plus les temps deviennent tristes et mauvais, plus les désordres augmentent, plus l'impiété et l'immoralité s'affichent, plus aussi les enfants affluent dans les couvents, plus les familles, même irréligieuses, jettent les yeux sur ces maisons fermées comme un asile impénétrable, sur une arche sainte, où, dans ce déluge universel du mal, elles pourront cacher leurs filles loin des troubles, des passions, des scandales qui sont la honte et l'effroi de notre époque.

Ce n'était pas pour se reposer que la Mère de Chantal était à la tête de l'Ordre naissant, c'était pour travailler, c'était pour étendre sa congrégation dans tous les lieux que lui marquerait la Providence. Elle l'établit, en effet, premièrement à Grenoble, puis à Bourges, ensuite à Paris et à Dijon. Partout elle eut à souffrir de grandes peines et à subir de rudes traverses. A Paris même, elle fut réduite à une si grande pauvreté que, dépourvues de logement commode, de meubles, de provisions, les Sœurs furent obligées de coucher dans un grenier, sur des fagots, où elles se

[1] Mgr Bougaud.

trouvaient quelquefois, le matin, couvertes de neige. Mais la patience met au-dessus de tous les maux. Il se faisait, en même temps, d'autres fondations à Orléans, à Nevers, à Valence, à Belley : c'était une vigne mystique, qui étendait de tous côtés ses branches, avec une surprenante bénédiction. Après la fondation de Dijon, la mère de Chantal se rendit à Lyon, en 1622, où elle rencontra saint François de Sales, à la veille de mourir. « Mon cœur, lui dit-elle en l'abordant, a grand besoin d'être vu du vôtre. — Quoi ! lui répondit-il, vous en êtes encore là ? Avez-vous encore des désirs ? » La sainte ne répondit rien et souffrit qu'au lieu de l'entretenir de ce qu'elle souhaitait il ne lui parlât que des affaires de la congrégation. De là

Funérailles de saint François de Sales.

elle se rendit à Belley, et c'est en cette ville qu'elle apprit la mort de cet homme céleste, qui lui était plus qu'un père et plus qu'une mère. Sous le coup, sa résignation fut admirable : elle pleura quelque temps, mais sans trouble ; toute son occupation fut d'adorer les décrets de la Providence, qui dispose de tout comme il lui plaît. A Annecy, elle reçut le corps avec toute la pompe et le respect que méritait une si précieuse relique ; elle prit un soin particulier de recueillir ses livres, ses sermons et ses lettres, pour les communiquer au public et en embaumer l'Église.

Avant son arrivée, les religieuses d'Annecy s'étaient assemblées et l'avaient élue supérieure générale à perpétuité ; elle renonça à cette nomination ; elle ne voulut souffrir d'élection que pour trois ans et de renouvellement que pour un triennat. En même temps elle convoqua les principales Mères de l'Institut, rassembla avec elles tout ce que leur saint fondateur avait, dit-on, écrit pour la fondation de leur Ordre ; elle en composa un *Coutumier* qu'elle accompagna depuis d'*Éclaircissements*, pour une parfaite intelligence, tant du coutumier que des règles et des constitutions. Or, voici comment les Visitandines procédaient dans leurs fondations. Un peu avant le départ, les sœurs élues pour aller fonder une maison se mettaient à genoux, au milieu du chapitre, et juraient solennellement de vivre et mourir dans l'observation des règles, constitutions et coutumes de l'Institut et de les faire garder inviolablement. On inscrivait cette protestation sur le livre du chapitre et toutes le signaient ; après quoi les Sœurs se donnaient le baiser d'adieu. On ne partait point toutefois avant qu'on n'eût reçu la permission du prélat et des magistrats du lieu où l'on devait s'établir. Si les Sœurs de la fondation allaient à cheval, elles portaient une cape et un petit voile d'étamine et un mouchoir au-dessous du visage. Si l'on venait les chercher en carrosse, les personnes qui les accompagnaient ne devaient pas monter dans la même voiture, afin qu'elles pussent suivre leurs exercices comme au couvent. A leur arrivée, elles détachaient le voile de dessus leurs épaules, se rendaient à l'église, y chantaient le *Laudate Dominum*, allaient ensuite à la maison qui leur était préparée, après quoi elles envoyaient incontinent offrir leurs hommages à l'évêque du lieu, comme doit le faire toute bonne fille de l'Église.

De 1628 à 1631, la peste envahit la France, la Savoie, le Piémont, l'Italie, le monde entier. Les fléaux qui ont ravagé le XIXe siècle ne peuvent nous donner une idée de ce qu'était alors la peste. La malpropreté des villes, la nullité des secours de l'art, l'absence d'une police régulière, le caractère contagieux du mal, le désarroi des imaginations, tout contribuait à accroître la mortalité, à augmenter l'effroi et le désespoir. En présence d'une maladie qui se communiquait par le toucher, que le pestiféré exhalait par son haleine, qu'il laissait imprégnée dans tout ce qui lui avait servi, on n'osait plus voir personne, ni toucher à rien. A la première apparition du fléau, les villes devenaient désertes, les campagnes incultes. Dix monastères de la Visitation furent visités par ce mal terrible. Il y eut partout de saintes victimes ; il y eut encore plus de charité et de dévouement pour voler au secours des moribonds.

La peste suspendit nécessairement l'extension de l'Ordre ; mais, après ce moment d'arrêt, il se produisit, de 1638 à 1640, pour les fondations religieuses, un immense élan. La contagion avait réveillé la foi, accru la reconnaissance. Ces dix années furent une heure de Dieu, heure prodigieuse, où la rénovation de la France, par les saints, arrive à son apogée. Les monastères de la Visitation, en particulier, deviennent si nombreux qu'il faut renoncer au plaisir de les compter en détail. L'historien de la sainte, dans l'impossibilité de suivre cette nomenclature, ne procède plus que par des sommaires. Dès qu'une maison comptait ses trente et quelques religieuses, elle essaimait. De cette façon, la Visitation se répandit en Savoie, en Bourgogne, en Franche-Comté, en Lorraine, en Champagne, en Normandie, en Bretagne, en Anjou, en Touraine, en Poitou, en Auvergne, en Languedoc et en Provence.

Il y eut quelques difficultés en Franche-Comté, à Troyes et à Tours ; partout ailleurs, l'arrivée des Visitandines était une ovation. Au XVIe siècle, le cyclone calviniste avait ravagé partout les monastères ; dans les pays où il avait promené ses ravages, on ne voyait plus de religieux. Au XVIIe siècle, le peuple voit avec bonheur revenir ces religieux et religieuses qui lui sont si chers. Des foules immenses se portent au-devant des Sœurs ; on leur adresse des compliments sans fin, des harangues solennelles ; et, pendant quelques jours, ce ne sont que des vivres, des dîners tout préparés envoyés par les grands, une abondance telle que souvent on ne sait que faire de tout ce qu'on reçoit ; puis, peu à peu, l'enthousiasme se refroidit, la foule diminue, le monde mobile va à d'autres impressions : les religieuses commencent à goûter le charme de la solitude, souvent aussi elles sentent l'aiguillon de la pauvreté.

La bonne Mère bénissait Dieu de ces prodiges ; en même temps, elle s'en inquiétait. « Hélas ! disait-elle, l'Institut s'épanche fort ; le nombre de nos maisons dépasse quatre-vingts ! Il ne faudrait pas tant se presser. C'est chose si difficile que d'avoir une grande solidité dans une grande jeunesse et peu d'années de religion. Mon Dieu, que j'aie plus d'inclination, que nous nous étendions davantage du côté de la racine que du côté des branches. » Mais il fallait céder au mouvement. Même la Suisse, la Sicile, l'Allemagne, la Pologne, et, par-delà les mers, le Canada français, ravis des merveilles dont ils entendaient parler, sollicitaient des rameaux d'un arbre qui produisait de si doux fruits.

D'où venait, à la Visitation naissante, cette propagation si rapide ? Évidemment des vertus héroïques que pratiquaient ces saintes religieuses. Cette propagation avait encore une autre cause, elle était due aux innombrables bienfaits de l'Ordre. On demande souvent à quoi servent les maisons cloîtrées. Au lieu d'être, comme on le croit dans le monde, des tombes scellées, d'où rien ne sort, ce sont des sources de lumière, de sève et de vie. N'est-ce rien d'abord que ces grands exemples que donnaient ces jeunes filles. Belles, riches, spirituelles, faites pour plaire et pour briller, en foulant aux pieds toutes les grandeurs, elles en attestaient le vide. Dans une société enivrée de plaisirs, mais encore pénétrée de foi, elles révélaient, par leur sacrifice, la fragilité des choses d'ici-bas et relevaient les pensées plus haut.

A cette prédication par l'exemple, elles ajoutaient la prière pour ceux qui ne prient pas et l'expiation pour ceux qui négligent la pénitence. Émules du Rédempteur, qui a pris sur sa tête les péchés du monde et expié sur la croix les crimes dont il acceptait l'effrayante solidarité, ces religieuses, qui vivaient dans l'innocence, dans une virginité sans tache et une clarté sans ombre, prenaient sur elles, par leurs mortifications, le châtiment de crimes qu'elles n'avaient pas commis. Semblables à ces aiguilles que nous plaçons sur les édifices pour conjurer la foudre, ces saintes maisons de prières élevaient partout leurs cloîtres paisibles et leurs pieuses chapelles pour dissiper les tempêtes morales et arrêter les foudres de la Providence.

Mais les filles de sainte Chantal ne s'en tenaient pas à ces bienfaits. Non contentes d'élever leurs mains vers le ciel et de désarmer la colère divine par leurs supplications, elles nourrissaient les pauvres, instruisaient les ignorants, convertissaient les impies, consolaient les affligés, et remplissaient enfin, à travers leurs grilles et malgré leur inviolable clôture, tous les devoirs de la charité, avec une intelligence des besoins de leur temps et du

véritable esprit de leur Institut, qui n'était surpassée que par leur
dévouement.

Il serait trop long de suivre la vénérable mère de Chantal dans
les voyages qu'elle entreprit pour fonder de nouveaux monastères
ou traiter les questions qui intéressaient sa congrégation, allant
de Turin à Chambéry, de Rumilly à Tournon, de Besançon à
Paris et en Lorraine. Partout on l'honorait comme une sainte.
Les personnes de la plus haute condition s'estimaient trop heureuses de la recevoir. Il serait trop long aussi de raconter ses
actions héroïques, ses assistances surnaturelles, sa patience dans
les épreuves ; car son cœur de mère fut cruellement déchiré. Elle
perdit sa fille aînée, la baronne de Thorens, veuve à vingt ans et
qui mourut de chagrin ; une autre fille, nommée Charlotte ; son
fils Celse-Bénigne, qui fut tué à la guerre ; Françoise, sa seconde
fille, mariée à M. de Toulongeon, fut veuve de bonne heure, et
revint, avec ses enfants, près de sa mère. L'archevêque de
Bourges, son frère, ne tarda pas à suivre dans la tombe ses
neveux et ses nièces. « Voilà bien des morts, disait la sainte,
avec des larmes dans la voix, ou plutôt bien des pèlerins qui se
hâtent d'aller au logis éternel. Recevez-les, mon Dieu, dans les
bras de votre miséricorde. » A chacune de ces pertes doulou-
reuses, surtout à la mort de ses enfants, après avoir fait un acte
de résignation à la volonté de Dieu, elle restait silencieuse, abattue,
pendant plusieurs jours, « ayant un cœur fort sensible aux pertes
de ceux qu'elle aimait ».

Il plut à Dieu de manifester par des actions miraculeuses le
mérite de sa servante. M. de Granieux, qui souffrait depuis plusieurs années d'horribles douleurs de tête, arrivait pour chercher
la santé au tombeau du bienheureux François de Sales. Aperce-

vant la mère de Chantal, il alla la saluer, car il la connaissait depuis longtemps. Celle-ci lui rendit gracieusement son salut, et, comme, en lui disant bonjour, elle lui appuyait la main sur la tête, aussitôt il se sentit guéri. « J'étais venu chercher la santé près du saint, disait-il tout joyeux, et je l'ai trouvée vers la sainte [1]. » — La mère de Chantal avait accepté l'hospitalité chez mesdames de Saint-Julien et de Mépieu. Le soir, tout le monde était retiré et couché, lorsque tout à coup le feu prit à la maison. Un vent violent activait et disséminait les flammes. Les cris des chevaux enfermés dans l'écurie semaient au loin l'épouvante. On courut à la mère de Chantal ; et « ce fut une chose véritablement miraculeuse et reconnue pour telle de tous : aussitôt que cette bienheureuse se fut mise à genoux, le feu s'éteignit, comme si un déluge d'eau fut tombé dessus [2] ». — A Orléans, la sainte guérit une sœur d'un mal incurable ; à Paris, elle guérit une autre sœur de la paralysie ; elle sauva de la mort un de ses petits-fils en lui faisant un signe de croix sur le front. A Annecy, en l'année 1632, lorsqu'on ouvrit le tombeau de saint François de Sales, la Mère témoigna le désir de baiser la main du saint évêque : on acquiesça à ce désir. A l'instant, la main décharnée s'allonge d'elle-même, s'appuie sur la tête de la Mère, et, comme pour lui témoigner une tendresse paternelle, la presse avec force. On garde encore à Annecy le voile qui couvrait sa tête et qui reçut cette pression miraculeuse.

La mère de Chantal se trouva en relations avec le cardinal de Bérulle, saint Vincent de Paul et les plus saints personnages de son temps. Elle donna même saint Vincent pour supérieur à ses

---

[1] *Mémoires de la Mère de Chaugy*, p. 217.
[2] *Mémoires de la Mère de Chaugy*, p. 218.

communautés naissantes. Siècle glorieux et heureux pays, le pays et le siècle où se rencontrent de si grands saints.

Le temps approchait où la sainte allait recevoir la récompense de tant de travaux et de si précieuses vertus. Sa soixante-dixième année allait sonner ; les forces de son corps diminuaient, sans néanmoins que son esprit eût rien perdu de sa vigueur. Son devoir l'appelait à Moulins où s'était retirée la veuve du duc de Montmorency. De là, elle fut appelée à Paris par la reine Anne d'Autriche, qui l'honorait de sa confiance. Le 2 décembre, elle reprit la route de Moulins ; le 8, elle sentit le froid de la fièvre ; le 12, après avoir reçu le saint viatique, elle fit écrire sous sa dictée le testament spirituel, où elle recommande à ses filles l'humilité, la simplicité, le détachement, l'esprit d'union et l'observance des règles. Le 13, dans la matinée, elle reçut l'extrême-onction avec bonheur et le médecin annonça qu'elle n'avait que quelques instants à vivre. Une sœur s'approcha et lui demanda si elle souffrait. « Oh ! oui, dit-elle ; mais qu'est-ce que cela auprès des souffrances de Jésus pour moi ? » Le père de Lingendes, de la Compagnie de Jésus, lui dit : « Avez-vous pensé, ma mère, à la bonté de Dieu ? Elle est si grande que, comme c'est lui qui par amour nous a a donné l'esprit, c'est lui qui par amour vient aussi nous le retirer. » Elle tressaillit : « Oh ! dit-elle, que cette pensée est douce ! »

Elle reçut alors dans la main gauche un cierge allumé ; elle prit dans sa droite le crucifix et le petit sachet qu'elle portait toujours au cou et qui contenait sa profession de foi, ses vœux écrits de son sang, et les derniers avis de saint François de Sales ; on fit pour elle les prières des agonisants auxquelles elle s'associa avec autant de calme que de ferveur. Quand elles furent finies, elle soupira un peu. « Ma mère, lui dit le père de Lingendes, ces grandes douleurs que vous endurez, ce sont les clameurs qui annoncent la venue de l'Époux. Le voilà qui vient. Ne voulez-vous pas aller au-devant de lui ? » — « Oui, mon Père, fit-elle, j'y vais. Jésus, Jésus, Jésus ! » Et en disant ces mots, elle s'en alla à Dieu. Il était six heures et demie du soir, le 13 décembre 1641. La mère de Chantal était âgée de soixante-dix ans ; elle en avait passé trente-deux en religion.

Il faut ajouter ce trait touchant :

Pendant que la mère de Chantal était à l'agonie, quelqu'un lui avait dit : « N'espérez-vous pas que votre bienheureux père François de Sales vous viendra au-devant? » — « Oui, certes, avait-elle répondu, je m'y fie, car il me l'a promis. »

Elle ne se trompait pas. Au moment où elle fermait les yeux, saint François de Sales descendait des cieux pour venir à sa rencontre. Il fut l'ange que Dieu envoya pour recueillir cette belle âme et la porter au ciel. Et Dieu voulut qu'un saint, qui les avait beaucoup connus et aimés l'un et l'autre, assistât à leur rencontre.

« Je ne fais point de doute, écrit saint Vincent de Paul, que Dieu ne manifeste un jour la sainteté de la mère de Chantal, comme j'apprends qu'il fait déjà en plusieurs endroits du royaume et en plusieurs manières, dont en voici une qui est arrivée à une personne digne de foi, laquelle j'assure qu'elle aimerait mieux mourir que de mentir (c'est de lui-même qu'il parle).

« Cette personne, ayant eu nouvelle de l'extrémité de la maladie de notre défunte, se mit à genoux pour prier Dieu pour elle, et la première pensée qui lui vint à l'esprit fut de faire un acte de contrition des péchés qu'elle avait commis et qu'elle commet ordinairement ; et, immédiatement après, il lui parut un petit globe comme de feu, qui s'élevait de terre et s'alla joindre, en la supérieure région de l'air, à un autre globe plus grand et plus lumineux ; et ces deux globes, réduits en un, s'élevant plus haut encore, s'étaient perdus dans un troisième infiniment plus vaste et plus brillant qu'eux-mêmes, et il lui fut dit intérieurement que ce globe était l'âme de notre digne mère, le deuxième de notre bienheureux père, et l'autre de l'essence divine ; que l'âme de notre digne mère s'était réunie à celle de notre bienheureux père, et les deux à Dieu, leur souverain Principe.

« De plus, la même personne, qui est un prêtre, célébrant la sainte messe pour notre digne Mère, incontinent après qu'il eut appris la nouvelle de son heureux trépas, et étant au second *Memento*, où l'on prie pour les morts, il pensait qu'il ferait bien de prier pour elle ; que peut-être elle était dans le purgatoire, et en même temps il vit derechef la même vision, les mêmes globes et leur union ; et il lui resta un sentiment intérieur que cette âme était bienheureuse, qu'elle n'avait pas besoin de prières ; ce qui est demeuré si bien imprimé dans l'esprit de ce prêtre qu'il lui semble la voir en cet état, toutes les fois qu'il pense à elle.

« Ce qui lui fait penser que c'est une vraie vision est qu'il n'est point sujet à en avoir et n'a jamais eu que celle-ci. En foi de quoi, j'ai signé la présente de ma main, et scellé de notre sceau. »

Saint François de Sales venant à la rencontre de la mère de Chantal, et saint Vincent de Paul, assistant à cette union ! quel couronnement admirable à la belle vie que nous venons d'esquisser !

L'Église célèbre le 21 août la fête de sainte Jeanne-Françoise Frémyot de Chantal.

Qui jamais pourra calculer le bien qui se fait dans les écoles religieuses? Seul, le regard de Dieu et celui de ses anges peuvent le voir d'une manière complète. Quel immense service rendu que d'avoir, comme sainte Chantal, fondé une Congrégation vouée à l'enseignement de la jeunesse, et quelle reconnaissance ne doivent pas avoir les familles et les jeunes filles pour un pareil bienfait!

PRIÈRE

Dieu tout-puissant et miséricordieux, qui avez embrasé de votre amour la bienheureuse Jeanne-Françoise, qui, dans tous les sentiers de la vie, l'avez douée d'une admirable force d'esprit pour suivre la voie de la perfection, et avez voulu par elle orner votre Église d'une nouvelle famille, accordez-nous, par ses mérites et ses prières, que, convaincus de notre faiblesse, mais confiants en votre force, nous surmontions, avec le secours de la grâce céleste, tous les obstacles qui s'opposent à notre salut.

OUVRAGES A CONSULTER

Histoire de sainte Chantal et des Origines de la Visitation, par Mgr Bougaud, 2 volumes. — On a fait de nombreux emprunts à cet excellent ouvrage pour composer la biographie imprimée dans le présent volume.

X

NOTRE MÈRE LA SAINTE ÉGLISE

Qui ne connaît l'histoire de Moïse, pauvre enfant exposé sur les eaux du Nil dans une fragile corbeille, sauvé de la mort par la fille de Pharaon, adopté par elle, nourri à ses frais, instruit dans toute la science des Égyptiens, et choisi ensuite par Dieu pour être le libérateur et le législateur des Hébreux ?

Il est une autre fille de roi, jeune toujours, quoi qu'elle compte dix-huit siècles, penchée sur le fleuve de toutes les misères, pour en arracher incessamment ceux qui y sont jetés. Cette fille du roi des cieux est l'Église catholique.

Moïse sauvé des eaux.

Que n'a-t-elle pas fait pour les enfants !

Elle a sauvé leur vie menacée et pourvu à leurs besoins.

La législation païenne était horrible sous ce rapport. Elle

autorisait l'exposition ou plutôt la mort des malheureux enfants, dont on voulait se défaire pour une cause ou une autre. L'Église a proclamé que toucher à la vie de ces petits êtres était un crime ; que les devoirs des parents envers ceux qu'ils avaient engendrés étaient sacrés. Elle a excité la charité des chrétiens pour les enfants qui seraient abandonnés par des parents sans entrailles, et, pour intéresser leurs cœurs à cette œuvre, elle a voulu que ces petits, ainsi recueillis par eux, devinssent leurs enfants adoptifs, que personne n'aurait le droit de leur ravir. Dès l'an 331, Constantin le Grand, inspiré par un sentiment de charité catholique, avait ordonné que les enfants exposés appartiendraient à ceux qui les auraient nourris ou élevés, sans que leurs parents ou leurs maîtres eussent aucun droit de revendication ultérieure. En 412, Honorius avait ajouté que celui qui élèverait un de ces enfants prendrait pour sa sûreté une attestation légale, munie de la signature de l'évêque. Mais, malgré ces prescriptions solennelles, une odieuse spéculation s'était formée. Elle consistait à laisser grandir, dans le sein d'une famille honorable, l'enfant ainsi adopté. Puis, quand les liens d'affection, d'une part, de reconnaissance de l'autre, s'étaient formés, de prétendus parents ou maîtres se présentaient, réclamant soit comme leur fils, soit comme leur esclave, l'adolescent ou la jeune fille, et l'enlevaient de vive force. Il y avait là de quoi décourager les familles chrétiennes, au grand détriment des enfants abandonnés, qu'elles eussent voulu prendre à leur charge. C'est pour cela qu'au Concile de Vaison (441), dans les Gaules, présidé par saint Hilaire, il fut prescrit que, chaque dimanche, du haut de l'ambon, le diacre annoncerait que tel enfant avait été recueilli par telle famille. Si, dans les dix jours qui suivraient, personne ne réclamait l'orphelin, il devenait irrévocablement le fils adoptif de ses bienfaiteurs, et quiconque élèverait plus tard un droit quelconque sur lui devait être frappé des censures ecclésiastiques.

C'était l'Œuvre de la *Sainte-Enfance* qui s'inaugurait. L'Église du ve siècle commençait donc dans les Gaules à faire pour les petits enfants abandonnés du monde romain ce qu'elle fait maintenant pour le Japon et la Chine.

L'on sait, en effet, que, dans ces deux vastes empires, l'usage, si ce n'est expressément la loi, donne à tout chef de famille droit de mort sur l'enfant nouveau-né, et les pauvres, innombrables dans ces pays, ne profitent que trop de ce droit affreux pour se débarrasser de la gêne d'une nombreuse famille.

Voici, sur ce sujet, le témoignage d'un auteur anglais, extrait d'un ouvrage intitulé : *Recherches philosophiques sur les Chinois:*

« Ou les sages-femmes étouffent les enfants dans un bassin d'eau chaude et se font payer pour cette exécution, ou on les jette dans la rivière, après leur avoir lié au dos une courge vide, de sorte qu'ils flottent encore longtemps avant d'expirer. Les cris qu'ils poussent alors feraient frémir partout ailleurs la nature humaine ; mais là on est accoutumé à les entendre, et l'on ne frémit pas. La troisième manière de s'en défaire est de les exposer dans les rues, où il passe tous les matins, et surtout à Pékin, des tombereaux sur lesquels on charge ces enfants ainsi exposés pendant la nuit, et on va les jeter dans une fosse, où on ne les recouvre point de terre, dans l'espérance que les Mahométans en viendront tirer quelques-uns. Mais, avant que les tombereaux qui doivent les transporter à la voirie soient arrivés, très souvent les chiens, et surtout les porcs, qui remplissent les rues dans les villes de la Chine, mangent ces enfants tout vivants. Dans la seule ville de Pékin, on a assuré qu'en trois ans on a compté 9.312 enfants ainsi destinés à la voirie, et cela sans parler de ceux qui avaient été écrasés sous les pieds des chevaux ou des mulets, ni de ceux que les chiens avaient dévorés, ni de ceux qu'on avait étouffés au sortir du sein de leur mère, ni de ceux qu'on avait détruits dans les endroits où il n'y avait personne pour les compter. »

Voici ce que dit le célèbre navigateur Dumont d'Urville dans son *Voyage pittoresque autour du Monde :* « L'humanité, l'amour paternel, la charité, sont des vertus ignorées chez les Chinois, qui ne s'occupent que d'eux. C'est sans doute à cet égoïsme abrutissant qu'il faut attribuer l'énorme quantité d'infanticides dont ce pays est témoin chaque année. Loin de sévir contre ce crime atroce, le Gouvernement le tolère et l'autorise presque : l'une des occupations de la police de Pékin est de ramasser chaque matin les enfants que l'on a jetés pendant la nuit. On entasse les victimes dans des charrettes, et on les porte pêle-mêle, vivants et morts, dans une voirie située hors de la ville. Quelques auteurs ont porté à 30,000 le nombre des infanticides commis dans une année, d'autres l'ont réduit à 10.000. Ceux qui logent sur les fleuves les abandonnent au courant, après leur avoir attaché au cou une calebasse qui leur tient la tête hors de l'eau. Il n'est pas rare de voir flotter ainsi des cadavres d'enfants, et les bateaux qui passent n'y accordent pas plus d'attention qu'ils ne feraient pour un chien mort. »

L'Église catholique a suscité de zélés missionnaires, de pieuses religieuses, pour aller recueillir ces enfants, les arracher à une mort certaine, leur procurer la grâce du saint baptême, les élever dans des orphelinats, des écoles, des fermes.

Qu'on lise ce qui est raconté dans la vie de saint Vincent de Paul au sujet des enfants exposés et de la fondation de l'Hôpital des *Enfants trouvés.*

Je ne parle pas de l'*Œuvre de l'Adoption*, qui a pour but de recueillir, en France, le plus grand nombre possible d'orphelins et d'orphelines de père et de mère, de les placer, s'ils n'ont pas huit ans, dans des familles chrétiennes, où ils reçoivent tous les soins que le père et la mère donnent à leurs propres enfants, et, plus tard, dans des orphelinats, où on les forme à la vie agricole ou à d'autres travaux.

Je ne dis rien des *crèches*, des *salles d'asiles*, des œuvres de toute nature qui ont pour objet les enfants, telles que l'association de la *Charité maternelle*, l'association des *Mères de famille*, celle des *Jeunes Économes;* car les œuvres ont germé, comme par enchantement. « Frappe la terre, Pompée, disait-on à ce général romain, il en sortira des légions. » L'Église a frappé les cœurs, et il en est sorti des légions d'âmes dévouées à l'enfance.

L'Église catholique, qui a sauvé les corps des enfants de la mort qui les menaçait, a sauvé leurs intelligences de cette autre mort qui s'appelle l'ignorance; elle a pourvu aux besoins de leur esprit par l'instruction et les écoles.

Cette vérité ne saurait plus être mise en doute, si ce n'est par l'ignorance ou le parti-pris.

Les moines se sont toujours employés à ce travail d'instruire les enfants C'est un des grands bienfaits dont on leur est redevable, et un évêque a pu dire: « Les ordres religieux qui ont cultivé le sol de l'Europe ont fait beaucoup plus: ils ont défriché les landes incultes de l'âme humaine [1]. »

[1] Mgr Gerbet, *Introduction au dogme générateur*, p. 123.

« Si l'on voulait remonter à l'origine des écoles monastiques, on serait insensiblement conduit par ses recherches jusqu'aux premiers siècles de l'Église. Dès ce moment, en Égypte comme en Syrie, dans le Pont et en Mésopotamie comme en Perse, en Italie comme dans les Gaules, les monastères, qui sont avant tout des écoles de sainteté, deviennent des écoles de science. Le fait nous est attesté par les témoins les plus autorisés, par saint Athanase, saint Basile, saint Grégoire de Nazianze, saint Jean Chrysostome, Théodoret, saint Jérôme, Rufin et saint Augustin. D'après les prescriptions de saint Basile, les moines devaient se charger de l'éducation des jeunes garçons, notamment des orphelins, non pour en faire des moines, mais pour les préparer à l'état qu'il leur plairait de choisir. Saint Jean Chrysostome exprimait le désir que les écoles des couvents servissent non seule-

Une école au Vᵉ siècle.

ment au clergé, mais à l'éducation des laïques, et cela à dater de leurs plus jeunes années, pour qu'ils y reçussent de bonne heure la semence de la foi et de la piété, et que ces vertus mûrissent peu à peu en eux [1]. »

En Occident, Cassiodore bâtissait un monastère à l'extrémité de

---

[1] *De l'Enseignement élémentaire en France aux* xiᵉ *et* xiiᵉ *siècles*, par le R. P. C. Bernard, ch. i.

l'Italie, rassemblait des religieux, établissait une école et composait, à l'usage des enfants qu'il élevait, un traité spécial où il préparait à l'étude des saintes Écritures par des notions détaillées sur les sept arts libéraux.

Nul Ordre religieux n'a rendu peut-être plus de service à l'éducation, dans nos contrées, que les Bénédictins qui se répandirent rapidement en Italie, en Sicile, dans la Gaule. Tout monastère alors, on l'a dit, était une école. Et Dieu sait si les monastères manquaient. On les comptait par milliers.

Cluny avait une école florissante, où tout était gratuit, la nourriture aussi bien que l'enseignement, et les deux mille maisons religieuses qui en dépendaient suivaient ces usages de la maison-mère.

Saint-Guillaume, envoyé à l'abbaye de Saint-Bénigne à Dijon, y institua une école pour que le bienfait de l'instruction fût distribué gratuitement à tous ceux qui se présentaient, sans exclusion de personne. Serfs et libres, pauvres et riches, avaient une part égale à cet enseignement charitable. Plusieurs recevaient des monastères, en même temps que l'instruction, la nourriture qu'ils n'avaient pas eu le moyen de se procurer.

La Chaise-Dieu, fondée entre l'Auvergne et le Velay par un grand seigneur du temps, saint Robert, ne faisait aucun établissement, quelque médiocre qu'il fût, sans y placer un écolâtre, et elle compta 293 prieurés parmi ses dépendances, dans les diverses provinces de France, d'Espagne et d'Italie.

La grande Sauve, qui élevait les enfants d'une bonne partie de la noblesse gasconne, compta bientôt, parmi ses dépendances, 70 monastères ou prieurés.

L'Institut des Chanoines réguliers de l'Ordre de Saint-Augustin [1] fonda un grand nombre de monastères et de hautes écoles, dont l'annexe obligée était toujours « la division des abécédaires », la petite école où l'on enseignait aux riches et aux pauvres, avec « la créance, leur alphabéton et escripture et chant pour chanter à l'église [2] ».

Il n'est pas jusqu'aux hôpitaux, aumôneries, hospices, qui ne devinssent des écoles pour un certain nombre d'enfants, les enfants exposés qui y avaient trouvé un refuge et un asile.

Les écoles monastiques, et il y en avait jusque dans les moindres prieurés dépendant des principales abbayes, n'étaient pas les seules. Il y avait, en outre, les écoles épiscopales et les écoles presbytérales.

« Les écoles épiscopales sont aussi anciennes que les écoles monastiques. Nous les voyons même, avant ces dernières, s'établir dans les Gaules, à côté des écoles municipales. Au IVe siècle, elles ont pris un tel développement et jeté un tel éclat qu'elles éclipsent les écoles païennes, tenues la plupart du temps par des affranchis. Il faut remarquer, en effet, que les écoles païennes n'ont point succombé sous les coups des Barbares, mais sous le poids de leur impopularité : des fables ridicules débitées sous le nom de religion, de vaines disputes philosophiques, de froides amplifications de rhétorique, des machines poétiques depuis longtemps usées, tout cela ne suffisait pas au monde. L'idée vint à quelque fanatique de relever les écoles plus ou moins officielles de leur discrédit en tuant leurs rivales ; on connaît la tentative de Julien l'Apostat, dernier effort du paganisme expirant. L'orage

---

[1] Les Chanoines réguliers étaient de véritables religieux pratiquant la vie commune et faisant les vœux solennels de pauvreté, de charité et d'obéissance.

[2] *Dictionnaire de Pédagogie*, Ier partie, t. Ier, art. Chan. réguliers.

passé, les écoles chrétiennes se reformèrent ; les Barbares n'en prirent point ombrage ; ils finirent par y venir eux-mêmes [1]. »

Au vi[e] siècle, la ruine des écoles païennes était complète ; les écoles chrétiennes restaient presque seules debout.

Au viiie siècle, d'après les ordonnances de Charlemagne, comme d'après les prescriptions formelles de l'Église, chaque cathédrale devait avoir, comme annexe, une école dans laquelle on recevait, à l'origine, les enfants et les jeunes gens qui se destinaient à l'état ecclésiastique, et, plus tard, tous les enfants indistinctement, à quelque classe de la société qu'ils appartinssent et quelque genre de vie qu'ils eussent le dessein d'embrasser.

Plus tard encore, quand se fondèrent les Universités, les écoles monastiques virent leur développement s'arrêter, ou, ce qui est plus exact, elles commencèrent à décroître progressivement. Les écoles épiscopales coururent également un grave danger ; mais elles réussirent à se maintenir. Désormais, on continuera d'aller chercher les connaissances premières dans l'enceinte modeste et silencieuse des écoles épiscopales, mais on achèvera ses études dans le milieu plus vivant et plus bruyant des universités.

Toutefois les écoles monastiques et épiscopales donnaient l'enseignement à tous les degrés, depuis l'*a, b, c* jusqu'aux sciences nécessaires, soit au prêtre, soit au jurisconsulte, soit au médecin, car le droit et la médecine figurent au programme de plusieurs de ces écoles, tout aussi bien que la rhétorique, la dialectique et la théologie.

Il y avait d'autres écoles, bien plus nombreuses, qui se bor-

---

[1] *De l'Enseignement élémentaire en France aux* xie *et* xiie *siècles,* par le R. P. C. Bernard, ch. ii.

naient à l'instruction élémentaire, ou ne la dépassaient pas sensiblement : c'étaient les écoles presbytérales.

Les empereurs, les évêques, les conciles, firent des prescriptions et donnèrent des ordres formels touchant l'établissement des écoles dans les paroisses et prirent des mesures pour s'assurer de leur exécution. Toutes ces prescriptions et ces mesures ne permettent guère de douter qu'il y ait eu, dès une origine très reculée, des écoles gratuites attachées à chaque église et confiées aux soins et à la direction des curés, que probablement même elles aient été contemporaines de l'érection des paroisses.

C'est certainement en souvenir de ce long passé de services rendus que les novateurs de 1789 ne pensaient pas que l'éducation publique pût être remise en des mains meilleures que celles du clergé. Le tiers et la noblesse demandèrent, en particulier, pour le curé, une grande influence sur l'école primaire; c'est à lui ou à son vicaire qu'ils voulaient confier la charge de faire la classe, quand il n'y aurait pas d'autre instituteur. « Que les vicaires, dit le tiers-état du Maine, soient chargés de faire les écoles des garçons, dans les paroisses où il n'y en a pas de fondées. » Ce vœu était une reconnaissance des services rendus à l'éducation par le clergé paroissial.

L'Église ne s'est pas contentée de multiplier les écoles sur tous les points du territoire, elle voulut, pour que chacun pût recevoir l'instruction, quelle fût donnée gratuitement. Le troisième concile de Latran, en 1179, promulga le décret suivant : « L'Église de Dieu étant obligée, comme une bonne et tendre mère, de pourvoir aux besoins corporels et spirituels des indigents, désireuse de procurer aux enfants pauvres, dépourvus de ressources pécuniaires, la faculté d'apprendre à lire et de s'avancer dans l'étude des lettres, ordonne que l'église cathédrale ait un maître chargé d'instruire gratuitement les clercs de cette église et les écoliers pauvres, et qu'on lui assigne un bénéfice, qui, suffisant à sa subsistance, ouvre ainsi la porte de l'école à la jeunesse studieuse [1]. »

Cette gratuité de l'instruction était une gratuité vraie et non fictive, elle n'était pas un impôt prélevé surtout sur le pauvre, mais une aumône. fruit des libéralités du riche ou des sacrifices et des privations que s'imposaient les communautés religieuses. On ne se contentait pas de n'exiger aucune rétribution scolaire, on allait jusqu'à pourvoir à l'entretien des écoliers indigents. Les règles et les constitutions des Bénédictins et des Augustins imposaient aux religieux le soin d'instruire les enfants, de nourrir ceux qui étaient pauvres et délaissés. de « leur distribuer le pain matériel en même temps que le pain de la parole [2] ».

Qui avait mis l'Église en état de suffire à tant de besoins, et d'où lui venaient les ressources ? Elle s'était préparée de longue main, par une sage économie et un travail opiniâtre, à ce ministère de charité ; et la Providence lui avait amené de généreux donateurs. Ces derniers, pour la plupart, ne songeaient qu'à racheter leurs péchés et s'assurer des prières après leur mort. Toutefois quelques-uns avaient spécialement en vue l'instruction, et nous trouvons, dans les chartes de l'époque, des donations faites à des monastères avec cette mention expresse qui en fixe la destination : *ad docendum puerum* [3] (pour l'instruction d'un enfant).

[1] Labbé. Concil., t. X, col. 1518.
[2] *Dict. de Pédag.*, I partie, t. 1er, art. Chanoines réguliers.
[3] *Voyage littéraire de deux Religieux Bénédictins de la Congrégation de Saint-Maur;* IIe partie, p. 10.

L'instruction était donc possible à tous : depuis les enfants des rois jusqu'aux enfants des serfs, tous pouvaient avoir part à l'instruction ; il n'était, pour ainsi dire, pas un enfant qui ne fût à même d'apprendre la lecture, l'écriture, le calcul et le chant ; toutes les mesures étaient prises pour procurer, même aux indigents, la nourriture de l'esprit, non moins nécessaire que celle du corps pour vivre d'une vie d'homme.

Nous pouvons par la pensée nous représenter ces différentes écoles avec les différentes catégories d'élèves qui les composaient. « Sur une colline ou au fond d'une vallée fertilisée par le travail des moines, apparaît la masse imposante des bâtiments de l'abbaye, demeure immense et silencieuse, mais pleine d'activité, car chacun y a sa tâche et l'accomplit avec une ponctualité rigide. Là, les élèves sont réunis en grand nombre, comme dans nos collèges modernes ; on les a mis dans un quartier séparé pour que les cris de l'école et les jeux bruyants de cette vive jeunesse ne puissent importuner les religieux. Ils ne sont en rapports qu'avec leurs maîtres particuliers ; ils n'aperçoivent les autres moines que dans la vaste chapelle du couvent, où eux-mêmes vont louer Dieu et prendre part aux cérémonies grandioses du culte. Si vous portiez vos pas dans la campagne, vous découvririez, non sur les routes, car elles sont rares à cette époque, mais dans les sentiers battus, de petits paysans chaussés de sabots et vêtus de peaux ou de laine grossière. Comme tous les êtres humains habitués à vivre dans l'isolement, ils cheminent sérieux et pensifs, levant de temps en temps les yeux vers l'église du village et sa flèche pointue. C'est auprès de l'église, en effet, que se trouve la modeste école presbytérale, où le pasteur, quelquefois suppléé par un clerc, enseigne les premiers éléments des connaissances. Les petits paysans, venus de loin, s'y rencontrent avec des enfants plus expansifs et plus espiègles, qui habitent la bourgade même. Arrivons à la ville. Là, tout est mouvement, tout est bruit. A l'abri d'un coup de main, derrière les hautes murailles, rassuré contre les ennemis et les bandes routières, on travaille et on chante. Les enfants mêmes ne restent pas inactifs : à certaines heures de la journée, vous les verrez s'avancer par bandes, à travers les rues étroites et tortueuses de la cité, vers la demeure du maître d'école, « avec leur alphabéton pendu à la ceinture » : troupe joyeuse et turbulente, mais pas trop méchante, parce qu'elle a la crainte de Dieu... et de la férule [1]. »

L'éducation des filles ne fut pas et ne pouvait pas être non plus négligée. Le christianisme avait relevé la condition de la femme : la femme était devenue, aux yeux des vrais croyants, ce qu'elle n'aurait jamais dû cesser d'être dans l'estime du monde, c'est-à-dire l'égale de l'homme devant Dieu, ayant les mêmes épreuves à subir sur cette terre, la même fin à atteindre. Or, l'obligation aux mêmes devoirs entraînait la jouissance des mêmes droits. Il y a plus : le peuple chrétien s'était épris pour la Vierge, mère du Sauveur, d'une telle admiration, d'un tel amour, que, par vénération pour elle, il allait accorder à la femme des honneurs inusités. Comment n'aurait-il pas pris soin de la rendre, par l'instruction et l'éducation, digne du rang où son estime la plaçait ?

Mais nous ne sommes pas réduits sur ce point à de simples raisonnements ; nous avons des preuves historiques qu'il en fut ainsi.

Les curés étendaient leur sollicitude aux filles comme aux garçons, et, ne pouvant se dédoubler pour les instruire séparément,

---

[1] *De l'Enseignement élémentaire en France aux* xie *et* xiie *siècles*, IIe partie, par le R. P. C. Bernard.

ils les réunissaient, comme ils le font encore maintenant dans les campagnes, pour l'enseignement du catéchisme. Mais, lorsque cette faculté leur fut ôtée, car le mélange des sexes fut prohibé, les jeunes filles ne restèrent point privées de tout moyen d'instruction : d'autres asiles s'ouvrirent pour les recevoir, de nouvelles et nombreuses écoles furent établies, toujours sous l'inspiration de notre sainte mère l'Église.

Parmi les établissements d'instruction publique ouverts aux jeunes filles, il est de toute justice de citer en première ligne les écoles bénédictines. Elles s'ouvraient à toutes les jeunes filles qui se présentaient, de quelque condition qu'elles fussent. De la sorte, les plus humbles paysannes n'étaient point privées d'une instruction si généreusement donnée à leurs frères par les moines.

Ce mélange de toutes les classes de la société parut offrir des inconvénients. Aussi, à partir du xiie siècle, en Allemagne, en Lorraine, en France, dans les Flandres et ailleurs, il s'éleva beaucoup de maisons de Bénédictines, dans lesquelles on ne recevait que des jeunes filles de familles nobles.

Répandaient aussi le bienfait de l'instruction, la congrégation de Fontevrault, congrégation puissante qui couvrit bientôt de monastères les contrées voisines ; les Cisterciennes, appelées aussi Bernardines ; le Paraclet, fondé au diocèse de Troyes ; les Chanoinesses, qui ne faisaient pas vœu de pauvreté et n'étaient soumises qu'aux vœux de chasteté et d'obéissance ; les Béguines, institut fondé à Liège, en Belgique, par le prêtre Lambert le Bègue, ou mieux le Beghe, du nom de sa famille ; cette association se composait de veuves et de vierges, qui, pour échapper aux dangers du monde, sans toutefois s'enfermer dans des couvents, formèrent des communautés où elles menaient une vie de recueillement, sanctifiée par des pratiques austères et se prêtaient ou au soin des malades à domicile, ou à l'instruction des petites filles dans les écoles publiques.

Grâce à tous ces moyens, l'Église avait pourvu à l'instruction et à l'éducation des filles d'une manière convenable. Depuis les princesses de sang royal jusqu'aux serves, il n'était pas une fille de France qui ne pût, jusqu'à un certain point, cultiver son intelligence et entrer dans le grand courant de la civilisation chrétienne.

En résumé, comme l'écrivait Jean-Jacques Ampère, « il y avait une école auprès de chaque évêché, de chaque cathédrale, de chaque monastère et de chaque paroisse ; par là, il avait été établi en France plus d'écoles primaires qu'il n'en existe aujourd'hui [1]. »

Et c'est en face de tels faits qu'on a osé dire et qu'on répète encore chaque jour, dans certains milieux, que « l'enseignement primaire date d'hier et est un des grands bienfaits de 1789 ».

L'Église ne s'est pas contentée de veiller sur la vie des enfants et de leur procurer la science du temps, elle a voulu, avant tout, leur donner la science indispensable de l'éternité et du salut.

On n'a jamais varié dans l'Église sur la nécessité et l'inappréciable bienfait du catéchisme.

Depuis saint Augustin, consacrant les premières années de son épiscopat à composer pour un diacre de l'Église de Carthage, chargé de faire le catéchisme dans cette capitale de l'Afrique, son beau livre *De cathechisandis Rudibus* [2], jusqu'à Bossuet, croyant honorer les derniers jours de son ministère et ajouter quelque chose à la gloire de tous ses travaux en donnant aux enfants de son diocèse le célèbre *Catéchisme de Meaux ;* depuis

---

[1] *Histoire littéraire de la France*, t. III, p. 230.
[2] *Du Catéchisme à faire aux Ignorants.*

Origène et les fameuses catéchèses d'Alexandrie jusqu'à Fénelon, et depuis Bossuet et Fénelon jusqu'à notre époque, il n'y a qu'une voix dans le christianisme sur ce point. Et il est vraiment merveilleux de retrouver toujours la même inspiration, le même dévouement, les mêmes sollicitudes.

C'est que tous ces saints évêques et tous ces saints prêtres pensaient comme Jésus-Christ ; ils se souvenaient tous du récit évangélique : « Et on lui présentait des enfants... et les embrassant et mettant la main sur eux, il les bénissait. » Tous aimaient à dire avec Notre-Seigneur : « Laissez les enfants venir à moi. »

Ce n'est pas que dans tous les temps il n'y ait eu certains esprits peu initiés à cette œuvre, qui n'en sentaient pas l'importance et la dignité. Ce qui arriva à Gerson en est une preuve.

Cet homme si considérable à son époque, cet illustre chancelier de l'Université de Paris, trouvait, dans sa vieillesse, une consolation inexprimable à faire le catéchisme aux enfants dans l'église de Saint-Paul, à Lyon ; et tel était son respect pour eux et sa confiance dans l'innocence de leur âge et la puissance de leurs prières que, sentant sa dernière heure approcher, il voulut les réunir tous autour de lui, à son lit de mort, et leur demanda de recommander à Dieu « son pauvre serviteur Jean Gerson ».

De beaux esprits du temps se scandalisèrent et attribuèrent ce zèle de Gerson pour les fonctions de catéchiste à un affaiblissement de tête pardonnable, mais au fond ridicule chez un vieillard. Le beau traité *De Parvulis ad Christum trahendis* [1], telle fut la réponse que fit le chancelier à l'étonnement de ses amis et aux sarcasmes de ses ennemis.

---

[1] *Des petits Enfants qu'il faut attirer au Christ.*

Mais la sainte Église ne tarda pas, dans le Concile de Trente, à prendre en main la cause de l'enfance un moment délaissée ; et un décret solennel ordonna à chaque pasteur de faire avec soin le catéchisme aux enfants, au moins les jours de dimanche et les autres jours de fête.

A peine l'Église eut-elle fait entendre sa voix que, de toutes parts, on se livra avec un zèle admirable à l'œuvre des catéchismes. Une multitude de conciles confirmèrent et publièrent le décret de Trente, avec des prescriptions de détail qui montrent l'importance qu'ils y attachaient : des hommes du plus grand mérite se dévouèrent à procurer l'exécution de ce décret ; et, pour en perpétuer l'heureuse influence dans l'Église, il se forma des Compagnies uniquement occupées du soin de donner aux enfants l'instruction et l'éducation chrétiennes.

Pendant que de toutes parts les conciles s'occupaient de ce grand objet, on vit des évêques, des ecclésiastiques du premier mérite, des saints honorés du don des miracles, remplir eux-mêmes les fonctions de catéchiste et en persuader efficacement l'importance par ces grands exemples donnés au monde chrétien.

Le docte et pieux cardinal Bellarmin, archevêque de Capoue, rassemblait les enfants dans sa cathédrale, leur faisait lui-même le catéchisme, et distribuait des récompenses à ceux qui avaient le mieux répondu ; puis il réunissait ses curés à l'archevêché et leur traçait, dans des conférences particulières, les règles qu'ils devraient suivre pour se bien acquitter d'une fonction si importante. Bien plus, il allait dans les diverses paroisses et faisait lui-même le catéchisme aux enfants, sous les yeux des curés ; et on rapporte qu'il parlait d'une manière si paternelle que tous en étaient touchés et attendris. Dès qu'on annonçait le catéchisme de l'archevêque, les personnes de tout âge accouraient avec les enfants, et Bellarmin profitait de cette circonstance pour leur donner à tous de salutaires avis, de vives exhortations.

Le bienheureux Jérôme Émiliani, dont la mémoire est en bénédiction dans toute l'Italie, rassemblait à Venise les petits enfants, deux fois chaque jour, pour leur faire le catéchisme, et, par ce moyen, il renouvela la piété dans cette grande ville.

Le zèle de saint Charles Borromée, pour exécuter les règlements des conciles sur les catéchismes, fut au-dessus de tout. Il institua à Milan, spécialement pour cette œuvre, la Confrérie de la Doctrine chrétienne et s'efforça de la propager dans tout son diocèse. Il n'y avait point de dimanche qu'on ne vît toutes les églises de la ville et de la campagne pleines de fidèles et d'enfants, s'unissant tous ensemble pour écouter les enseignements et les exhortations du catéchisme ; puis ils chantaient des litanies, des psaumes, des hymnes et des cantiques de piété. Le saint archevêque prenait plaisir à visiter ces réunions, et sa présence était un nouveau sujet de joie et d'édification publique.

En Portugal, Don Barthélemi des Martyrs, archevêque de Brague, celui-là même qui jeta un si grand éclat au Concile de Trente, mit tout en œuvre pour faire exécuter dans son immense diocèse le décret du Concile sur les catéchismes ; et lorsqu'il se fut démis de la charge épiscopale, il se livra uniquement et tout entier à cette grande œuvre. Elle fut la chère et unique occupation de ses derniers jours.

Saint Ignace, de retour dans sa patrie, résolut aussi de faire le catéchisme aux enfants ; et comme on lui représentait qu'aucun n'irait l'entendre : « S'il en vient un seul, répondit-il, je me croirai bien dédommagé de mes peines. »

La haute estime que saint Ignace avait conçue pour l'office de catéchiste le porta à s'engager par vœu, lui et ses premiers compagnons, à ce genre de ministère. L'histoire de sa vie raconte qu'étant devenu général de son Ordre, il commença l'exercice de sa charge par faire le catéchisme dans une église de Rome, où l'on voyait arriver en foule pour l'entendre non seulement des enfants, mais encore des théologiens, des canonistes et des personnes de qualité. Quoique son langage fût assez étrange et rempli de tournures espagnoles, ses exhortations faisaient beaucoup d'impression sur ses auditeurs ; et après l'avoir entendu, chacun se retirait en silence, les larmes aux yeux et le cœur rempli de componction.

Ainsi, le catéchisme était pour lui un apostolat. Il continua cet exercice durant quarante-six jours dans la même église ; et c'est à son exemple qu'aujourd'hui même les supérieurs de la Compagnie de Jésus font quarante jours le catéchisme, quand ils entrent en charge.

Le même zèle animait saint François de Borgia : on le voyait parcourant les campagnes, une clochette à la main, pour appeler les enfants et leur apprendre à aimer et à pratiquer la doctrine chrétienne.

Dans les Indes, saint François Xavier aimait à bégayer avec les enfants les premiers éléments de la foi : « Il allait par la ville de « Goa et priait à haute voix les pères de famille d'envoyer pour « l'amour de Dieu leurs enfants et leurs esclaves au catéchisme. « Cet homme, si apostolique, avait dans l'esprit, ajoute l'auteur « de sa vie, que si au moins la jeunesse portugaise était bien « instruite de la religion et formée de bonne heure à la pratique « de la vertu, on verrait en peu de temps le christianisme revivre à

« Goa... Et ce fut, en effet, par les enfants que la ville commença
« à changer de face. »

Qui n'a entendu parler de l'aimable et sublime saint François
de Sales faisant lui-même le catéchisme aux enfants de la Savoie.
Voici le naïf et touchant récit que nous en ont laissé les histoires
du temps :

« Tous les jours de dimanche, l'heure de midi étant sonnée,
« vous eussiez vu marcher par les rues un jeune homme vêtu
« d'une espèce de cotte d'armes bleue, sur le devant de laquelle
« était le saint nom de Jésus en caractères d'or ; ce héraut son-
« nait une clochette et allait par les rues criant d'une voix haute
« et sonore : *Venez à la Doctrine chrétienne, on vous y ensei-*
« *gnera le chemin du Paradis.* Alors tous s'assemblaient en
« leur chapelle aux places destinées ; et aussitôt que le catéchiste
« avait fléchi le genou devant l'autel, deux chantres, l'un à sa
« droite, l'autre à sa gauche, entonnaient avec un chant mélo-
« dieux l'hymne du Saint-Esprit. L'oraison étant dite, le prêtre se
« mettait en chaire et les enfants sur des bancs, d'un côté les gar-
« çons et les filles de l'autre, qui récitaient, par interrogations et
« réponses, quelques parties du catéchisme de Bellarmin, qu'après
« le catéchiste tâchait d'expliquer plus amplement et avec le plus
« de facilité qui lui était possible, levant les difficultés et les
« doutes, même bien souvent interrogeant et faisant redire ce qui
« avait été expliqué et le faisant prouver par des exemples.

« Et à cette œuvre catéchistique, le saint évêque s'employait
« ordinairement avec ses confrères les chanoines, tour à tour ;
« l'heure étant coulée, on chantait quelque dévot cantique, ou en
« musique, ou en simple voix, ou avec des orgues, de la compo-
« sition du bienheureux homme ou de quelque autre. Certes, il

« appliquait quelquefois son esprit, par manière de récréation, à
« cette sorte de poésie, ou bien choisissait quelque psaume de
« David, qu'il donnait aux musiciens pour y mettre l'air.

« Tous les ans deux fois, les jours du dimanche, il allait à la
« procession solennelle par toute la ville et la campagne avec
« ses enfants, suivi de ses prêtres ; et mon-
« trant une si grande dévotion que, seu-
« lement à le regarder, les cœurs des
« pécheurs étaient frappés de con-
« trition ; et toutes les fois que les
« garçons ou les filles répon-
« daient ou récitaient pertinemment
« à ses demandes, il leur donnait
« des images, des médailles bé-
« nites, des chapelets, des *Agnus*
« *Dei*, de petits livres de prières,

Il allait à la procession solennelle.

« et autres choses semblables, qu'il portait toujours avec lui,
« pour les récompenser. »

Le Père de la Rivière, qui, dans son enfance, avait assisté à ces
catéchismes, en parle ainsi dans sa *vie* du saint évêque :

« J'ai eu l'honneur de participer à ce béni catéchisme, jamais
« je vis pareil spectacle. Cet aimable et vraiment bon père était
« assis sur un trône de quelque cinq degrés ; toute l'armée
« enfantine l'environnait... C'était un contentement non pareil
« d'ouïr combien familièrement il exposait les rudiments de notre
« foi ; à chaque propos, les riches comparaisons lui naissaient en
« la bouche pour s'exprimer, il regardait son petit monde, et son
« petit monde le regardait : il se rendait enfant avec eux pour
« former en eux l'homme intérieur et parfait selon Jésus-Christ. »

N'est-il pas beau et consolant de voir ainsi à quel point l'amour de Jésus-Christ pour l'enfance vit au cœur de l'Église et de ses pasteurs ? Ah ! il est manifeste que ce fut là un cher et doux héritage, que les Apôtres recueillirent de leur divin Maître et transmirent fidèlement à leurs disciples ; cette étincelle sacrée, et, pour me servir de la belle expression de Fénelon, *cette flamme céleste* du saint apostolat de la jeunesse ne s'est pas éteinte. Non, ils ne manqueront jamais à l'Église ceux qui se plaisent à être les amis et les pères de cet âge béni du Seigneur, qui sont heureux de lui prodiguer les soins les plus assidus et l'amour le plus tendre, et qui mettent leur plus douce gloire comme leur bonheur à être nommés les précepteurs et les apôtres de l'enfance.

Dans son livre sur *la Civilisation chrétienne chez les Francs*, Frédéric Ozanam dans un chapitre sur les écoles, traite des écoles romaines, des écoles barbares, des écoles carlovingiennes.

Le R. P. C. Bernard, de la société des prêtres de l'Immaculée-Conception de Saint-Méen, a publié un excellent ouvrage, fort attachant, très documenté, sur l'*Enseignement élémentaire en France aux* XIe *et* XIIe *siècles*, un vol. in-12, 451 pages.

Voir Mgr Dupanloup pour la question des *Catéchismes*.

XI

SAINT VINCENT DE PAUL

(1576-1660)

Il y a dans le monde bien des souffrances, bien des misères,
il y a bien des larmes qui coulent. Mais à côté du mal Dieu a
mis le remède : à ce pauvre voyageur dépouillé de tout et blessé,
Dieu envoie le bon Samaritain ; au chevet de chaque misère, il a
placé cet ange consolateur que l'on nomme la Charité.

Or, il est un nom qui rappelle à lui seul tout ce qu'il y a de tendresse, de force, de persévérance, de dévouement sublime dans la
charité ; ce nom béni est celui de Vincent de Paul.

Depuis sa plus petite enfance jusqu'à l'âge de 85 ans, Vincent
fut épris de l'amour des pauvres, tourmenté du besoin de leur
venir en aide. Il l'avouait lui-même, il ne pouvait voir un malheureux sans se sentir ému jusqu'au fond des entrailles. Son
temps, ses efforts, son influence, il consacra tout au soulagement
des malheureux. Semblable au divin Maître, entr'ouvrant les
bras de sa charité, il dit à tout ce qui souffre : « Venez et je vous
soulagerai. »

Ce sera à ce seul point de vue que nous nous placerons, car il
faut savoir se borner. Dans le champ de la vie de ce grand saint,
la moisson à recueillir serait trop abondante.

Il convient, avant tout, de tracer une rapide esquisse des œuvres que la charité inspira à saint Vincent de Paul.

La pauvreté, arrivée à ce degré extrême qui oblige à tendre la main, est une épreuve à laquelle nous ne pouvons guère penser sans nous sentir émus. Moïse a peur de la mendicité pour son peuple, et il recommande aux Hébreux de faire en sorte qu'il n'y ait pas de mendiants parmi eux[1]. Salomon a peur de la mendicité pour lui-même : « Seigneur, dit-il au livre de ses *Proverbes*, ne me donnez pas beaucoup de biens, mais ne me condamnez pas à mendier, donnez-moi le nécessaire[2]. » En quelques mots, l'Esprit-Saint nous fait de la mendicité une peinture exacte et terrible ; il nous parle de la misère qui vient avec la rapidité d'un courrier, et, derrière ce courrier, la mendicité semblable à un homme armé[3]. En effet, la mendicité pousse l'épée dans les reins, elle ne laisse ni trêve ni relâche. Vous aurez beau dire : mais je suis fier, mais je ne veux pas ; la mendicité, son glaive à la main, vous forcera, malgré votre fierté, à demander l'aumône. Vous aurez beau dire : mais je n'ose pas, j'ai honte, moi ; va, dira la mendicité, et, sous sa pointe aiguë, vous irez en rougissant dire aux hommes : j'ai faim.

Ce n'est pas seulement l'humiliation et les privations de toutes sortes qui suivent la mendicité, presque toujours, et par une suite fatale, elle a pour compagne l'ignorance, même des choses religieuses. De plus, privés de toutes jouissances, sans principes religieux, n'ayant personne pour leur parler de leurs âmes et de

---

[1] *Deut.*, XV, 4.
[2] *Prov.*, XXX, 8.
[3] *Prov.*, XXIV, 34.

Dieu, il n'est pas rare de voir les mendiants plongés dans des désordres honteux.

Ainsi en était-il au temps ou parut notre Saint. La capitale regorgeait de mendiants sans foyer, sans pain, sans mœurs. Henri IV et Sully avaient désespéré de disperser ou de secourir cette foule affamée. Mais Vincent de Paul, qui disait sans cesse, sur la foi de son expérience, que les trésors de la Providence étaient inépuisables et que la défiance déshonorait Dieu, Vincent de Paul n'est point intimidé à la vue de ces quarante mille indigents. Commençons seulement le bien, dit-il, et Dieu finira. Il propose donc la fondation d'un hôpital général pour abolir la mendicité dans la capitale. On baisse les yeux d'effroi autour de lui, devant le courage de sa charité. L'hôtel de ville de Paris, épouvanté d'un tel fardeau, lui oppose que l'exécution de son projet est impossible. Vincent n'insiste pas, il commence seul, et bientôt il fonde l'hôpital général de la Salpêtrière, dans lequel il reçoit à perpétuité six mille malheureux. Tout le reste n'était qu'un ramas de vagabonds qui, en se voyant privés des ressources immorales d'une oisive mendicité, se dispersent d'eux-mêmes, comme il l'avait prévu et comme il l'avait annoncé.

Si la pauvreté est dure, qu'est-ce donc quand la maladie vient s'y joindre ? Qui entendra le cri du pauvre que la maladie consume sur son misérable grabat ? Qui ? Vincent de Paul. Son cœur tressaille à cette pensée. Il commence dans une de ses missions à Châtillon : il organise une association de dames du monde pour visiter les malades, les consoler, leur porter les secours dont ils ont besoin. Plus tard son cœur enfantera cette congrégation admirable composée de ces célestes filles qu'il a si bien nommées les Filles de la Charité. Il ne leur impose point d'autre devoir que le soulagement continuel de l'humanité souffrante. Vous n'aurez, leur dit-il dans sa règle, point d'autres monastères que les maisons des pauvres, point d'autres cloîtres que les rues des villes et les salles des hôpitaux, point d'autre clôture que l'obéissance, point d'autre voile qu'une sainte modestie. Mon intention, ajoute-t-il, est que vous traitiez tout homme infirme comme une mère qui soigne son fils unique. Il porte les tendres prévoyances de la charité jusqu'à leur ordonner formellement d'égayer et de réjouir les malades, s'ils sont trop frappés de leurs maux.

En soulageant les souffrances humaines par les Filles de la Charité, saint Vincent de Paul faisait connaître et aimer la religion. On approchait de ces temps où la prière et la pénitence, but presque exclusif d'un grand nombre de communautés, ne seraient plus comprises ; où les hommes, ne se passionnant que pour les choses de la terre, estimeraient les soins donnés à leurs corps mille fois plus que les services rendus à leurs âmes, et où la religion, méconnue dans ses inspirations les plus hautes et dans ses plus précieux bienfaits, aurait besoin d'un nouveau signe pour se faire reconnaître et adorer. La Fille de Charité allait être ce signe. Et comme les siècles les plus avides de jouissances matérielles sont aussi les plus féconds en catastrophes et les plus pleins de larmes, quel signe pouvait être mieux choisi ? Quand, au milieu de nos rues et de nos places publiques, dans la mansarde de l'ouvrier, sur les champs de bataille, dans les salles des hôpitaux, on voit apparaître la cornette blanche, le regard pur et franc, les mains bienfaisantes de la sœur de Charité, l'impie même se sent ému, et le cœur qui ne comprend plus les autres ordres religieux, comprend encore cette humble fille qui panse les plaies du pauvre, console ses douleurs, essuie ses larmes.

Il y avait là, dans cette institution, assez pour illustrer une vie, mais il n'y avait pas assez pour contenter la charité et le zèle de notre saint.

On exposait dans les places publiques de Paris les enfants abandonnés par leurs mères en naissant qui, pour la plupart, ne prenaient pas même soin de leur procurer la vie de l'âme par le baptême. Les pauvres les achetaient à vil prix, comme des instruments de pitié, pour exciter la commisération publique. Au retour d'une de ses missions, Vincent de Paul trouve, sous les murs de Paris, un de ces enfants entre les mains d'un mendiant occupé à déformer ses membres. Saisi d'horreur, il accourt avec l'intrépide confiance de la vertu qui impose toujours au crime. Eh ! barbare, lui dit-il, vous m'avez bien trompé : je vous avais pris de loin pour un homme ! Il lui arrache sa victime, l'emporte dans ses bras, traverse Paris en invoquant la pitié publique, assemble la foule autour de lui, raconte ce qu'il vient de voir, et, entouré de ce peuple frémissant qui le suit sans pénétrer son projet, il se rend dans la rue Saint-Landry, où l'on entassait ces malheureuses victimes. Là, il donne l'exemple, il en ramasse douze qu'il met à part, les bénit, en déclarant qu'il se charge de les nourrir. On vient à son aide, mais bientôt le nombre des enfants s'accroît au point de décourager la charité ; on lui déclare qu'il faut absolument renoncer à cette œuvre de miséricorde. C'est alors que, plaçant cinq cents enfants au milieu des dames qui l'avaient si généreusement secondé jusque-là et qui déclaraient ne pouvoir plus continuer, il leur demande si elles veulent que ces berceaux soient transformés en cercueils. Les paroles du saint méritent d'être citées : « Or sus, Mesdames, la compassion et la charité vous ont fait adopter ces petites créatures pour vos enfants, vous avez été leurs mères selon la grâce, depuis que leurs mères selon la nature les ont abandonnés. Voyez maintenant si vous voulez aussi les abandonner. Cessez d'être leurs mères pour devenir à présent leurs juges : leur vie et leur mort sont entre vos mains ; je m'en vais prendre les voix et les suffrages ; il est temps de prononcer leur arrêt et de savoir si vous ne voulez plus avoir de miséricorde pour eux. Ils vivront si vous continuez d'en prendre un charitable soin ; et, au contraire, ils mourront, si vous les abandonnez : l'expérience ne vous permet pas d'en douter. » Le cœur de saint Vincent est compris et l'hôpital des Enfants-Trouvés est créé.

A l'autre extrémité de la vie, Vincent aperçoit ces pauvres ouvriers que la caducité privait de la ressource du travail et livrait à tous les maux réunis de la vieillesse et de l'indigence. Il rassembla, par forme d'essai, une colonie de trois cents vieillards des deux sexes et établit pour eux l'hôpital du Nom-de-Jésus.

Ce serait le lieu de raconter comment Vincent de Paul vint au secours de trois provinces entières. La Lorraine (hélas ! elle n'est plus à la France) était dévastée par vingt-cinq années de guerre.

Pour se faire une idée exacte de la triste situation de cette province, il faut se rappeler que la guerre ne se faisait point au xviie siècle comme de nos jours. Au lieu de troupes disciplinées, nourries, soldées, on n'avait que des bandes qu'on ne payait pas et qui vivaient aux dépens des contrées où elles se trouvaient. La grande loi était d'affamer le pays. On ravageait les moissons, on coupait les arbres fruitiers, on faisait le désert derrière soi, afin

Saint Vincent de Paul.

que l'armée ennemie n'y put subsister. Ainsi se conduisaient les Français, même en terre française. Que penser alors des bandes d'Allemands, de Croates, de Hongrois, de Bohémiens, que l'Autriche avait envoyées rouler sur la France.

La famine fut épouvantable. Les habitants vivaient de l'herbe des champs, de l'écorce des arbres, de racines, de paille hachée, pétrie avec de la terre, de bêtes mortes déterrées ou ramassées dans les campagnes. On raconte qu'un jeune enfant, tombé au milieu de compagnons d'un âge plus avancé, fut mis en pièces et dévoré par eux ; qu'une femme tua ses deux petits enfants pour s'en repaître et s'étrangla ensuite.

Un autre fléau suivit la famine. Ces milliers d'hommes tués et laissés sans sépulture, les malades barricadés dans leurs maisons et y mourant de faim, des centaines de chevaux éventrés et pourrissant sur les places publiques et sur les routes, avaient produit la peste.

La Picardie et la Champagne subissaient les mêmes désastres et les mêmes fléaux. Les députés de ces malheureuses provinces accourent à Paris. A qui vont-ils s'adresser ? Est-ce à un homme célèbre par son opulence ? Est-ce aux grands écrivains du siècle ? Est-ce à l'un des administrateurs de l'État ? Est-ce au souverain lui-même ? Non, ils ont recours à un pauvre prêtre que la voix publique leur a désigné au fond de leurs provinces, disent-ils, comme « l'intendant des affaires de Dieu ». Vincent de Paul, qu'on aurait pu croire épuisé par ces établissements qu'il venait de fonder, vole à leur aide. Et il ne se borne pas à des secours momentanés : pendant dix années consécutives, il envoie à ces provinces désolées trente mille livres, en moyenne, par mois, des remèdes, des chariots chargés de pain, des semences, des charrues, des vêtements. Quand cette affreuse guerre est finie et qu'un des missionnaires, devenu évêque d'Agen, Mᵍʳ François Hébert, essaie de faire le compte exact des charités de saint Vincent de Paul, il arrive à la somme énorme de douze millions, somme qu'il faut tripler ou quadrupler pour avoir la valeur en notre monnaie actuelle. Bref, ses largesses sont tellement prodigieuses qu'à la fin des calamités la métropole de Reims, jalouse d'acquitter la reconnaissance des peuples par un hommage extraordinaire, ordonne une procession générale pour demander au ciel la conservation de Vincent de Paul et le conjure de répandre sur le sauveur de trois provinces les bénédictions les plus abondantes.

Que dire encore ? Il n'est peut-être rien de plus dur que d'être enlevé à sa patrie, conduit de force dans une terre étrangère et réduit en esclavage. Saint Vincent le savait par expérience. Jeune encore, il avait été capturé par des pirates ; il veut remédier aux maux de la captivité. Après avoir consacré d'abord douze cent mille livres au rachat de ses successeurs d'infortune ; après avoir prévenu la plus désespérante de leurs privations, en leur ouvrant un bureau général et gratuit de correspondances avec leurs familles, dans sa maison de Saint-Lazare ; après avoir doté pour eux un vaste hôpital dans les murs d'Alger, il fonde des secours permanents pour la rédemption des captifs et leur destine des missionnaires pour les consoler du moins et cultiver leur foi, en attendant qu'il puisse payer leur rançon.

Est-ce tout ? Ah ! Vincent a vu placés au dernier rang de la société, flétris par l'opinion publique, des condamnés, des forçats. Il les a vus, cela suffit; ce spectacle l'émeut, il ne peut plus contenir sa pitié. Il part, sans communiquer son dessein, pour aller faire des missions dans les chiourmes de Marseille. Nous savons de lui-même que, pour toucher ces hommes durs, il baisait leurs fers, les assistait dans tous leurs besoins, et qu'à force de douceur, de tendresse et de charité, il parvint à faire de ce repaire de tous les vices un temple où l'on entendait sans cesse les louanges de Dieu.

Cependant, parmi ces forçats, il s'en trouve un dont le désespoir lui résiste. C'est un jeune homme condamné à trois années de captivité sur les galères et inconsolable de la misère où il a laissé sa femme et ses enfants. Vincent de Paul ne peut tarir ses larmes, il va briser ses fers, et il se met lui-même à la place du jeune forçat.

Mais il ne veut pas seulement guérir leurs âmes, il veut apporter du soulagement à leurs corps. Il fonde dans Paris un hospice pour les forçats qu'il délivre pour toujours des cachots de la Conciergerie ; il leur ouvre à Marseille, dans leurs infirmités, un hopital de trois cents lits.

Il serait trop long de raconter comment saint Vincent donne un asile aux victimes de la séduction et établit pour elles la Madeleine du Temple, comment il va ériger, en Bourgogne, le fameux hôpital de Sainte-Reine, pour y faire participer, deux fois chaque année, quatre cents pauvres infirmes à l'usage de ces eaux salutaires, qui n'avaient coulé jusque-là que pour les malades opulents.

Il serait trop long de parler des missions qu'il entreprend, de montrer en lui le restaurateur de toutes les communautés consacrées au soulagement des malheureux, des hospitalières de Notre-Dame, des filles de Miramion, des filles de Sainte-Geneviève, des filles du Bon-Pasteur, des filles de la Croix.

Il faut s'arrêter. Mais, en considérant cette immensité de bonnes œuvres, ne se sent-on pas pressé d'appliquer à saint Vincent de Paul la même question que les juifs s'adressaient mutuellement à la vue des merveilles de Jésus-Christ : Est-ce donc le fils d'un artisan qui fait de si grandes choses? *Nonne hic est fabri filius?* D'où lui vient donc cette audace qui ne recule pas devant les entreprises les plus gigantesques? D'où lui vient et cette puissance merveilleuse et ce dévouement sans bornes, *unde ergo huic omnia ista* [1] ? Sa charité, suivant l'image des livres saints, est un fleuve qui répand partout l'abondance, mais où en est la source? C'est un bel arbre qui se couvre de fruits savoureux, mais où en sont les racines?

Ne serait-il pas utile de chercher la racine, la source de la charité chrétienne?

La charité chrétienne est un composé admirable où se trouvent réunis dans un harmonieux ensemble un élément humain et un élément divin, car ici, comme partout, le christianisme ne détruit pas la nature, il la perfectionne ; il ne brise pas cette harpe harmonieuse que l'on appelle le cœur, il la purifie et y ajoute des cordes nouvelles.

L'élément humain qui entre dans la charité est la bonté naturelle à tout cœur qui ne l'a pas chassée. « Quand Dieu, dit Bossuet, fit le cœur de l'homme, il y mit premièrement la bonté. » Oui, la bonté, c'est-à-dire cette vertu qui ne consulte pas l'intérêt, qui n'attend pas l'ordre du devoir, qui n'a pas besoin d'être sollicitée par l'attrait du beau, mais qui se penche d'autant plus vers un objet qu'il est plus pauvre, plus misérable, plus abandonné, plus digne de mépris. L'homme possède cette adorable faculté qui lui donne un trait de ressemblance avec Dieu.

Sous ce rapport, saint Vincent de Paul était merveilleusement

---

[1] Marc, VI, 2 et 3.

doué. Dieu qui, suivant l'expression de David, forme un à un les cœurs des hommes [1], avait pris un soin particulier à former le cœur de ce saint. L'histoire des premières années de sa vie, alors que la raison commençait à peine à poindre, en est une preuve. A voir comme son cœur était tendre pour les misères de son prochain, dès l'enfance, on eût dit que la miséricorde était née avec lui, écrit un de ses biographes ; il donnait tout et ne se réservait rien. Arrivait-il le matin, avec son troupeau, dans la grande plaine de Pouy, muni de son petit sac plein de provisions, il se hâtait de faire la part des autres pâtres qui venaient moins bien pourvus que lui. Son père l'envoyait-il au moulin chercher la farine ; s'il rencontrait des pauvres en son chemin, il ouvrait le sac et leur en donnait des poignées, quand il n'avait pas d'autre moyen de leur faire du bien ; « de quoi son père, qui était homme de bien, témoignait ne pas être fâché ». A l'âge de douze à treize ans, ayant peu à peu amassé jusqu'à trente sous, de ce qu'il avait pu gagner, qu'il estimait beaucoup, en cet âge et en ce pays-là où l'argent était fort rare, et qu'il gardait bien soigneusement, il rencontra un pauvre qui passait dans une grande misère et indigence ; touché d'un sentiment de compassion, il lui donna tout son petit trésor, sans rien garder.

Mais cette bonté, comme toutes les choses humaines, a d'étranges faiblesses, quand elle est laissée à elle seule : elle se circonscrit dans un cercle étroit, elle se lasse aisément, les obstacles la rebutent, et puis, il faut bien le dire, à côté de ce germe heureux de la bonté, il y a toujours, plus ou moins, dans tout cœur, un germe d'égoïsme qui grandit vite. Ouvrez l'histoire

[1] Ps. XXXII, 15.

et vous verrez où en était le monde, au point de vue de la charité, quand Jésus-Christ fit son apparition. Il ne fallait donc pas laisser la bonté naturelle toute seule aux prises avec les misères humaines : elle eût été trop facilement vaincue ; la bonté n'eût pas trouvé en elle assez de force, et assez d'attraits dans ceux qui avaient besoin de son secours. Car quels sont les hommes qui, pour l'ordinaire, réclament notre charité ? Des hommes, non pas seulement dépourvus de la grâce et de la majesté de leur nature, mais défigurés par le travail, avilis par des maux sans nombre, en qui l'œil ne découvre plus guère qu'une sorte de machine qui se meut. Et si du corps on pénètre jusqu'à l'âme, la misère et la honte s'y révèlent sous des aspects plus tristes encore. Souvent tous les vices se disputent ce visage intérieur de l'homme et aspirent à le déshonorer. Que reste-t-il pour l'amour ? A quel vestige de la beauté se prendra l'homme pour aimer l'homme et partager fraternellement avec lui les peines du travail et la joie des biens ?

Voici les paroles de Jésus-Christ qui retentissent depuis dix-huit siècles et qui ont opéré une révolution dans les cœurs : « Tout ce que vous aurez fait au plus petit d'entre mes frères, c'est à moi que vous l'aurez fait. Celui qui reçoit un de ces petits en mon nom, c'est moi-même qu'il reçoit... J'ai eu faim et vous m'avez donné à manger ; j'ai eu soif et vous m'avez donné à boire, j'ai été nu et vous m'avez vêtu, j'ai été malade et vous m'avez visité, j'ai été en prison et vous êtes venu me voir. « Alors les justes répondront : « Seigneur, quand est-ce que nous vous avons vu avoir faim et que nous vous avons donné à manger, ou avoir soif et que nous vous avons donné à boire ? Quand est-ce que nous vous avons vu sans logement et que nous vous avons logé, ou sans habits et que

nous vous avons revêtu? Et quand est-ce que nous vous avons vu
malade ou en prison et que nous sommes venus vous visiter ? » Et
le roi leur répondra: « Je vous le dis en vérité, autant de fois que
vous l'avez fait au moindre de mes frères, c'est à moi-même que
vous l'avez fait [1]. »

Voilà ce qui explique le charme inouï attaché à la pauvreté
pour les yeux du chrétien. Voilà ce qui cause cette sorte de passion qui pousse le disciple de l'Évangile à secourir celui
qui souffre et à l'aimer. Si saint Louis admet les pauvres à sa
table, si sainte Élisabeth de Hongrie traite les lépreux de ses mains
royales, si tant de saints ont vendu leur patrimoine pour le distribuer à leurs frères souffrants, si saint Vincent de Paul a consacré
sa vie tout entière à la charité, nous en avons le secret. Le malheureux, c'est Jésus-Christ lui-même, Jésus-Christ qui nous a tant
aimés ! Comment alors passer à côté de lui sans respect et sans
amour?

On a dit, et c'est vrai, que la beauté est la grande cause de
l'amour, cette passion, plus forte que toutes les autres, qui nous
arrache à notre égoïsme, nous pousse en avant et nous dit : Va !
Jésus-Christ, pour gagner l'amour à la pauvreté, l'a revêtue de sa
propre beauté. C'est cette inexprimable beauté du Christ qui enve-
loppe le pauvre, le pénètre et nous ravit. Le monde ne voit pas
cette beauté, mais nous, Chrétiens, nous la voyons, elle perce à travers l'humanité dégénérée, nous la sentons, nous la cherchons,
elle nous séduit, non pour un jour, comme la beauté humaine, mais
avec l'indélébile magie de l'éternité.

L'amour des pauvres, l'estime des petits, le désir de consoler

---

[1] Matth., X, 35-45.

tous ceux qui n'ont pas leur place au banquet des jouissances d'ici-
bas, voilà le parfum qui s'échappe de la vie de Vincent de
Paul, le grand enseignement que nous donne ce saint. Il nous
invite et nous pousse à estimer la religion de Jésus-Christ, car
saint Vincent de Paul n'aurait pas aimé les hommes avec un tel
dévouement s'il n'avait pas, d'abord et par-dessus tout, aimé
Dieu ; il n'aurait pas été le père des pauvres s'il n'avait pas été le
disciple de l'Évangile.

PRIÈRE

O Dieu qui avez rempli d'un courage tout apostolique le bienheureux Vincent, afin qu'il évangélisât les pauvres et qu'il aug-
mentât la gloire de l'Ordre ecclésiastique, faites qu'en honorant la
sainteté de ses mérites nous soyons fortifiés par l'exemple de ses
vertus. Par Notre-Seigneur Jésus-Christ. Ainsi soit-il.

QUELQUES PENSÉES ET ENSEIGNEMENTS SPIRITUELS
DE SAINT VINCENT DE PAUL

Qu'il fait beau de voir les pauvres, si nous les considérons en
Dieu et dans l'estime que Jésus-Christ en a faite ! mais si nous les
regardons selon les sentiments de la chair et de l'esprit mondain, ils
paraîtront méprisables.

Que la nourrice mette l'enfant sur son bras droit, il y est content ; qu'elle le tourne sur le gauche, il ne s'en met pas en peine,
et, pourvu qu'il ait sa mamelle, il est satisfait. Disons donc : Dieu
est mon père : qu'il me mette au côté droit, c'est-à-dire à mon
aise, ou au côté gauche, qui signifie la croix, il n'importe ; il me
fortifiera, je l'espère.

Croyez-moi, trois font plus que dix quand Notre-Seigneur y met la main ; et il la met toujours quand il nous ôte les moyens humains et qu'il nous engage dans la nécessité de faire quelque chose qui excède nos forces.

Il ne faut pas vous étonner de voir des misères en vous, car chacun en a sa bonne part; il est bon de les connaître, mais non pas de s'en affliger démesurément; il est bon d'en détourner même la pensée, quand elle nous porte au découragement, et de redoubler notre confiance en Dieu et notre abandon entre ses mains paternelles.

Quand Dieu prend une fois une âme en affection, quoi qu'elle fasse, il la souffre. N'avez-vous jamais vu un père ayant un petit enfant qu'il aime beaucoup? Il souffre de ce petit tout ce qu'il fait ; il lui dira même quelquefois : « Mords-moi, mon enfant. » Et d'où vient cela? De ce qu'il aime ce petit enfant. Dieu se comporte de même à l'égard de nous.

Voulez-vous savoir pourquoi nous ne réussissons pas dans quelque emploi? C'est parce que nous nous appuyons sur nous-mêmes.

Qu'il y a de grands trésors cachés dans la sainte Providence ! et que ceux-là honorent souverainement Notre-Seigneur qui la suivent et qui n'enjambent pas sur elle !

Celui qui loge à l'enseigne de la confiance en Dieu sera toujours favorisé d'une spéciale protection de sa part.

Dieu bénit beaucoup mieux les commencements humbles que ceux qui ont de l'éclat.

La perfection de l'amour ne consiste pas dans les extases, mais à bien faire la volonté de Dieu ; et celui-là, entre tous les hommes, sera le plus parfait qui aura sa volonté plus conforme à celle de Dieu ; en sorte que notre perfection consiste à unir tellement notre volonté à celle de Dieu que la sienne et la vôtre ne soient qu'un même vouloir et non-vouloir, et celui qui excellera davantage en ce point sera le plus parfait.

De l'exercice de la présence de Dieu, saint Vincent disait : « Qui s'y rendrait fidèle, qui en goûterait les attraits, parviendrait bientôt à un très haut degré de sainteté. »

Donnez-moi un homme d'oraison, et il sera capable de tout ; il pourra dire avec le saint Apôtre : « Je puis toutes choses en Celui qui me soutient et me conforte. »

Il faut toujours joindre la mortification à l'oraison, comme une sœur inséparable.

Sans une véritable et sincère humilité, il nous est impossible de profiter ni à nous ni aux autres.

Y a-t-il rien de plus beau que le zèle ? Si l'amour de Dieu est un feu, le zèle en est la flamme ; si l'amour de Dieu est un soleil, le zèle en est le rayon.

Dieu cache quelquefois à ses serviteurs les fruits de leurs travaux, pour des raisons très justes, mais il ne laisse pas d'en faire réussir de très grands.

Le bien que Dieu veut se fait quasi de lui-même, sans qu'on y pense.

Laissons faire Dieu et nous tenons humblement dans l'attente et dans la dépendance des ordres de la Providence.

Nous devons aimer Dieu aux dépens de nos bras et à la sueur de notre visage. Nous devons servir le prochain aux dépens de nos biens et de notre vie.

L'humilité est une production de la charité.

Que peut-on faire à une personne qui s'humilie que l'aimer? Elle est comme une vallée qui reçoit les eaux des montagnes ; elle s'attire les bénédictions et la bienveillance de tous.

C'est un chef-d'œuvre en ce monde que de faire de bons prêtres, après quoi on ne peut penser rien de plus grand et de plus important.

Dieu aime les pauvres, et, par conséquent, il aime ceux qui aiment les pauvres. Car, lorsqu'on aime bien quelqu'un, on a de l'affection pour ses amis et pour ses serviteurs.

Tous ceux qui aimeront les pauvres pendant leur vie n'auront aucune crainte de la mort.

La charité est l'âme des vertus et le paradis des communautés. Oui, une maison où règne la charité est un paradis, car Dieu habite là où est la charité. Le cloître de Dieu, a dit un grand personnage, c'est la charité, c'est où il loge, où il fait son séjour et son palais de délices. Soyons charitables, ayons de la douceur, ayons l'esprit de support les uns pour les autres, et Dieu fera sa demeure avec nous, nous serons ses cloîtres, il logera chez nous et nous l'aurons dans nos cœurs.

Comme on dit qu'il n'y aurait point de larrons s'il n'y avait point de réceleurs, aussi peut-on dire qu'il n'y aurait personne qui osât médire si personne ne voulait écouter.

Il n'y a point de personnes plus constantes et plus fermes dans le bien que les doux et les débonnaires ; comme, au contraire, ceux qui se laissent emporter à la colère et aux passions de l'appétit irascible sont ordinairement fort inconstants, parce qu'ils n'agissent que par boutades et par emportements : ce sont comme des torrents qui n'ont de la force et de l'impétuosité que dans leurs débordements, lesquels tarissent dès qu'ils sont écoulés ; au lieu que les rivières, qui représentent les personnes débonnaires, vont sans bruit, avec tranquillité, et ne tarissent jamais.

Comme c'est la charité qui nous unit ensemble, ainsi que les membres d'un même corps, c'est aussi l'affabilité qui perfectionne cette union.

La douceur et l'humilité sont deux sœurs germaines qui s'accordent fort bien ensemble.

Personne ne doit se flatter, ni se complaire en soi-même, ni en concevoir aucune propre estime, voyant que Dieu opère de grandes choses par son moyen ; mais il doit d'autant plus s'humilier et se reconnaître pour un chétif instrument dont Dieu daigne se servir, ainsi qu'il fit de la verge de Moïse, laquelle faisait des prodiges et ne laissait pas d'être un morceau de bois fragile.

Depuis soixante-sept ans que Dieu me souffre sur la terre, j'ai pensé et repensé plusieurs fois aux moyens les plus propres pour acquérir et conserver l'union et la charité avec Dieu et avec le prochain ; mais je n'en ai point trouvé de meilleure ni de plus efficace que la sainte humilité, de s'abaisser toujours au-dessous de tous les autres, ne juger mal de personne, et s'estimer le moindre et le pire de tous. Car c'est l'amour-propre et l'orgueil qui nous aveugle et nous porte à soutenir nos sentiments contre ceux de notre prochain. Par conséquent, d'autant plus que quelqu'un sera humble, d'autant plus sera-t-il charitable envers le prochain... Dès que nous serons vides de nous-mêmes, Dieu nous remplira de lui, car il ne peut souffrir le vide.

L'obéissance est une espèce de pierre philosophale, et tout ce qu'elle touche devient or.

Un beau diamant vaut plus qu'une montagne de pierres, et un acte de vertu d'obéissance vaut mieux que quantité de bonnes œuvres qu'on pratique à l'égard d'autrui.

Comme les beautés naturelles ont bien plus d'attraits que les artificielles et les fardées, de même les discours simples et communs sont mieux reçus et trouvent une plus favorable entrée dans les esprits que ceux qui sont affectés et artificieusement polis.

Les esprits les plus éclairés ne sont pas toujours les meilleurs, s'ils ne sont pas les plus retenus. On marche sûrement, quand on ne s'écarte pas du chemin par où le gros des sages a passé.

Un procès est un morceau de dure digestion, et le meilleur ne vaut pas le plus mauvais accommodement.

Rien ne gagne plus le cœur de Dieu que la reconnaissance. Il faut s'employer autant à le remercier de ses bienfaits qu'à les lui demander.

Il vaut mieux tout perdre que de perdre la vertu de reconnaissance.

Tenons pour assuré que la mesure de notre avancement en la vie spirituelle se doit prendre du progrès que nous faisons en la vertu de mortification.

Il n'y a que ceux qui aiment à souffrir qui ne souffrent point.

Quand bien même nous aurions un pied déjà dans le Paradis, il ne faudrait point cesser de travailler à y mettre l'autre pied, de peur que le pied du dehors n'attirât la pied de dedans et ne le fît perdre.

Les ouvrages de Dieu se font peu à peu ; ils ont leurs commencements et leurs progrès. Quand Dieu voulut sauver Noé du déluge et sa famille, il lui commanda de faire une arche qui pouvait être achevée en peu de temps ; et néanmoins il la lui fit commencer cent ans auparavant, afin qu'il la fît petit à petit. Dieu voulant semblablement conduire et introduire les enfants d'Israël en la terre de promission, il pouvait leur faire faire ce voyage en peu de jours ; et cependant plus de quarante ans s'écoulèrent avant qu'il leur fît la grâce d'y entrer. De même Dieu, ayant le dessein d'envoyer son Fils au monde pour remédier au péché du premier homme, pourquoi tarda-t-il trois ou quatre mille ans ? C'est qu'il ne se hâte pas dans ses œuvres et qu'il fait toutes choses dans leur temps. Et Notre-Seigneur venant sur la terre pouvait venir dans un âge parfait opérer notre rédemption, sans y employer trente ans de vie cachée, qui pourrait sembler superflue. Néanmoins il a voulu naître petit enfant et croître en âge à la façon des autres hommes, pour parvenir peu à peu à la consommation de cet incomparable bienfait. Ne disait-il pas aussi quelquefois, parlant des choses qu'il avait à faire, que son heure n'était pas encore venue ? pour nous apprendre de ne nous pas trop avancer dans les choses qui dépendent plus de Dieu que de nous. Il pouvait même de son temps établir l'Église par toute la terre, mais il se contenta d'en jeter les fondements et laissa le reste à faire à ses apôtres et à leurs successeurs. Selon cela, il n'est pas expédient de vouloir tout faire à la fois et tout à coup, ni de penser que tout sera perdu, si un chacun ne s'empresse avec nous pour coopérer à un peu de bonne volonté que nous avons. Que faut-il donc faire ? Aller doucement, beaucoup prier Dieu, et agir de concert ?

Une des marques les plus certaines que Dieu a de grands desseins sur une personne est quand il lui envoie désolations sur désolations et peines sur peines.

En un seul jour de tentation nous pouvons acquérir plus de mérites qu'en plusieurs autres de tranquillité !

Voyez le sculpteur qui veut faire une belle statue d'une pierre grossière. Il prend son marteau, il frappe dessus à grands coups, de sorte qu'à le voir vous diriez qu'il va la briser entièrement. Puis, quand il a ôté le plus gros, il prend un marteau plus petit, et le ciseau ensuite, pour commencer la figure avec toutes ses parties. Quand elle est formée, il prend d'autres outils plus délicats pour la mettre dans la perfection qu'il a dessein de donner à cette image. Ainsi fait Dieu. Voilà une pauvre Fille de la Charité ou un pauvre missionnaire : quand Dieu les retire de la masse corrompue du monde, ils sont encore dans la grossièreté et la brutalité ; ils sont comme de grossières pierres. Dieu veut cependant en faire de belles statues, et, pour cela, il y met la main et frappe à grands coups de marteau. Et comment le fait-il ? en leur faisant souffrir tantôt la chaleur, tantôt le froid, puis en allant voir les malades aux champs, où le vent cingle en hiver, et où il ne faut point laisser d'aller par le mauvais temps. Ce sont là de grands coups de marteau que Dieu décharge sur une pauvre Fille de la Charité, et qui ne regarderait qu'à ce qui paraît dirait que cette fille est malheureuse; mais, si l'on jette les yeux sur les desseins de Dieu, on verra que tous ces coups ne sont que pour former cette belle âme. Et lorsque, après avoir envoyé de grandes peines, tant de corps que d'esprit, il voit que ce qu'il y avait de plus grossier est ôté de cette âme par le moyen de la patience qu'elle a pratiquée, pour lors il prend des ciseaux pour la perfectionner ; il commence à faire les traits du visage, il la pare et l'embellit, et prend plaisir à l'enrichir de ses grâces et ne cesse jamais qu'il ne l'ait rendue parfaitement agréable.

Il n'y a que deux sortes de personnes qui ne soient pas tentées : celles qui ne résistent jamais, et celles à qui toutes les choses de Dieu sont tellement douces et suaves que jamais elles ne sentent de dégoût.

Échauffez la volonté à proportion que l'entendement est éclairé d'une nouvelle connaissance et servez-vous de l'étude comme d'un moyen de vous élever à Dieu. Que la lumière de l'esprit devienne un feu dans le cœur.

Celui qui fait peu d'état des mortifications extérieures, disant que les intérieures sont beaucoup plus parfaites, fait assez connaître qu'il n'est point mortifié, ni intérieurement, ni extérieurement.

Les autres actions ne valent que ce que l'oraison les fait valoir. Celui-là le savait bien qui disait que de son oraison il jugeait quel serait le reste de sa journée.

Quand Dieu nous appelle à un emploi, ou bien il nous voit les dispositions nécessaires, ou il est résolu de les y mettre.

C'est assez que deux hommes demeurent ensemble pour se donner de l'exercice, et, quand bien vous demeureriez seul, vous seriez à charge à vous-même, et vous trouveriez en vous de quoi exercer votre patience, tant il est vrai que notre misérable vie est pleine de croix.

OUVRAGES A LIRE

Vie de saint Vincent de Paul, par Abelly.
Saint Vincent, sa Vie, son Temps, par M. le Chanoine Maynard.
Saint Vincent de Paul et sa Mission sociale, par Arthur Loth.
Histoire de saint Vincent de Paul, par Mgr. Bougaud.
Vertus et Doctrine spirituelle de saint Vincent de Paul, par M. le Chanoine Maynard.

XII

LE BIENHEUREUX

JEAN-BAPTISTE DE LA SALLE

FONDATEUR DE L'INSTITUT DES FRÈRES DES ÉCOLES CHRÉTIENNES [1]

(1651-1719)

Le dimanche, 19 février 1888, Rome chrétienne était en fête. Une solennité, comme le Ciel seul en voit de plus belles, au milieu des joies publiques du Jubilé du grand Pape Léon XIII, déployait ses splendeurs. Le vicaire de Jésus-Christ, entouré de sa cour auguste, d'une couronne magnifique d'archevêques et d'évêques, du représentant officiel de la France et d'une foule émue qu'avaient amenée tous les vents de l'horizon, portait sur un homme le jugement le plus solennel et le plus glorieux qui puisse illustrer une vie. C'était comme la gloire éternelle descendant, à travers deux siècles, sur un tombeau, pour en ranimer les reliques. Le pape décernait à cet homme le titre de Bienheu-

[1] Panégyrique prononcé à la cathédrale de La Rochelle, le dimanche 8 avril 1888, par M. l'Abbé Ferd. Bardon, chanoine honoraire, curé-archiprêtre de Saint-Jean-d'Angély (Charente-Inférieure). Publié avec l'autorisation de l'auteur.

reux et déclarait, de son infaillible parole, qu'il avait sa place au Ciel!

Cet homme qu'était-il donc? Quelles grandes actions lui méritaient de tels honneurs ? Quel sillon a-t-il creusé dans l'histoire ? Quel éclat a-t-il jeté pendant sa vie?

Cet homme s'appelle Jean-Baptiste de la Salle, fondateur de l'Institut des Frères des Écoles chrétiennes.

L'histoire lui a fait à peine l'honneur d'écrire son nom sur ses pages ; les savants ne le connurent guère. Lui-même, en fondant son œuvre, loin d'avoir cherché à percer dans le monde, n'a eu d'autre ambition que celle d'être inconnu, n'a eu d'autre soif que celle de partager les souffrances de Jésus-Christ, son maître, pour la gloire duquel il travaillait.

Chose étrange ! suivant la remarque d'un écrivain distingué de nos jours, de la Salle a fondé, dans la pauvreté et à travers d'incroyables épreuves, un Institut devenu illustre, et, en dehors de sa famille spirituelle, le souvenir du fondateur a été longtemps oublié. La gloire de ses enfants semblait avoir éclipsé la sienne !

Mais Dieu, qui garde les os de ses saints [1], s'est constitué le gardien de leur souvenir ; il ne souffre pas que leurs noms soient ensevelis dans l'ingrat oubli de la terre. Voilà pourquoi il a illuminé, comme lui seul peut le faire, la mémoire du bienheureux de la Salle, son serviteur. Car, admirable dans les dons magnifiques par lesquels il forme ses saints, Dieu n'est pas moins admirable dans la façon dont il les élève et les glorifie, même en ce monde.

C'est donc du bienheureux de la Salle que j'ai l'intention d'esquisser les traits austères et doux.

[1] Ps. XXXIII, 29.

La pensée que je vous apporte est bien simple. La vie du bienheureux de la Salle est tout entière dans l'œuvre des Écoles chrétiennes que Dieu lui avait inspiré de fonder.

Eh bien ! comment Dieu a-t-il préparé cette vocation particulière ?

Comment de la Salle, une fois éclairé sur la volonté divine, a-t-il répondu à sa vocation ?

Voilà tout mon sujet.

I

Quand on lit la vie des saints, on est étonné de la manière dont Dieu les prévient, les appelle, les façonne sous le souffle puissant de son inspiration et de sa grâce, et les fait servir à ses miséricordieux desseins.

Sans doute, le but premier du travail divin dans la sanctification des âmes, est de leur procurer, par la perfection, les joies du ciel. Mais il est rare que Dieu fasse signe à une âme et l'appelle à l'honneur d'une héroïque sainteté, sans l'intention d'étendre autour d'elle les rayons de la lumière et de la chaleur qu'il lui communique de son sein, qui en est l'inextinguible foyer.

D'un autre côté, Dieu qui diversifie, avec une si admirable profusion, ses créations naturelles, ne met pas moins de variété dans ses œuvres surnaturelles de sainteté.

Si, en effet, les saints ont des points communs auxquels se reconnaissent la paternité dont ils sont issus et le souffle qui les inspira, ils gardent pourtant leur originalité propre dans ce ciel radieux de l'Église, comme, dans le firmament, chaque étoile a sa forme, sa lumière, son poste défini, son nom par lequel Dieu l'appelle [1].

Dieu a, de plus, sur les saints, des vues particulières de vocation. Il leur inspire des vertus robustes pour des desseins qu'il leur cache d'abord, et sur lesquels il les éclaire subitement quand ils ont généreusement marché, à son appel, par des voies dont ils ignoraient l'issue. Ce n'est qu'à la fin qu'ils voient clairement la volonté divine et s'écrient comme Jacob : « Dieu était là et je ne m'en doutais pas [2]. »

Dieu, en outre, fait signe à ses saints, à des heures déterminées. Il les appelle pour remuer le monde, quand il s'atrophie ; pour le réchauffer, quand il s'est attiédi ; pour le relever par l'éclat de l'exemple, quand il s'est laissé abattre sous les coups répétés des passions avilissantes et amollir dans l'oubli de l'Évangile et de ses grandes et austères lois.

Dieu appelle et glorifie ses saints en temps opportun, au moment où les doctrines dont ils ont été les héros deviennent plus nécessaires à la terre ; lorsque son Église est arrivée à une de ces heures de grande bataille où l'audace d'un soldat généreux peut relever le courage de l'armée et la conduire à la victoire.

Mais il y a des saints dans la vocation desquels Dieu est particulièrement admirable. Ce sont ceux qu'il destine, pour la gloire de son Église, à une paternité spirituelle féconde ; ils auront des fils dont les vertus perpétueront, avec l'esprit de leur berceau, la vigueur de leur souche glorieuse, en apportant à toute génération,

[1] Ps. CXLVI, 4.
[2] *Gen.*, XXVIII, 16.

pendant des siècles, la sève primitive que le temps n'aura pas desséchée.

Fondateurs d'ordres, fondateurs d'instituts : ceux-là, Dieu les prépare de loin ; il leur demande un héroïsme d'une trempe particulière, une abnégation plus complète. C'est à ce prix qu'il leur fait cette vieille promesse : « Regarde les étoiles du ciel ; compte-les, si tu le peux. Eh bien ! ta famille se multipliera de la même manière. »

Le bienheureux de la Salle devait appartenir à cette grande race. Et vous allez voir comment Dieu l'a préparé à ses desseins.

Il naquit à Reims, au milieu du xviie siècle, d'une famille honorable et chrétienne ; il était l'aîné de sept enfants ; son père, Louis de la Salle, était conseiller du roi au présidial ; Dieu lui prédestina une grâce insigne, pour préserver son berceau et sauvegarder son salut : il lui donna une sainte mère : elle s'appelait Nicole Moët de Brouillet :

Heureux l'homme à qui Dieu donne une sainte mère !

a dit le poète.

Rien n'est profond et décisif pour l'avenir de l'homme comme l'influence de sa mère.

Sans doute l'enfant est fier de son père, le type, à ses yeux, de l'autorité et de la force ; mais sa vie ne s'identifie pas autant à la vie de son père qu'à celle de sa mère.

Sa mère ! c'est cet ange fait de délicatesse et d'amour qu'il trouve, dès que son intelligence s'éveille, penché sur son âme.

Sa mère ! c'est le premier son qui ébranle son oreille ; ce sont les premiers épanchements sous lesquels son cœur a tressailli ; c'est

Le Bienheureux J.-B. de La Salle.

ce dévouement assidu, passionné, qui a bercé ses nuits et éclairé ses jours.

Sa mère, enfin, c'est sa vie : il voit comme elle voit, il pense comme elle pense ; il aime surtout comme elle aime et ce qu'elle aime. Son âme, en un mot, est fondue dans l'âme maternelle.

Ah! quand la mère est chrétienne! quand elle pèse au poids du saint baptême et des destinées éternelles la responsabilité sublime que Dieu a imposée à sa foi en lui donnant un fils ; quand elle n'a d'autre souci que de protéger sa vie contre tout mal, de lui inoculer Dieu par son souffle, par sa parole, par son exemple, et d'orienter son avenir du côté des joies impérissables !... Soyez tranquilles, cet enfant ne se débarrassera jamais complètement des espérances qu'il a bues au sein de sa mère. Il faudrait, pour enlever complètement Dieu de son âme, lui arracher le souvenir de sa mère. Et on n'arrache pas ce souvenir-là de l'âme humaine.

Que d'exemples, dans la vie des saints, de l'influence prépondérante de leur mère sur la voie qu'ils ont prise et qui a décidé de leur salut ! Nous en trouvons un nouvel exemple dans la vie du bienheureux de la Salle.

Nicole Moët appartenait à cette phalange de femmes vaillantes qui ont formé saint Augustin et saint Louis. « Elle savait, dit un « de ses biographes, que les impressions reçues à l'aurore de la « vie ne s'effacent jamais... Loin d'imiter, ajoute-t-il, ces mères « imprudentes qui caressent la vanité de leurs enfants, en leur « imprimant des habitudes efféminées, Nicole Moët éleva les siens « dans la modestie et le travail... »

Plus loin, le même auteur poursuit : « Ses enfants ne brillèrent « pas seulement à ses yeux comme les plus beaux fleurons de sa

« couronne ; l'idéal pour elle fut de les mettre à l'abri des malignes
« influences capables de chasser Dieu. »

Enfin, et je vous recommande ce dernier trait que notre siècle
a besoin de méditer : « La virilité de caractère, mise au service
« de la conscience et du devoir, parut à ses yeux un bien infini-
« ment supérieur à celui de la fortune, du génie, de la gloire, et
« même de l'existence ! »

C'était toute la pensée du mot célèbre de Blanche de Castille à
son fils : « Dieu sait si je vous aime ; mais j'aimerais mieux vous
voir mort que souillé par un péché mortel. »

Notre bienheureux reçut, d'une première éducation, assise sur
de telles leçons et de tels sentiments, une impression profonde qui
donna à son esprit une direction chrétienne et le prépara de loin
aux grands desseins de Dieu sur lui. Son âme s'éleva de bonne
heure, et, naturellement, trouva Dieu en montant. Dieu devint
sa première pensée, en attendant qu'il devînt son unique pensée.

Il se livra à la prière, à l'âge où les enfants ordinaires, inca-
pables de rentrer en eux-mêmes, ne vivent guère que des impressions qu'ils trouvent dans les objets extérieurs. Il aimait la maison de Dieu, où l'âme se recueille et réfléchit ; et ces habitudes
de piété précoce donnèrent à l'ensemble de sa jeune vie un fond
sérieux qui le mit à même de porter, sur les choses de ce monde,
un jugement que portent ordinairement la sagesse et l'expérience,
après que l'âge, les épreuves et les désillusions de la vie ont
éclairé de la vraie lumière tout ce qui n'est pas éternel.

Jean-Baptiste de la Salle, malgré son caractère naturellement
aimable, ne comprenait rien aux fêtes et aux plaisirs bruyants
qui enivraient les compagnons de son âge et ne savait prendre
part aux conversations futiles.

La vie des saints, dont ses héroïques vertus devaient augmenter les pages, faisait déjà ses délices ; il lut ce livre avec avidité, comme l'histoire nous montre plusieurs héros lisant avec admiration, dans leur jeunesse, la vie des grands hommes dont ils devaient un jour partager la gloire.

Parfois, en écoutant la parole divine tombant de la chaire chrétienne, en servant pieusement le prêtre à l'autel, l'âme de Jean-Baptiste de la Salle ressentait une commotion étrange : il lui semblait trouver là le but de son ambition.

Tous ceux qui le suivaient, ses amis et ceux de sa famille, demandaient souvent, en sentant que la main de Dieu était sur lui : « Que pensez-vous que deviendra cet enfant ? » Et tous se répondaient : « Il sera un homme de Dieu, il sera prêtre. » La voix du peuple était une fois de plus la voix de Dieu.

La voix de Dieu, en effet, qui l'appelait à son service, s'était déjà fait entendre à son âme, et de la Salle avait répondu intérieurement, avec transport, la parole de Samuel : « Me voici ! »

Mais, pour abandonner la route brillante que lui ouvrait sa naissance dans le monde, il fallait l'acquiescement de son père.

Bien que décidé, sans doute, à ne pas disputer complètement à Dieu ce fils bien-aimé, l'aîné de sa famille, sur lequel le Seigneur avait daigné jeter les yeux, Louis de la Salle ne pouvait, sans une émotion poignante, renoncer aux espérances d'avenir que sa tendresse avait fondées sur lui.

Ah ! imprévoyance et faiblesse des hommes en face des desseins de Dieu ! Ils parlent de l'avenir comme s'il appartenait à l'homme. Non, *l'avenir est à Dieu !* Si, dans ce moment-là, le voile de l'avenir s'était déchiré devant les yeux de ce père hésitant ; s'il avait pu voir alors, à travers deux siècles, la gloire incomparable qui brille aujourd'hui sur le nom de la Salle, il aurait mieux compris que la vraie sagesse consiste à mettre entre les mains de Dieu le présent et l'avenir, et qu'il n'y a de gloire véritable que celle que Dieu réserve à ses élus.

Louis de la Salle consentit enfin à voir ouvrir à son fils les portes de la cléricature. Jean-Baptiste courba joyeusement son front sous le ciseau sacré qui le consacrait aux autels. Cet événement ne fut pas pour le pieux adolescent, disent les biographes, une vaine cérémonie : Jésus-Christ devint vraiment le Dieu de son cœur et la part de son héritage.

Quatre ans après, il était pourvu d'un canonicat à la métropole de Reims. Cet honneur ne fut pas à ses yeux, malgré son âge, une sinécure. Il comprit, à la lumière de la foi, les fonctions sublimes de la prière publique et s'y livra avec une piété profonde, tout en continuant ses études d'humanités et de philosophie. Ses études terminées, il songea à se préparer à franchir les degrés du sacerdoce.

Dieu qui lui avait donné une sainte mère pour diriger le début de sa vie lui réservait, pour la formation de sa vie ecclésiastique, une autre grâce correspondante, digne de son amour : je veux parler de la sainte maison dans laquelle il enferma sa préparation et des guides qu'il y trouva.

C'est un grand honneur que d'être appelé de Dieu à continuer, dans l'Église, l'œuvre de la Rédemption du Sauveur, à annoncer sa parole au monde, à porter, dans ses mains consacrées, les clefs du royaume des cieux, et, sur ses lèvres, le pouvoir auguste d'appeler à nouveau la victime du Calvaire sur les autels pour le salut de la terre. Mais, à côté de l'honneur, il y a le formidable fardeau. Quelles épaules assez robustes sauraient, sans une grâce insigne de Dieu, le soulever sans fléchir !

Oui, certes, quand on est appelé, on doit compter sur la grâce du Maître qui appelle. Mais cette question se pose longtemps : Dieu appelle-t-il ? Et, s'il appelle, toute grâce réclame la coopération de l'âme élue, et celle du sacerdoce est d'une nature si exceptionnellement auguste que ce serait un crime d'y coopérer à demi.

Ces réflexions n'échappèrent pas à la foi de notre bienheureux. Il avait devant lui deux voies ouvertes : il pouvait, comme il avait dû le voir souvent en ce temps-là, se préparer, tout en restant dans sa stalle de chanoine, sous les yeux de sa famille, au milieu du monde qu'il aurait pu mieux connaître, en ne le quittant pas, comme plusieurs le disent et le croient par une erreur profonde : le monde est au-dedans de nous, et on le connaît en se connaissant soi-même. Ou bien, il avait à se séparer complètement des soucis de la terre qui laissent toujours leur poussière sur les âmes, et à chercher une retraite sûre qui offrît au besoin de son cœur avide la solitude, la prière, Dieu et un guide.

Dieu lui inspira ce dernier parti, plus conforme à l'austère sagesse et aux vœux de l'Église.

De la Salle, ne voyant pas autour de lui un lieu de retraite qui répondît à sa pensée, tourna d'instinct ses regards vers le séminaire de Saint-Sulpice, célèbre par la vigueur de sa règle et dont l'autorité faisait pénétrer déjà dans le clergé français l'esprit sacerdotal dans toute sa pureté.

Bien aveugle qui ne verrait dans le séminaire qu'une maison où la jeunesse cléricale va chercher le complément de la science qu'elle n'a pu acquérir au collège !

Non, il faut avoir des vues plus hautes : le séminaire, c'est l'asile providentiel dans lequel le jeune homme qui croit avoir entendu l'appel de Dieu, sous la direction de prêtres expérimentés et choisis pour un si grand ministère, demande à éclairer sa route ; c'est là qu'il vient dépouiller le reste de ses habitudes mondaines, se fortifier contre lui-même, envisager les dangers dont la vie du prêtre est semée, s'exercer aux vertus dont il doit porter l'exemple au monde.

C'est au séminaire que l'apôtre futur de Jésus-Christ et de son Église doit se transformer dans ses goûts, son jugement, ses désirs, sa volonté, et prendre ce qu'on a appelé excellemment l'*esprit ecclésiastique*, sans lequel il n'y a pas plus de vrais prêtres qu'il n'y a de vrais soldats sans l'esprit militaire. Saint-Sulpice offrait à de la' Salle tous ces avantages.

Heureux le lévite qui rencontre au début de sa cléricature, pour guider son inexpérience et sa bonne volonté, des hommes revêtus de toute l'autorité de la vertu, dont le jugement sûr, éclairé par les lumières d'en-haut, dont la bienveillance grave, la condescendance sans faiblesse, l'esprit sacerdotal inébranlable, sans rigidité, montrent le but à ceux qu'ils sont appelés à conduire et savent indiquer les moyens de l'atteindre.

Dieu, qui conduisait de la Salle comme par la main, le plaça sous la direction de deux hommes de forte trempe : Baüin, qu'on appelait *le saint*, à Saint-Sulpice, et Tronson, le grand directeur du clergé français.

Ils comprirent bientôt, en hommes de Dieu qu'ils étaient, l'âme prédestinée que la Providence les appelait à conduire, et ils l'établirent sur des bases de perfection que rien ne devait jamais ébranler.

Aussi, quand la mort de son père et de sa mère obligea de la Salle à retourner prématurément à Reims pour remplir vis-à-vis

de ses frères les devoirs que lui imposait son droit d'aînesse, il
était armé pour tous les combats, il était prêt pour tous les sacrifices.

Lacordaire a dit : « Nous autres, Français, quand nous nous
faisons moines, nous le sommes jusqu'au cou. »

C'est ainsi que de la Salle était déjà à Dieu ; c'est ainsi que
bientôt il allait être religieux, en répondant à sa vocation nouvelle.

II

Le seizième siècle avait légué au dix-septième bien des ruines.
Les églises, en grand nombre, étaient en cendres ; les maisons
religieuses avaient été dévastées et se relevaient lentement de leurs
débris.

Les ruines morales, bien plus difficiles à réparer que les premières, amoncelées par la Réforme, étaient encore plus déso-
lantes.

L'esprit de révolte, qui se décorait du titre de libre examen,
comme il s'appelle aujourd'hui la libre pensée, soufflait partout ses
doctrines funestes. L'insubordination religieuse était descendue
de la classe élevée jusque dans l'échoppe du peuple.

Ici surtout, l'ignorance était générale et profonde. Les écoles
paroissiales populaires, que de tout temps l'Église s'est efforcée
d'élever à l'abri de tous les clochers, n'existaient presque nulle
part.

Sans doute, de saints évêques, de saints prêtres, n'étaient pas
restés inactifs, et leur zèle n'avait pas été sans fruit. Notre grand
saint Vincent de Paul, au commencement du XVIIe siècle, avait

déjà par ses missions célèbres, donné le branle à une œuvre admirable d'apostolat ; mais la prédication était insuffisante à tous les
besoins. Il fallait surtout saisir l'enfance : l'enfance, semence de
l'avenir, pépinière de l'humanité et du ciel ; l'enfance, que le
Sauveur nous a si tendrement recommandée, et qui, par le poids
de son baptême, s'incline instinctivement vers le prêtre et la
religion. Or, comme je l'ai dit, les écoles populaires manquaient
à l'enfance ; mais surtout les instituteurs intelligents, dévoués,
chrétiens, manquaient aux écoles.

Le mal était si grand que Bourdoise jetait à ce sujet des cris de
détresse. Il ajoutait : « Pour qu'une école devienne utile à la
« religion, il faut des maîtres qui travaillent à cet emploi en
« apôtres et non en mercenaires... Un prêtre qui aurait la science
« des saints et se ferait maître d'école, par là se ferait cano-
« niser. » Jean-Baptiste de la Salle devait réaliser cette prophétie.

Notre bienheureux, le 19 août 1678, avait reçu de son archevêque l'onction sacerdotale. Sa vie, déjà si élevée, prit, sous
l'influence de la grâce nouvelle qui était en lui, un plus magnifique
essor vers les œuvres de zèle et de dévouement. Il prêchait,
catéchisait, chantait avec ferveur les louanges de Dieu aux offices
de l'église métropolitaine où l'appelaient ses saintes fonctions de
chanoine. Mais si on lui avait prédit alors que bientôt il serait instituteur et se condamnerait à l'être à perpétuité ; si on lui avait
assuré qu'il deviendrait le fondateur d'un ordre d'instituteurs
populaires, et que cette fondation lui vaudrait le ciel, le prophète
l'aurait trouvé absolument incrédule.

Un événement providentiel vint lui ouvrir sa voie. Un pieux
chanoine, son collègue et son ami, l'abbé Rolland, prêt à paraître
devant Dieu, chargea de la Salle d'achever une œuvre qu'il avait

commencée et qui lui tenait au cœur : il s'agissait de la fondation
d'une congrégation de femmes, les sœurs du Saint-Enfant-Jésus,
destinées à l'éducation de jeunes filles.

Notre Bienheureux accepta avec un pieux respect ce testament
de l'amitié ; il prit la place de son ami, surmonta avec une patiente
habileté tous les obstacles, raffermit tous les courages, et obtint
des lettres patentes qui donnèrent à la congrégation une vie
publique et assurèrent son avenir.

Ce fut la première révélation que reçut notre bienheureux sur
sa vocation à l'éducation de l'enfance. Dieu lui en réservait une
autre, cette fois décisive, quoique bien inattendue.

En l'année 1679, un voyageur vint, un jour, frapper à sa porte
hospitalière : il se nommait Nyel. Il avait acquis une assez grande
notoriété à Rouen par son zèle à établir des écoles chrétiennes.
Nyel venait à Reims dans l'intention de doter cette ville d'une de
ces écoles, grâce aux ressources que lui avait généreusement pro-
curées une dame nouvellement convertie, dont la famille était
rémoise. La réputation de sainteté de Jean-Baptiste de la Salle le
conduisit à lui. Il lui fit part de ses projets de former des instituteurs zélés, chrétiens, et de les envoyer dans les paroisses, où
ils seraient un secours puissant au clergé paroissial.

Notre bienheureux comprit qu'une telle entreprise, menée avec
sagesse, pouvait avoir pour la gloire de Dieu une portée incalcu-
lable. Il reçut son visiteur avec charité, le logea dans sa maison,
l'aida de ses conseils et de son influence, et bientôt Reims voyait
s'ouvrir deux écoles populaires.

De la Salle, qui s'était simplement intéressé à cette œuvre, fit
un pas en avant : il visita les écoles, souffla le zèle au cœur des
maîtres, et devint, en fait, leur unique directeur.

Nyel était un homme zélé, actif, plus remuant qu'actif peut-être, mais insuffisant pour des œuvres compliquées : il manquait de fermeté dans la direction, de sang-froid dans l'action, de constance dans ses projets, en un mot il n'était pas fait pour diriger les hommes. Vivant beaucoup au dehors, partout où l'appelaient des fondations nouvelles, Nyel laissait les maîtres livrés à eux-mêmes, sans règlements bien arrêtés, et, manquant de direction, ils se décourageaient ou perdaient de vue le but chrétien qu'ils s'étaient proposé, avant tout, de poursuivre.

C'est alors que de la Salle se sentit intérieurement pressé de prendre en main l'œuvre des écoles chrétiennes, de leur assurer des maîtres dignes de les diriger, de faire appel au dévouement de jeunes gens de bonne volonté, de les unir par une règle commune et forte, et de souffler le feu dans leurs âmes. Dieu devait faire le reste.

Notre bienheureux pria longtemps, et toutes ses prières et oraisons le confirmèrent dans sa première résolution.

De la Salle, à n'en pouvoir douter, venait de recevoir une illumination céleste ; la vocation pour laquelle Dieu le préparait depuis longtemps lui était désormais connue : « refaire par en bas, « par les petits, par les enfants, par les ouvriers, par l'éducation « des pauvres, une société chrétienne ». Dieu, au milieu d'une de ses oraisons ferventes, lui avait sans doute montré l'enfance avide du lait de l'Évangile, dont le doux calice ne lui était offert nulle part, et lui avait murmuré à l'oreille la parole de la fille de Pharaon à la mère de Moïse : « Prends et garde ces enfants ; nourris-les pour moi, et je te donnerai ta récompense. »

Voyez maintenant notre bienheureux à l'œuvre pour répondre aux ouvertures de Dieu et à sa grande vocation. Mais, je vous en avertis, ne vous attendez pas à voir une œuvre humaine aux prises avec le génie humain, appuyée sur les ressources ordinaires de l'homme. Toutes vos idées, si vous ne les élevez pas plus haut, vont être renversées de fond en comble. C'est une œuvre de Dieu entre les mains d'un saint, et les saints ne font rien comme les autres : l'Évangile se charge de nous éclairer sur ce point.

Il y a, en effet, dans l'Évangile, des paroles bien dures pour la nature humaine et auxquelles notre orgueilleuse intelligence ne comprend rien ; seuls, les saints ont la clef des secrets qu'elles renferment. Elles sont le levier qui soulève le monde ; si on ne les met en pratique, on ne fait rien de grand dans l'Église. Écoutez :

Jésus venait de bénir des enfants amenés par leurs mères, et la foule avait été ravie d'admiration. Un jeune homme, plus enthousiasmé que les autres, s'approche du Sauveur : « Bon maître, lui dit-il, que ferai-je pour acquérir la vie éternelle? » Il y avait tant de candeur et de bonne foi dans sa jeunesse que Jésus voulut l'attacher à sa personne sacrée. « Si tu veux la vie éternelle, lui répondit-il, observe les commandements. » — « Lesquels? » — Jésus lui énumère les commandements de la loi. L'adolescent, tout joyeux, de répondre : « J'ai observé toutes ces prescriptions dès mon enfance. » — « Eh bien, lui dit Jésus, si tu veux être parfait, tu n'as plus qu'une chose à faire : vends tout ce que tu possèdes, donne le prix aux pauvres, et suis-moi[1]. »

Vous dites, n'est-ce pas : voici un futur apôtre. Hélas ! non. Le jeune homme, à cette invitation dernière, pencha la tête avec tristesse et s'en alla; il avait de grands biens et ne se sentit pas le courage de les quitter. Sa vocation était manquée ! Pierre alors,

[1] Matth., XIX, 21.

par un mouvement de fierté, prenant la parole : « Et nous, Seigneur, nous avons tout quitté pour vous suivre, quel sera notre sort ? » — « Je vous le dis en vérité, vous qui m'avez suivi, au dernier jugement, vous serez assis sur des trônes, à côté de la majesté du Fils de l'homme, pour juger les tribus d'Israël. » Et Jésus ajouta : « Quiconque quittera sa maison, son père, sa mère, ses frères, ses sœurs, pour la gloire de mon nom, recevra le centuple et la vie éternelle. »

Toute cette théorie de perfection du Sauveur se résume dans ces paroles effrayantes pour la nature : « Si quelqu'un veut venir après moi, qu'il se renonce soi-même, qu'il porte sa croix tous les jours et qu'il me suive. » Ne vous étonnez pas, c'est par le renoncement et par la croix que Jésus a sauvé le monde, c'est par le renoncement et par la croix que triompheront tous ceux que Dieu appelle à faire de grandes choses dans son Église.

Jean-Baptiste de la Salle, éclairé d'en haut, comprit que Dieu a le droit de réclamer une abnégation absolue de ceux dont il fait choix pour servir d'instruments à ses grands desseins. Il comprit que Dieu est d'autant plus visible dans une œuvre que l'homme disparaît davantage, et que l'ouvrier de Dieu est d'autant plus en droit d'attendre tout de son maître qu'il s'est dépouillé de lui-même avec plus de confiance, disant à toutes les ressources humaines : Allez-vous-en ; je fais œuvre de Dieu, et Dieu n'a pas besoin de vous !

C'est une lutte impossible, dit la nature ; mais Jésus-Christ répond : « Cela est impossible aux hommes, mais tout est possible à Dieu [1]. »

---

[1] Matth., IX, 26.

De la Salle accepte ce combat de renoncement et d'abnégation complète.

Renoncer à nous-mêmes ! Nous, c'est tout un ensemble d'éléments qui nous constitue ce que nous sommes.

Nous, c'est notre maison ; c'est-à-dire notre vie intime, notre bien-être, nos affections, nos habitudes ; c'est là qu'est notre trône, là que nous régnons, que nous commandons. Quand un homme n'a pas d'autorité ailleurs, il est rare qu'il n'en ait pas chez lui.

Nous, c'est notre position sociale, nos aptitudes, nos connaissances, nos relations, qui nous donnent notre part d'influence dont la cause du bien et la religion sont appelées à bénéficier.

Nous, c'est notre fortune. L'argent est le nerf de toutes les guerres, et l'Évangile ne dit-il pas que celui qui veut élever un édifice doit supputer ses ressources pour mener l'œuvre à bonne fin ?

Nous, c'est notre volonté : la volonté c'est l'homme ; et Dieu sait ce que peut faire un homme avec la volonté bien arrêtée, vaillante. On ne peut arriver à rien, dans les œuvres humaines, sans tous ces éléments de succès. Dans les œuvres de Dieu, c'est le contraire : il faut les dédaigner. Voyez notre bienheureux établissant son œuvre gigantesque.

Il possédait, à Reims, l'hôtel de son père : c'est là qu'il était né, que s'était écoulée sa jeunesse, à l'ombre de toutes ses affections de famille ; c'est là qu'il retrouvait vivants, rayonnants, tous ses chers souvenirs, dans l'indépendance la plus absolue et la tranquillité la plus complète. Il renonce à la maison paternelle ; il l'abandonne, pour vivre dans une maison d'emprunt avec sa nouvelle famille.

De la Salle était chanoine.

Les conditions du canonicat de ce temps-là ne ressemblaient pas à celles du nôtre. Aujourd'hui, le canonicat, c'est l'honneur peu rétribué couronnant le travail. Quand un prêtre vénérable, exemple par ses vertus du clergé et des fidèles, a passé une grande partie de sa vie dans un laborieux ministère qui a usé ses forces, on lui donne une stalle de chanoine, auprès de son évêque : il devient un des fleurons de la couronne épiscopale.

Autrefois cette dignité était souvent l'honneur avant le travail et accompagnée d'une riche prébende.

De la Salle avait été pourvu, dès l'âge de seize ans, d'un canonicat, et l'éclat de sa famille lui créait, à Reims, une grande situation. Mais, décidé à obéir aux nouveaux desseins de Dieu sur lui, malgré tous les liens qui l'enchaînaient à la métropole, il se démet de son titre canonial entre les mains de son évêque pour être simple prêtre entre les mains de Dieu. Il apporte même un raffinement dans son abnégation, en refusant de se démettre en faveur de son frère, pour être bien sûr que la nature ne profitera nullement de son sacrifice.

Notre bienheureux avait, pour ce temps-là, une belle fortune. Quel appoint pour le succès de sa fondation ! Tous ses amis, sauf un seul, un saint religieux, lui disaient : « Gardez votre fortune ». Mais le trésor de Jean-Baptiste de la Salle était dans les cieux. Il n'écoute que la voix de l'Évangile : il fait trois parts de son avoir, les distribue à trois catégories de pauvres, et ne réserve rien pour son œuvre. Enfin, il plie sa volonté sous la dépendance de la règle qu'il a donnée à ses frères et dans les liens de laquelle ils doivent désormais faire mouvoir leur vie. Ainsi, le sacrifice est complet.

Cette abnégation me met en souvenir un épisode de la vie de saint François d'Assise, dont notre bienheureux voulut sans doute être l'émule. Le père de saint François, irrité de la prodigalité des aumônes de son fils, l'avait judiciairement dépouillé de tous ses biens. Saint François accepte respectueusement la sentence ; puis, enlevant son manteau, il le dépose aux pieds de son père :
« Prenez, mon père, même mes habits ; ne comptant plus sur mon
« père de la terre, je pourrai dire avec plus de confiance : Notre
« Père, qui êtes aux cieux ! »

Notre bienheureux se dépouille de tout, pour qu'il soit bien prouvé que son Institut n'est pas l'œuvre de l'homme, et il s'élance sans crainte entre les bras de Dieu.

« Va, pauvre fou, disaient alors les hommes ; tu ne fonderas
« rien et tu mourras à l'hôpital ! » — « Non, lui disait Jésus-
« Christ, celui qui laissera sa maison, ses frères, ses sœurs, ses
« biens, pour la gloire de mon nom, recevra le centuple. »

Libre de tout lien terrestre, sans secours humain, notre bienheureux peut prêcher hardiment l'abnégation et le dévouement à ses frères. A partir de ce moment, une foule de jeunes gens accourent des situations sociales les plus diverses à son appel.

Grâce à l'aumône, les écoles chrétiennes s'élèvent de toutes parts. De la Salle ne craint pas d'aller frapper à la porte de la capitale. Il loue à Paris, dans le quartier de Vaugirard, une maison délabrée, dont il fait le noviciat de ses jeunes instituteurs. Là, dans un dénûment indescriptible, il donne l'exemple de l'abnégation la plus austère, et, chose plus étonnante, il en inspire l'amour à ses jeunes disciples et les voit se multiplier jusqu'au jour, où, éloigné de Paris par des persécutions jalouses, Rouen les reçoit dans la maison de Saint-Yon, qui sera regardée plus tard comme la vraie maison-mère de l'Institut.

Avec le personnel de Vaugirard, notre bienheureux fonde à Paris plusieurs écoles, deux entre autres dans la paroisse de Saint-Sulpice. De tous côtés, on sollicite des frères de la Doctrine chrétienne, et le personnel ne peut suffire à toutes les demandes. Cependant, au bout de quelques années, de Calais à Marseille, les frères et leurs écoles sont disséminés par toute la France. Quel triomphe pour notre bienheureux !

Oui, mais il y a un mot de saint Paul qui doit se réaliser dans toute vie sainte et dans toute œuvre sainte : « Ceux qui veulent vivre saintement en Jésus-Christ souffriront la persécution [1] ».

Dieu sait si cette maxime se vérifie dans la vie du bienheureux de la Salle ! Pendant que la fondation prospère et s'étend, des orages terribles s'amoncellent et éclatent sur le front toujours serein du fondateur.

Les ennemis de l'Église, les fauteurs de l'hérésie de Jansénius, dont Jean-Baptiste de la Salle était l'adversaire résolu ; les instituteurs mercenaires que leurs élèves abandonnent pour aller peupler les écoles chrétiennes, s'élèvent avec rage contre lui et le couvrent d'opprobres.

Chose plus triste ! il se trouve des ennemis et des détracteurs parmi ses propres enfants.

« D'autres, dit un écrivain que j'ai déjà cité [2], ont été méprisés dés méchants et honorés des bons ; notre bienheureux a le privilège d'attirer sur sa personne et, par contre-coup, sur son œuvre, le blâme des gens de bien. »

[1] II, Tim., III, 12.
[2] Mgr d'Hulst.

On parvient à surprendre contre lui la bonne foi de l'archevêque
de Paris, qui lui enlève son autorité sur ses frères et met à leur
tête un supérieur étranger à l'Institut. Sans doute, la lumière se
fera bientôt sur les vertus de Jean-Baptiste de la Salle, qui sera
rendu à sa famille désolée ; mais le coup n'en aura pas été moins
porté. « L'archevêque de Rouen le traite durement, quoiqu'il l'estime. » Les curés les plus pieux, après avoir demandé les Frères
comme instituteurs paroissiaux, les renvoient, sauf à les redeman-
der plus tard. Enfin, on lui intente des procès ; il les perd ignomi-
nieusement sans vouloir se défendre ; il supporte sa honte avec une
humilité qui n'a d'égale que l'injustice de ses ennemis.

La tempête est si générale autour du berceau même de l'Institut qu'elle semble devoir tout renverser : la réputation du fondateur et la fondation elle-même. Notre bienheureux seul, calme
au milieu de la consternation de ses frères, soutenait leur courage
par une parole bien simple : « Dieu soit béni ! Si notre œuvre est
« de Dieu, les hommes ne pourront rien contre elle ; si Dieu ne veut
« pas de l'œuvre et des ouvriers, qu'avons-nous à dire ? »

Craignant toutefois que ses péchés ne soient la cause de cette
crise terrible, l'humble fondateur supplie ses frères de lui nommer
un successeur. Comme il ne peut vaincre leur obstination filiale,
il espère que l'orage disparaîtra avec lui ; il abandonne pour
un temps le théâtre de ses grandes épreuves pour visiter les
communautés du Midi, qui, depuis longtemps, réclament sa présence.

A Marseille, il put un instant concevoir pour son œuvre de con-
solantes espérances ; bientôt il y rencontra les mêmes haines qui
l'avaient poursuivi à Paris, à Rouen et à Reims. Il nourrissait
un saint projet qui dilatait son âme : depuis longtemps ses regards

se tournaient vers Rome, où déjà une petite école était humblement assise à l'ombre des grands souvenirs de nos martyrs. Son vœu
le plus cher était d'aller s'agenouiller aux pieds du père commun
des fidèles et d'obtenir une de ces bénédictions qui assurent le succès de toute entreprise chrétienne. Cette joie devait lui être
refusée. Son voyage fixé, le jour même du départ, au moment où
il mettait le pied sur le navire qui allait l'emporter aux rivages de
l'Italie, Mgr de Belzunce, le saint évêque de Marseille, l'arrête.
Le prélat avait une école à fonder, et la présence de Jean-Baptiste
de la Salle lui semblait nécessaire. « Dieu soit béni, dit le bienheureux, en levant les yeux au ciel, mon voyage de Rome est
fait ! » Ce fut toute sa plainte..

Abreuvé d'amertume, mais l'âme sereine, il quitta Marseille.
Grenoble, où l'avait précédé sa grande réputation de sainteté,
l'attendait comme l'ange de Dieu. Il y tomba malade. Au milieu
de souffrances cruelles qu'il supporta avec une admirable patience,
il rêvait de se démettre de sa charge de supérieur. Que de fois, en
jetant les regards vers les roches abruptes qui surplombent les
solitudes de la Grande-Chartreuse qu'il avait visitée, il fut pris
du désir d'aller y enfermer sa vie avec les fils de saint Bruno pour
y faire pénitence et attendre le ciel!

Mais Dieu lui intima sa volonté sur ce point par l'organe d'une
humble et sainte fille, l'oracle de la contrée. Sœur Louise habi-
tait une des montagnes du Dauphiné, dont le sommet s'appelait
Parménie. Elle avait fondé là, simple bergère, avec des aumônes
péniblement amassées, un lieu de retraite très fréquenté des pèlerins, qui en revenaient plus éclairés et meilleurs.

De la Salle s'y était fait conduire.

Quand Louise de Parménie et notre bienheureux se trouvèrent

en présence, leurs âmes se reconnurent au signe des prédestinés et se comprirent.

De la Salle ne craignit pas de s'ouvrir à cette pieuse solitaire sur ses projets.

La Sœur Louise, après avoir prié longtemps : « Continuez, lui dit-elle, continuez votre œuvre dans la souffrance. Dieu l'a bénie, elle sera d'une grande utilité à l'Église. » Cette réponse fut pour le bienheureux la réponse du Ciel. Rappelé à Paris par une lettr collective de ses frères, il obéit humblement à ses subordonnés.

Quelle joie, à son retour dans sa famille spirituelle ! Cette joie, hélas ! ne fut pas de longue durée : les forces du bienheureux étaient épuisées par les austérités et les épreuves de sa vie. Après avoir réglé plusieurs affaires hérissées de difficultés, plein de l'Esprit de Dieu, il mit la dernière main à la règle qui régit encore l'Institut, passa son autorité à l'un de ses frères, et bientôt, au milieu de sa famille en larmes, il rendit, dans la maison de Saint-Yon, sa belle âme à Dieu. C'est de là-haut maintenant qu'il dirige son œuvre.

Que de réflexions se pressent dans ma pensée ! Qu'il me serait doux de vous montrer l'action de Dieu dans l'extension toujours croissante de cet Institut des Écoles chrétiennes, si laborieusement fondé et traversant, au milieu de mille péripéties, les difficultés du xviiie siècle, pour arriver plus vaillant, mieux préparé que jamais, en face des luttes de notre époque !

Pour quel siècle Dieu a-t-il appelé le bienheureux de la Salle ? Permettez-moi de croire que sa Providence avait sous les yeux, en l'inspirant, notre temps si tourmenté ; car les esprits sérieux se demandent ce que serait devenu l'enseignement chrétien dans les classes populaires, si l'Église n'avait pu opposer les écoles des Frères aux efforts de cette révolution qui avait juré d'enlever du cœur du peuple toute foi chrétienne.

Mais laissons là ces pensées que d'autres ont développées avec une saisissante éloquence ; recueillons-nous, pour emporter de la vie de notre Bienheureux une leçon qui nous élève et une résolution qui nous rende meilleurs.

Ah ! que l'Église est magnifique dans cette perpétuelle génération de héros qu'elle présente au monde comme ses modèles.! quelle est magnifique dans sa merveilleuse fécondité que ni le temps ni les adversités ne tarissent jamais.

Des saints ! elle en produit à toutes les heures de sa glorieuse vie. Elle a comme des phalanges de réserve pour l'exemple de tous les siècles et pour les besoins de tous les combats. Elle semble vraiment narguer les sociétés décrépites qui ne peuvent plus produire des hommes, en leur montrant, mère glorieuse, ses plus nobles enfants qu'elle appelle ses saints, et dont les vertus relèvent l'humanité avilie par tant de mesquines passions que le monde nous donne en spectacle.

Que de leçons pour vous, chers Frères des Écoles chrétiennes, dans cette fête et dans tous les souvenirs qui s'y rattachent !

Ah ! sans doute, il ne vous est pas défendu d'éprouver un sentiment de noble fierté en assistant à la glorification de votre Père ; mais vous saurez choisir, dans ce grand événement, les pensées qui sont de nature à relever votre courage pour la tâche ardue et sainte à laquelle vous avez voué votre vie.

En contemplant la vie et la gloire du bienheureux de la Salle, souvenez-vous de quelles abnégations, de quels sacrifices est né votre Institut, et comprenez quelles vertus vous devez pratiquer, quels sacrifices vous êtes appelés à faire pour ne pas dégénérer, quelle récompense vous devez attendre.

Cette fête et cette glorification sont encore un encouragement pour tous ceux qui comprennent la grandeur de l'œuvre des écoles chrétiennes et savent lui apporter leur intelligent concours : « Celui qui reçoit et nourrit le prophète, dit l'Évangile, aura part à la récompense du prophète. »

Soyez sûrs que le bienheureux de la Salle confondra là-haut, dans ses supplications, les enfants qu'il a tant aimés, les frères qui continuent son œuvre et les hommes de cœur qui s'y dévouent.

Pour vous, qui que vous soyez, pourriez-vous vous désintéresser des leçons de cette grande fête ?

Vous dites peut-être, à la vue de tant d'héroïques vertus. Mais cette sainteté-là ne nous regarde pas ; Dieu nous demande-t-il, pour prix du ciel, des vertus si hautes ? — Non ; je me hâte de vous le dire : vous pouvez être sauvés à moindres frais. Mais nul ne sera sauvé sans un amour effectif de Dieu et de son Église, sans épreuves chrétiennement acceptées, sans victoires remportées sur soi-même ; et nous faisons si peu d'efforts !

Que de fois, dans les grands épisodes de notre histoire militaire, on vit, en face de l'ennemi, un soldat valeureux, passant fier, sans broncher, sous le feu et la mitraille, pour aller planter son drapeau sur la redoute qui était la clef de la victoire ! Tous ses frères d'armes le contemplaient, avec un frisson d'admiration, et quand le drapeau déchiré apparaissait là-haut, s'il penchait sous le bras mutilé de celui qui avait l'honneur de le défendre, cent bras s'étendaient pour le relever, et de tous côtés partait ce cri d'enthousiasme : Vive la France !

Eh bien ! dans cette grande armée de l'Église, Dieu ne demande pas sans doute à tous de planter le drapeau, mais il demande à tous de l'honorer et de le suivre. A tous, Dieu ne demande pas les mêmes héroïsmes ; mais quand il nous montre, comme aujourd'hui, un héros hors des rangs, exemple de toutes les abnégations, de tous les sacrifices, qui ne sent pas la rougeur lui monter au front? qui ne se sent pas plus de courage à remplir sa tâche? qui ne sent pas monter à ses lèvres, comme une protestation d'admiration et d'amour, ce cri : Vive l'Église !

« Dieu qui voulait rendre illustre devant les hommes son bien-aimé serviteur, même après sa mort, dit M. Armand Ravelet [1], commença de manifester en différentes manières que du combat il était passé à l'éternel triomphe, afin que les mérites de sa sainteté, reconnus et approuvés par le siège apostolique, fussent promulgués solennellement à tout le monde catholique par le vicaire de Jésus-Christ »

Cependant de nombreuses circonstances firent longtemps différer l'instruction juridique, notamment la tourmente révolutionnaire qui agita la France à la fin du siècle dernier, et pendant laquelle fut dispersée la famille religieuse du vertueux Fondateur.

La paix ayant été rendue à l'Europe, et l'Institut des Frères des Écoles chrétiennes ayant repris son existence, les supérieurs, auxquels se joignirent de pieux fidèles, sollicitèrent les archevêques de Reims, de Rouen et de Paris d'ouvrir les enquêtes canoniques sur la vie et les vertus de Jean-Baptiste de la Salle, aussi bien que sur les miracles opérés par son intercession.

Ces enquêtes, commencées en 1835, fournirent, cinq ans après,

---

[1] *Le bienheureux Jean-Baptiste de la Salle*, ch. XVII.

les preuves exigées sur la réputation de sainteté du personnage dont on introduisait la cause. Le 8 mai 1840, le souverain pontife Grégoire XVI décerna au serviteur de Dieu le titre de *vénérable* et ordonna de poursuivre le procès de béatification.

Le 10 juillet 1873, la Sacrée Congrégation des Rites, réunie en séance publique, devant le pape Pie IX, décida que les vertus théologales, les vertus cardinales et les autres qui en découlent avaient été pratiquées par le vénérable serviteur de Dieu Jean-Baptiste de la Salle au degré héroïque. Le décret pontifical, confirmant cette décision, fut promulgué le jour de la Toussaint de la même année.

Le 1er novembre 1887, le souverain Pontife Léon XIII reconnaissait l'authenticité des miracles opérés par Dieu à l'intercession de son serviteur. Le 27 du même mois, Sa Sainteté décréta qu'on pouvait procéder à la béatification, couronnant et terminant la cause, et fixa au dimanche 19 février 1888 la célébration solennelle de la béatification de Jean-Baptiste de la Salle, à Rome.

La correspondance romaine du journal *l'Univers* a fait ainsi le récit de ces fêtes.

Rome, 19 février 1888.

La cérémonie solennelle de la béatification du vénérable serviteur de Dieu Jean-Baptiste de la Salle, fondateur de la Congrégation des Frères des Écoles chrétiennes et gloire impérissable de la France catholique, dont il représente si bien l'esprit généreux, la charité inépuisable et le zèle apostolique, a eu lieu ce matin dans la vaste salle de la Canonisation, au-dessus du portique de Saint-Pierre.

Cette magnifique salle resplendissante de dorures était brillamment illuminée, et une foule nombreuse et choisie, composée en grande partie de Français, se pressait dans son enceinte. Dans les tribunes, on remarquait beaucoup de Frères des Écoles chrétiennes, des moines, des religieuses, des dames et divers personnages distingués. Dans la première à droite, se trouvaient le frère Joseph, supérieur général de la Congrégation, six de ses assistants, le frère Adelminien, guéri miraculeusement par le vénérable Fondateur de son Institut et représenté dans un des tableaux de la béatification, le frère Siméon, directeur du collège de Saint-Joseph de Rome, le premier aumônier de la maison-mère de Paris ; M. le grand-vicaire de Reims, représentant le cardinal Langénieux et le diocèse où naquit le vénérable; M. le grand-vicaire de Rouen ; M. le secrétaire général de l'évêché d'Orléans, et M. le comte de la Salle de Rochemaure, arrière petit-neveu du bienheureux de la Salle. Dans d'autres tribunes avaient pris place les Frères provinciaux de France, d'Italie, d'Espagne, de Belgique, d'Angleterre, d'Allemagne, des Indes, de l'Amérique du Nord et du Sud, du Levant et de l'Algérie. Les trois grands tableaux représentant les miracles opérés par le vénérable serviteur de Dieu étaient placés, l'un sur la paroi de droite en entrant dans la salle, et les deux autres, à droite et à gauche de l'autel, au-dessus et derrière les tribunes des chantres.

Le chapitre de Saint-Pierre, qui a juridiction sur la salle de la Canonisation, choisit lui-même l'évêque qui est invité à pontifier dans les cérémonies de béatification ; il a réservé cet honneur pour un de ses membres, Mgr de Neckere, Belge de naissance. Sa Grandeur, revêtu de la chape et portant la mitre, a fait son entrée dans la salle un peu avant dix heures, par la porte située

derrière l'autel qui conduit dans la basilique, par l'escalier de la
coupole. Elle était assistée par Mgr Talamo et par un autre
chanoine de Saint-Pierre qui faisaient diacre et sous-diacre, et est
arrivée précédée de tous les élèves du séminaire Vatican. A dix
heures un quart, précédés et escortés par un piquet de la garde
suisse en grand uniforme, les cardinaux de la Sacrée Congrégation des Rites, portant la *cappa magna* avec l'hermine blanche, ont
fait leur entrée solennelle par la grande porte, suivi des prélats,
des officiers et des consulteurs de cette même congrégation.

La salle offrait à ce moment un coup d'œil vraiment féerique.
Les cardinaux et les autres membres de la Sacrée Congrégation
des Rites occupaient le banc de gauche, derrière lequel étaient
groupés près de deux cents frères des Écoles chrétiennes, avec
des députations de leur noviciat d'Albano et de leurs deux collèges de Rome ; celui de Saint-Joseph, plus connu sous le nom
de collège Poli, et celui des petits artisans de Saint-Joseph. Sur
le banc de droite, en face, étaient vingt évêques, parmi lesquels
les archevêques de Rouen et de Besançon et les évêques d'Orléans et de Poitiers, puis les chanoines de Saint-Pierre, et, au
bout, le frère Robustinien, postulateur de la cause. Derrière le
banc, les bénéficiers de Saint-Pierre et les élèves du séminaire
Vatican.

Chacun étant à sa place, un maître des cérémonies a invité
Mgr Salvati, secrétaire de la Congrégation des Rites et le postulateur de la cause, à se rendre auprès du cardinal Bianchi, préfet
de ladite Congrégation. Le Frère Robustinien a alors prié Son
Éminence de vouloir bien promulguer les lettres pontificales en
forme de bref qui permettent de donner au vénérable serviteur
de Dieu, Jean-Baptiste de la Salle, le titre de bienheureux. Le

cardinal Bianchi, acquiesçant à la demande du postulateur, lui a remis le bref pontifical, en le chargeant de demander au chef du Chapitre de la basilique vaticane de permettre qu'il en fût donné lecture publique.

Le frère Robustinien et Mgr Salvati, accompagnés du maître des cérémonies, se sont alors rendus auprès de Mgr Simoneschi, vicaire du Chapitre de Saint-Pierre et représentant le cardinal Howard, archiprêtre de la basilique vaticane, qui est plus gravement malade ; ensemble, ils lui ont remis le bref, qu'il a passé à un maître des cérémonies du Chapitre. Celui-ci s'est aussitôt dirigé vers la chaire et en a donné lecture à haute voix.

La lecture du bref terminée, Mgr de Neckere a entonné le *Te Deum*, et aussitôt le rideau qui cachait le tableau du bienheureux s'envolant dans la gloire soutenu par des anges, et le voile qui couvrait la relique du saint exposée sur l'autel, sont tombés ; les cloches de Saint-Pierre ont en même temps sonné à toute volée leurs joyeux carillons de fête, annonçant à la ville et au monde la béatification du vénérable et grand serviteur de Dieu, Jean-Baptiste de la Salle. Le même maître des cérémonies est alors allé chercher le frère postulateur, et celui-ci, aidé par deux autres frères soutenant de grands plateaux, a distribué aux cardinaux une grande image du bienheureux roulée et entourée d'un ruban rouge et deux « Vies » du même, l'une en abrégé et l'autre complète, reliées en maroquin rouge et dorées sur tranche. Pendant ce temps, d'autres frères des Écoles chrétiennes distribuaient également des images et des Vies du bienheureux aux évêques, aux chanoines, aux prélats et officiers de la Congrégation des Rites, etc.

Le *Te Deum* fini, un chantre a entonné le verset : *Ora pro*

nobis, beate Joannes-Baptista [1], et les assistants ayant répondu :
Ut digni efficiamur promissionibus Christi [2], l'évêque ponti-
fiant a chanté l'oraison propre du nouveau bienheureux. Puis,
ayant encensé la relique, il a quitté la mitre et la chape, s'est revêtu
de la chasuble, et la messe solennelle a commencé, chantée en
musique par les chantres de la chapelle Julienne de Saint-Pierre
et les élèves de la maîtrise des Frères de Saint-Sauveur in Lauro.
La messe célébrée en l'honneur du nouveau bienheureux est la
messe *Justus*, du commun d'un confesseur non pontife, avec
les oraisons propres.

Il était presque midi quand la cérémonie a été terminée.

Vers quatre heures, Notre Saint-Père le pape Léon XIII, suivi
de toute sa cour, s'est rendu dans la salle de la Canonisation
pour y vénérer la relique et l'image du nouveau bienheureux. Sa
Sainteté a été reçue par le Chapitre de Saint-Pierre et les élèves du
séminaire Vatican, qui l'ont accompagné jusqu'à l'autel. La salle
était comble, et l'on remarquait dans la tribune du corps diplo-
matique S. E. M. le comte Lefebvre de Béhaine, avec tout le
personnel de l'ambassade de France, en uniforme. Agenouillé au
pied de l'autel, le Saint-Père est resté absorbé dans une pieuse
méditation durant une demi-heure. Pendant ce temps, on a distribué aux cardinaux et aux évêques présents l'image et la vie du
bienheureux.

Quand le souverain Pontife s'est relevé, le frère Joseph, supérieur général des Frères des Écoles chrétiennes, s'est approché, et,
prenant des mains de quatre de ses assistants les oblations d'usage,
il a offert à Sa Sainteté un magnifique reliquaire en filigrane, orné

---

[1] Priez pour nous, bienheureux Jean-Baptiste.
[2] Afin que nous devenions dignes des promesses du Christ.

de pierres précieuses, contenant une relique du bienheureux fondateur de sa Congrégation, l'image et la vie du même, richement reliée, et un superbe bouquet de fleurs artificielles. Le Saint-Père a adressé quelques paroles aimables au frère Joseph et aux autres frères les plus rapprochés et leur a donné à tous sa main à baiser. Sa Sainteté a fait également un accueil très bienveillant et paternel à M. le comte de la Salle.

Le souverain Pontife étant retourné dans ses appartements, les chanoines de Saint-Pierre ont chanté vêpres, et la double cérémonie de la béatification a pris fin.

PRIÈRE

O Dieu qui, pour instruire les pauvres et enseigner la science aux enfants, avez suscité le bienheureux confesseur Jean-Baptiste, et avez par lui réuni une nouvelle famille religieuse dans votre Église, donnez, nous vous en prions, à ceux qui instruisent la jeunesse chrétienne, de suivre les exemples de ce saint et de faire du bien par son intercession. Ainsi soit-il [1].

OUVRAGES QU'ON LIRA AVEC FRUIT

Le bienheureux Jean-Baptiste de la Salle, par Armand Ravelet.
L'Esprit et les Vertus du bienheureux Jean-Baptiste de la Salle, par le chanoine Blain. Ouvrage publié à Rouen en 1733. — Une nouvelle édition en a été faite en un vol. in-8° de 494 p.

MAXIMES ET PENSÉES DU BIENHEUREUX JEAN-BAPTISTE
DE LA SALLE

Les affronts ne peuvent nuire qu'à ceux qui ne les souffrent pas pour Dieu. Les persécutions sanctifiées par la patience, et

[1] La fête du bienheureux de la Salle est célébrée le 4 mai.

acceptées avec joie et amour, deviennent chères et précieuses et
sont les plus riches joyaux de la couronne de gloire : ceux qui
veulent vous humilier sont ceux qui travaillent à l'enrichir.

Nous devons être prêts à tout perdre plutôt que Dieu, à quitter
tout plutôt que sa sainte volonté reconnue, à sacrifier tout pour la
gloire et les intérêts de Dieu.

Faites la guerre à votre corps, mortifiez votre chair, et vous
demeurerez victorieux dans les combats de l'esprit immonde, et
vous vous affranchirez avec le temps et la persévérance de ses
assauts et de tous les instincts de la nature qui lui fournissent les
armes pour nous attaquer. Entre une chair sensuelle et immorti-
fiée et ce vice, la liaison est infaillible. L'attrait du plaisir s'émousse
par le sentiment de la douleur, et un corps qui gémit sous le poids
des austérités perd jusqu'à l'idée de la volupté. Croyez-moi, disait
le grand saint Antoine à ses disciples, au rapport de saint Athanase, l'esprit immonde craint les veilles, les jeûnes, la pauvreté
volontaire et la vie austère. Quand il trouve une chair engraissée,
soignée, la moitié de sa besogne est faite : c'est du bois, de l'étoupe,
de la paille préparée, où il lui est aisé d'allumer l'incendie par
des traits enflammés et les étincelles du feu d'enfer, que les pensées obscènes portent avec elles.

Un homme qui n'est pas retenu en paroles ne deviendra jamais
spirituel ; et un moyen sûr pour être bientôt parfait, c'est de ne
point pécher par la langue.

Il faut beaucoup prier pour connaître la volonté de Dieu et
pour obtenir son secours.

La piété sans humilité n'est ordinairement qu'une pure hypocrisie ou une illusion.

Attachez-vous à ce qui est de la foi, à ce qui porte à la haine et à la destruction du péché, au détachement des choses créées, à l'imitation de Jésus-Christ et à l'exercice des vertus qu'il a pratiquées, tâchant de l'imiter le plus parfaitement possible.

Le plus grand bien que vous puissiez vous procurer est le recueillement, et vous pourrez dire, lorsque vous l'aurez acquis, ce que Salomon dit de la sagesse : Que tous les biens vous sont venus avec lui.

La curiosité est une des choses qui·empêchent le plus d'avoir de la piété.

Rien n'est préférable à l'exacte observance des volontés de Dieu.

Il semble qu'une irrégularité n'est quelquefois rien en apparence ; mais, dans les effets, ce rien a de grandes conséquences. Et, quand ce ne serait rien, il est grand de s'assujettir à tant de riens pour l'amour de Dieu, et, par conséquent, la grande vertu d'une personne de communauté consiste à ne rien regarder comme petit et indifférent dans ses règles.

Que la pauvreté religieuse est une grande richesse ! que ses murailles sont fortes et inaccessibles aux voleurs !

> De toi jamais ne parleras
> Que pour t'abaisser humblement.

Attendez les humiliations, à moins que Dieu ne vous donne un attrait particulier pour les rechercher et que l'occasion s'en présente naturellement.

J'aime mieux une once de mortification d'esprit qu'une livre de pénitence extérieure.

Bonne règle de conduite, de ne point faire de distinction entre les affaires propres de son état et l'affaire de son salut et de sa perfection et s'assurer qu'on ne fera jamais mieux son salut et qu'on n'acquerra jamais de perfection qu'en faisant les devoirs de sa charge, pourvu qu'on les accomplisse en vue de l'ordre de Dieu.

Je me dois souvent considérer comme un instrument qui n'est bon à rien qu'en la main de l'ouvrier ; ainsi je dois attendre les ordres de la providence de Dieu pour agir, et cependant ne les pas laisser passer quand ils sont connus.

Bonne règle, de ne pas tant se mettre en peine de savoir ce qu'il faut faire que de faire parfaitement ce qu'on sait.

XIII

L'ABBÉ DE L'ÉPÉE

(1712-1789)

L'abbé de l'Épée.

On admire, et avec raison, le zèle et le courage des missionnaires catholiques qui disent adieu à leur patrie, s'en vont dans des régions lointaines et affrontent la mort pour convertir des sauvages au christianisme. Sans sortir de notre pays, nous trouvons des milliers de nos semblables, déshérités des bienfaits de la religion et vivant au milieu d'une société civilisée sans jouir d'aucun de ses avantages. N'est-ce donc pas aussi une belle et admirable mission que celle de pénétrer dans l'âme du sourd-muet, de lui révéler ses destinées éternelles et de renverser la barrière que la privation d'un sens avait élevée entre lui et le reste des hommes ? L'abbé de l'Épée a compris la grandeur de cette mission, et il a su la remplir avec un dévouement qui commande la vénération de la postérité.

Charles-Michel de l'Épée naquit à Versailles, le 25 novembre 1712. Son père, qui était architecte du roi, jouissait d'une honnête aisance ; homme simple dans ses mœurs et d'une probité sévère, il éleva ses enfants dans la modération des désirs et l'amour de la vertu. Le jeune de l'Épée puisa de bonne heure, dans les exemples domestiques, cette douceur de caractère, cette simplicité de goûts, cette humilité et ce besoin de se rendre utile, qui le dirigèrent pendant tout le cours de sa vie. Son père le destinait à la carrière des sciences, où le jeune de l'Épée fit des progrès rapides; mais, vers l'âge de dix-sept ans, il se sentit appelé au ministère des autels ; et, après avoir obtenu, non sans quelque peine, le consentement de ses parents, il se livra à l'étude de la théologie avec une ardeur édifiante. On consentit à l'admettre dans l'état ecclésiastique, mais sans vouloir d'abord le promouvoir aux ordres sacrés.

Pendant que ses humbles services au pied des autels ne suffisaient pas à contenter son désir d'être utile, l'abbé de l'Épée s'appliqua à l'étude des lois, subit toutes les épreuves exigées, et fut reçu avocat au parlement de Paris. Mais il ne resta pas longtemps au barreau ; sa vocation était trop prononcée, et son amour de l'humanité le ramenait sans cesse à l'enseignement des vérités morales et religieuses. Les vœux les plus ardents de son cœur ne tardèrent pas à être exaucés. L'évêque de Troyes, neveu du grand Bossuet, accueillit l'abbé de l'Épée, lui conféra les ordres sacrés, lui confia un modeste canonicat dans son diocèse. En exerçant le saint ministère, l'abbé de l'Épée sut allier aux plus austères principes les vertus les plus douces, et sa vie pastorale rappelle celle de Fénelon. Il donna même un rare et bel exemple de délicatesse et d'humilité, en refusant un évêché que le cardinal Fleury lui fit offrir, en reconnaissance d'un service personnel que le père du jeune abbé avait rendu au prélat.

Après la mort de l'évêque de Troyes, qui l'avait accueilli si amicalement, l'abbé de l'Épée revint à Paris. Là il eut à subir de pénibles épreuves, parce que son attachement à la doctrine condamnée de Port-Royal lui aliéna l'esprit de l'archevêque et de la plus grande partie du clergé.

Bientôt après, allait se révéler en lui l'homme de génie, le régénérateur des sourds-muets.

Chez l'abbé de l'Épée, l'amour de l'humanité était une sorte de passion. Le hasard, ou plutôt la main de Dieu, lui procura l'occasion de s'y livrer tout entier. Voici comment il raconte lui-même la cause qui le conduisit à se consacrer à l'éducation des sourds-muets :

« Le père Vanin, prêtre de la Doctrine chrétienne, avait commencé l'éducation de deux sœurs jumelles sourdes-muettes de naissance. Ce respectable ministre étant mort, ces deux pauvres filles se trouvèrent sans aucun secours, personne n'ayant voulu, pendant un temps assez long, entreprendre de continuer ou de recommencer cet ouvrage. Croyant donc que ces deux enfants vivraient et mourraient dans l'ignorance de leur religion, si je n'essayais pas de la leur apprendre, je fus touché de compassion pour elles, et je dis qu'on pouvait me les amener, que j'y ferais tout mon possible. »

Déjà, avant l'abbé de l'Épée, quelques essais avaient été tentés

pour l'instruction des sourds-muets. Un religieux, nommé Pierre
Ponce, et Jean Bonnet en Espagne, Jean Wallis et Burnet en
Angleterre, le médecin Jean Conrard, Amman en Hollande, Van
Helmont en Allemagne, Péreire et Ernaud en France, avaient
instruit quelques sourds-muets isolés; mais tous ces instituteurs
avaient été dominés par ce préjugé que, pour développer l'intelligence du sourd-muet, il faut lui apprendre à parler, et leurs travaux, se bornant au bienfait d'une éducation individuelle, n'ont pro-
curé aucun intérêt général pour l'humanité. Lorsque l'abbé de l'Épée
conçut son généreux projet, il ignorait les tentatives de ses prédécesseurs, et quand il les aurait connues, il n'en resterait pas
moins l'inventeur de l'art d'instruire les sourds-muets; parce que,
le premier, il a su lui donner une base solide ; le premier il a su
imprimer à son œuvre le caractère d'un bienfait général pour une
classe nombreuse de la société.

Les idées n'ont aucune liaison naturelle, soit avec la parole, soit
avec les mots écrits : l'association seule donne à chacun de ces
instruments le pouvoir de réveiller les idées. Ce principe, que
l'abbé de l'Épée avait reçu de son professeur de philosophie, fut
pour lui un trait de lumière : il en conclut que ce lien artificiel
qui unit les idées et les mots peut s'établir sans le secours de
la parole, et qu'il est possible ainsi de suppléer l'ouïe par la
vue.

L'abbé de l'Épée s'empara du langage mimique, si naturel à
tous les hommes, surtout à ceux qui sont privés de la parole; il
l'étendit, le perfectionna, le construisit sur le modèle de nos
langues conventionnelles, et le fit servir au développement intellectuel de ses élèves et à l'interprétation des mots.

Pendant qu'il se livrait à la création de sa méthode et à l'instruction de ses élèves, il combattait les préjugés répandus sur l'état intellectuel des sourds-muets. Dans l'intérêt de son œuvre, il fit paraître ses élèves dans des exercices publics, auxquels assistèrent des personnes distinguées, des savants de tous les pays, des princes même, et bientôt aux préventions succéda l'admiration la plus méritée.

L'abbé de l'Épée a donné lui-même une idée juste, claire et précise de sa méthode dans son *Institution des Sourds et des Muets*, ouvrage écrit avec sentiment et qui n'a pas le ton de sécheresse que le titre semble annoncer. Ce livre a été réimprimé sous ce titre : *La véritable Manière d'instruire les Sourds et Muets, confirmée par une longue expérience.*

Inventeur d'un art si utile à l'humanité, l'abbé de l'Épée en fut encore le plus zélé promoteur. Il ne s'occupa point seulement des sourds-muets de sa patrie, il devint encore l'apôtre de leurs frères d'infortune dans les autres pays. C'est pour eux qu'il eut la patience d'apprendre plusieurs langues étrangères. « Puissent, dit-il, ces différentes nations, ouvrir les yeux sur l'avantage qu'elles retireraient de l'établissement d'une école pour l'instruction des sourds-muets dans leur pays! Je leur ai offert et je leur offre encore mes services; mais toujours à la condition qu'elles n'oublieront pas que je n'en attends et que je n'en recevrai aucune récompense, de quelque nature qu'elle puisse être. »

Pendant son séjour à Paris, l'empereur Joseph II assista aux leçons de l'abbé de l'Épée. Frappé d'admiration, il lui offrit une abbaye dans ses États : « Je suis déjà vieux, répondit de l'Épée, si Votre Majesté veut du bien aux sourds-muets, ce n'est pas sur ma tête, déjà courbée vers la tombe, qu'il faut le placer, c'est sur l'œuvre même. » L'empereur saisit la pensée de l'abbé de l'Épée;

il lui envoya l'abbé Stork qui, après avoir recueilli les leçons de son digne maître, retourna dans sa patrie pour fonder l'institution des sourds-muets de Vienne.

En 1780, l'ambassadeur de Russie étant venu solliciter l'abbé de l'Épée de la part de l'impératrice Catherine et lui offrir de riches présents : « Monsieur l'Ambassadeur, répondit l'abbé de l'Épée, je ne reçois pas d'or ; mais dites à Sa Majesté que, si mes travaux ont quelque droit à son estime, je ne lui demande pour toute faveur que de m'envoyer un sourd-muet que j'instruirai. » De semblables traits peignent mieux l'homme que ne le pourraient faire les paroles les plus éloquentes.

M. de l'Épée aspirait à avoir des successeurs qui pussent propager et perpétuer son œuvre. Ces vœux d'une âme généreuse furent réalisés en partie. Un grand nombre d'instituteurs se formèrent auprès de lui et fondèrent ensuite des institutions dans divers pays. Parmi ses disciples, l'on distingue l'abbé Stork, à Vienne ; l'abbé Sylvestre, à Rome ; M. Ulrich, en Suisse ; MM. Dangulo et Dalca, en Espagne ; MM. Dole et Guyot, en Hollande ; les abbés Sicard, Salvan et Huby, en France.

Trente sourds-muets étaient instruits gratuitement par l'abbé de l'Épée, à la fois l'instituteur et le père de ses élèves ; c'était lui qui pourvoyait à tous leurs besoins. Jouissant d'un revenu de douze mille livres, il s'imposait des privations pour en épargner à ses enfants d'adoption. Pendant le rigoureux hiver de 1788, ce vieillard vénérable restait sans feu pour ne pas augmenter sa dépense personnelle ; ses élèves le forcèrent à s'acheter du bois, souvent il leur disait : « Mes amis, je vous ai fait tort de cent écus. »

Des soins si touchants, une tendresse si parfaite, excitèrent dans le cœur de ses élèves la plus vive reconnaissance. Jamais l'abbé de l'Épée ne se sentait aussi heureux que lorsqu'il était entouré de ses enfants adoptifs, qui le vénéraient et l'aimaient comme un père.

Cet homme de mérite demeura longtemps sans obtenir du Gouvernement la protection que méritait son œuvre philanthropique, et déjà l'influence de son exemple avait déterminé la création de plusieurs institutions dans les pays étrangers que la sienne n'était encore soutenue que par ses propres ressources. Enfin, il obtint du roi Louis XVI une subvention en faveur de son école et reçut la douce assurance que son œuvre ne périrait pas avec lui.

L'abbé de l'Épée mourut à l'âge de soixante-dix-sept ans, le 23 décembre 1789. Son oraison funèbre fut prononcée, en 1790, par l'abbé Fauchet, prédicateur ordinaire du roi, en présence d'une députation de l'Assemblée nationale, du maire de Paris et des représentants de la commune. La loi des 21 et 29 juillet 1791 consacra les vœux du père des sourds-muets, en fondant l'institution de Paris.

Au mois d'avril 1841, on a placé dans une des chapelles de l'église de Saint-Roch, à Paris, sur un très riche piédestal, le buste de l'abbé de l'Épée. Ce sont les sourds-muets reconnaissants qui l'ont fait faire pour honorer la mémoire de leur bienfaiteur.

A L'ABBÉ DE L'ÉPÉE

DITHYRAMBE

> La reconnaissance est la mémoire du cœur.
>
> MASSIEU, *sourd-muet.*

D'où me vient, ô ciel ! ce transport, ce délire,
    Oh ! d'où vient que mon faible cœur
Brûle de célébrer, aux accords de sa lyre,
    Et son ivresse et son bonheur ?...
Ceignez-moi de lauriers ! Écoutez en silence
Les accords de ma muse !... Elle va m'inonder
    De chants d'amour et de reconnaissance.
Cieux et terre, silence ! elle va préluder...

Lorsque le froid hiver règne sur nos campagnes,
    Quand, roi couronné de glaçons,
Il fait peser son sceptre au sommet des montagnes
    Et dans l'abîme des vallons,
Quand, sans feuille et sans fruit, sans fleur et sans verdure,
    Honteuse de sa nudité,
La terre se révêt de sa blanche parure,
    Parure de sa pauvreté,

    Dans sa prison hospitalière,
    Hôte et captif en même temps,
Le papillon craintif de son aile légère
    N'ose plus braver les autans ;
Et le jeune arbrisseau de sa sève féconde

Arrête les efforts ; car les bourgeons trop verts
Iraient s'ensevelir dans ce trépas du monde,
Comme le nautonier dans le gouffre des mers.
Mais, lorque dépouillant son suaire de glace,
    Lorsque sortant de son tombeau,
La nature se lève et se drape avec grâce
    Dans les plis de son vert manteau,
Qu'elle met sur son front sa couronne odorante
    Où brille un rayon du soleil,
    Des fleurs au calice vermeil,
Le papillon léger, autre fleur ondoyante,
    Vient caresser les doux trésors ;
Et l'arbuste dans l'air étale son feuillage
    D'où s'échappe un tendre ramage,
    Reflet de célestes accords.

Ainsi le sourd-muet, oublié sur la terre,
Aux refrains inconnus de son luth solitaire,
    Cherchait des échos ici-bas ;
Nul bruit ne répondait au bruit sourd de son âme,
    Comme la fleur sous le frimas.
Mais, ô prodige heureux ! un hymne d'allégresse
S'échappe de ce luth au repos condamné ;
    Une indicible ivresse
Fait tressaillir son cœur de chagrin consumé.

    Ange de la reconnaissance,
    Oui, c'est toi que mon cœur entend ;
    C'est son amour, son innocence,
    Qui remplit mon cœur palpitant.
    Aide mon luth faible et timide
    A célébrer le divin guide
    Qui dit aux doigts : Vous parlerez ;
      Aux yeux : Vous entendrez ;

Au pauvre sourd-muet, le parlant est ton frère ;
Ni pour toi, ni pour lui, le ciel n'a de mystères ;
Il réserve à tous deux un éternel bonheur.

Toi que je puis nommer mon second créateur,
        O tendre de l'Épée,
Ta main nous recueillit sur la rive escarpée
Où nul soleil ami ne brillait à nos yeux ;
Nul rayon de ses feux ne réchauffait nos âmes :
        Notre intelligence sans flammes
Comprenait avec peine et la terre et les cieux.
Tu fus notre soleil ; à tes rayons sublimes
La glace se fondit dans nos cœurs, et, dès lors,
Arbrisseaux fécondés, nous eûmes nos trésors,
A nos branches des fruits, et des fleurs à nos âmes.
Que serions-nous sans toi, sourds-muets malheureux,
Seuls, exilés du monde... Oh ! l'exil est affreux.
Notre vie eût été comme un désert aride
Où nous aurions erré sans amis et sans guide.
Notre monde inconnu, comme un gouffre béant,
Plus hideux que la mort, plus noir que le néant.
Ta main nous recueillit dans ce désert immense
Au milieu de ce monde où nous étions perdus ;
Ta voix nous enseigna ce doux mot : *Espérance*,
Et tu nous appelas tes enfants, tes élus...

        Rival de saint Vincent de Paul,
        Apôtre de l'humanité,
        Séraphin de la charité,
Je vois luire, à ton front, la brillante auréole
        Et le laurier de l'immortalité.
        Au sein de la céleste gloire,
        De tes vertus reçois le prix !
De tes bienfaits toujours, toujours tes fils
Conserveront dans leur cœur la mémoire.

Oh ! que ne puis-je à tes genoux
Déposer cet éclair d'un innocent caprice
Et te prier, par les noms les plus doux,
D'accepter ce tribut d'une muse novice !
Si mon luth, célébrant plus tard les immortels,
Recueillait les lauriers réservés au génie,
Dans le cœur de tes fils, enivrés d'harmonie,
Je voudrais, chaque jour, te dresser des autels.

XIV

LE VÉNÉRABLE PÈRE BAUDOUIN

(1765-1835)

Louis-Marie Baudouin, « un de ces hommes rares que Dieu suscite dans son Église quand il y a de grands malheurs à réparer et des ruines à relever, » naquit le 2 août 1765, à Montaigu, au diocèse de Luçon.

Il était encore au berceau, lorsque la mort lui ravit son père ; mais sa mère façonna de bonne heure son âme à la piété. Elle s'appliqua à faire passer dans son jeune cœur le tendre amour dont elle était pénétrée pour la sainte Vierge. Souvent elle le conduisait devant une de ses images : « Mon fils, lui disait-elle, vois comme elle paraît bonne : c'est la Mère de Dieu ; c'est ta patronne et ta mère : il faut l'aimer de tout ton cœur. » Souvent aussi, quand elle l'avait à ses côtés pendant son travail, elle le faisait agenouiller et récitait avec lui quelques dizaines du chapelet. Il n'oublia jamais ces premières impressions et fut jusqu'à sa mort un des plus dévots serviteurs de Marie.

Dans sa famille on lisait le soir quelques pages de l'histoire sainte ou d'un autre livre édifiant. Pourquoi faut-il que ce pieux usage ne soit plus conservé dans les familles chrétiennes ? A voir l'attention que Louis-Marie prêtait à cette lecture, il était facile de juger quel attrait elle avait pour lui. Les récits de la Bible se gravaient dans sa mémoire. Ce furent là peut-être les premiers germes de ce goût si prononcé qu'il conserva toute sa vie pour la sainte Écriture.

De bonne heure il fut envoyé à l'école, où il se distingua par son obéissance, sa sagesse, son amour du travail et ses progrès. Son caractère était enjoué, son air ouvert, son esprit conciliant.

Sa piété précoce s'accrut au moment de sa première communion et lui inspira le désir d'être prêtre un jour. Il préludait aux grandes choses qu'il devait faire plus tard pour Dieu, en construisant de petits autels, en les parant d'images et de fleurs, en représentant les cérémonies de l'Église. Le sacerdoce était déjà le but vers lequel il dirigeait ses actions. On raconte qu'une femme, qui le voyait souvent un livre à la main, lui dit : « Pourquoi, mon petit Louis, êtes-vous toujours occupé à lire ? — C'est, répondit-il sans hésiter, que je veux être prêtre. »

Afin de seconder les vues que la Providence paraissait avoir sur Louis-Marie, sa mère lui fit étudier le latin au collège de Montaigu. Le désir de répondre à sa vocation fut pour le jeune écolier un aiguillon qui l'excita au travail ; ses succès répondirent à son application, et il eut bientôt laissé derrière lui plusieurs enfants qui avaient commencé avec lui l'étude de la langue latine.

À la fin du mois d'octobre 1782, le jeune Baudouin put entrer au séminaire de Luçon, où il fut pour tous un sujet d'édification. Les supérieurs surent l'apprécier, et bientôt ils lui témoignèrent leur estime d'une manière non équivoque. On venait de fonder, sous le nom de *prix de mérite*, une pension destinée au séminariste qui donnerait le plus de satisfaction. Louis-Marie fut le premier auquel on l'accorda, et les élèves applaudirent au choix des maîtres.

Le 19 septembre 1789, l'abbé Baudouin fut élevé au sacerdoce, et il vint célébrer sa première messe à Montaigu, dans l'église même où il avait été régénéré dans les eaux baptismales. Bientôt après, il fut appelé à Luçon pour remplir les fonctions de vicaire et celles d'aumônier de l'hôpital.

Les temps étaient déjà malheureux, l'orage grondait sur la France. Le 12 juillet 1790, l'Assemblée nationale décrétait la constitution civile du clergé, et, le 27 novembre, un autre décret statuait que les évêques et les prêtres qui, sous huit jours, n'auraient pas fait le serment de fidélité à cette constitution civile du clergé seraient censé avoir renoncé à leurs fonctions. Prêter un tel serment, c'eût été se jeter dans le schisme. L'abbé Baudouin n'hésita pas un seul instant à refuser le serment, et il accompagna son refus de la protestation la plus énergique.

Bientôt après, un évêque constitutionnel arriva à Luçon. Pendant qu'il se rendait à la cathédrale, accompagné de la force armée, Louis-Marie Baudouin, malgré sa jeunesse, manifesta le courage et la foi dont il était animé et fit parvenir à l'intrus un billet contenant les paroles adressées par Jésus-Christ à Judas, au moment où celui-ci se présentait pour le livrer aux Juifs : *Ad quid venisti?* Pourquoi êtes-vous venu? L'évêque lut ces mots et poursuivit sa marche vers l'église. M. Baudouin lui envoya un second billet, sur lequel étaient écrits ces mots de Notre-Seigneur : *Juda, osculo Filium hominis tradis !* Judas, vous trahissez le Fils de l'homme par un baiser ! L'évêque lut encore ce second billet et n'en consomma pas moins son intrusion sacrilège.

Les prêtres du diocèse refusèrent de communiquer avec l'évêque intrus ; mais aucun d'eux ne montra plus d'éloignement que Marie-Louis Baudouin et son frère. En vain l'évêque, espérant triompher de leur résistance, se présenta pour les voir ; les deux frères se souvenant que l'Esprit-Saint défend d'avoir aucun commerce avec celui qui n'obéit pas à l'Église, lui refusèrent l'entrée du presbytère. Même un jour, retrouvant l'intrus au chevet d'un moribond, le jeune abbé Baudouin eut le courage de lui dire : « Vous n'avez aucun pouvoir. » Et le malheureux se retira.

Cependant le flot de la révolution montait sans cesse. Le 26 août 1792, l'Assemblée législative rendit un décret qui condamnait à la déportation les prêtres non assermentés, c'est-à-dire qui n'avaient pas prêté serment à la constitution civile du clergé. Louis XVI refusa de le sanctionner ; mais l'autorité expirante de ce prince infortuné ne pouvait plus arrêter les factions déchaînées. De tous les côtés les prêtres fidèles étaient insultés, arrêtés, emprisonnés. Louis XVI lui-même fut renfermé dans la tour du Temple. Le décret de déportation fut renouvelé et mis partout à exécution. Il fallut donc que M. Baudouin, bien résolu à ne jamais devenir prévaricateur, partît pour l'exil ou qu'il cherchât en France quelque asile secret pour se soustraire à la proscription. Ce dernier parti était celui qu'il désirait prendre, pensant que son ministère pourrait être utile à bien des âmes. Mais son frère, M. le curé de Luçon, dont l'exemple et les conseils avaient sur lui tant d'empire, le détermina à prendre avec lui le chemin de l'exil. « Mon frère, lui disait-il, défions-nous de notre faiblesse : suivons ce conseil du divin Maître : *Si l'on vous persécute dans une ville, fuyez dans une autre* [1]. »

M. Baudouin se rangea, quoique à regret, à cet avis, et, au mois de septembre, après avoir célébré la fête de la Nativité de la sainte Vierge, il s'embarqua aux Sables-d'Olonne avec son frère

[1] Matth., X, 23.

et un grand nombre d'ecclésiastiques et se dirigea vers l'Espagne.

Il y resta cinq ans.

Pendant ce séjour, jugeant que le moyen de faire un bien étendu et solide était de former une société dont les membres seraient liés par des vœux, il résolut d'établir une corporation religieuse sur le modèle de la Compagnie de Jésus et qui porterait le nom de *Société de Marie*. Il y eut même un commencement d'exécution. La réussite ne devait avoir lieu que bien des années plus tard.

M. Baudouin rentra en France, bien que le pays fût encore dévasté par l'impiété et l'anarchie. Après un court séjour à Bordeaux et à Libourne, il prit passage sur un navire qui faisait voile pour les Sables-d'Olonne, où il aborda le 15 août 1797, avec M. l'abbé Lebédesque, son intime ami.

Il y avait aux Sables-d'Olonne un grand nombre de personnes pieuses qui, n'ayant jamais voulu communiquer avec les prêtres schismatiques, apprirent avec joie l'arrivée des deux confesseurs de la foi et les firent prier de leur accorder le secours de leur ministère.

Ils y coururent plus d'un danger.

M. l'abbé Lebédesque avait préparé un bon nombre d'enfants à la grande action de leur première communion, et une de ces femmes que la foi rend supérieure à la crainte, avait offert sa maison pour la cérémonie. Les enfants furent réunis pendant la nuit. Déjà tout était prêt pour la messe, quand la maison est cernée par les agents de la police, accompagnés de la force armée. On fait disparaître les enfants en les passant par-dessus un mur et le prêtre se retire dans une cachette pratiquée dans une armoire ; mais un autel dressé, mais les ornements sacerdotaux, qu'on n'avait pas eu le temps d'enlever, indiquaient aux révolutionnaires la présence d'un prêtre. « Que signifie tout cela ? dit l'un d'eux. — Citoyen, répond avec assurance la pieuse dame, vous avez fait vendre tout ce qui servait au culte catholique, n'était-il pas permis de l'acheter ? — Il y a un prêtre caché ici : il faut nous le livrer à l'instant même, ou bien... — Cherchez, citoyen : vous en serez pour votre peine. » Alors, commencent les investigations les plus minutieuses. Pendant ce temps, M. Lebédesque, privé d'air et sur le point de s'évanouir, donne un signal dont il était convenu avec les personnes de la maison. Il est compris : la domestique s'approche des agents de la police : « Citoyen, leur dit-elle, vous avez tout bouleversé dans cette chambre sans rien trouver ; laissez-moi maintenant, s'il vous plaît, y mettre un peu d'ordre ; vous pouvez chercher ailleurs. » Laissée seule dans l'appartement, elle se hâte de venir au secours du prêtre.

Un jour que M. Baudouin venait de dire la messe et était occupé à confesser, les révolutionnaires vinrent faire une visite domiciliaire. Le serviteur de Dieu n'eut que le temps de prendre le tabernacle dans ses bras et de s'enfoncer dans sa cachette, dont un sac de blé dérobe aussitôt l'entrée. C'est ainsi qu'il échappe aux recherches de ses persécuteurs.

M. Baudouin conservait dans sa chambre le tabernacle où reposait le très saint Sacrement. Quelle douce jouissance pour une âme aussi aimante ! Chaque matin, on dressait un autel dans un petit salon, qui communiquait à un appartement où les fidèles étaient reçus. Le prêtre plaçait le tabernacle sur l'autel et célébrait la sainte messe, adressant, après, une instruction aux fidèles, heureux d'avoir trouvé, dans ces jours de désolation, un prêtre selon le cœur de Dieu et de pouvoir de la sorte puiser aux sources de la grâce par la réception des sacrements.

Enfin, les maux de la France allaient avoir un terme. En 1800, le Gouvernement toléra l'exercice public de la religion catholique. Mais un grand nombre de paroisses étaient dépourvues de secours spirituels. M. l'abbé Baudouin ne voulut pas rester plus longtemps aux Sables, où se trouvaient déjà plusieurs ecclésiastiques qui, avant la Révolution, y avaient exercé le saint ministère, et, demandé par les habitants de la Jonchère, qui n'avaient pas de curé, il leur promit de remplir les fonctions pastorales parmi eux jusqu'à ce que leur curé fût revenu de l'exil.

M. Baudouin commença par administrer le baptême aux enfants qui ne l'avaient pas reçu. Par les registres de l'église de la Jonchère, on a constaté que, pendant plusieurs mois, il fit, en moyenne, dix baptêmes par jour. Il réhabilita beaucoup de mariages, mais il ne se contenta pas d'évangéliser la Jonchère, son zèle s'étendit à près de vingt paroisses des environs.

Bientôt son confessionnal fut entouré d'un si grand nombre de pénitents qu'il ne pouvait suffire à les entendre. Il eut recours à un expédient digne de son zèle. Quand il partait pour visiter les malades, il se faisait accompagner d'un certain nombre d'hommes qui désiraient se confesser ; et, prenant le devant avec l'un d'eux, il entendait sa confession ; les autres suivaient en examinant leur conscience. La confession finie, le pénitent se mettait à genoux pour recevoir l'absolution, puis il allait rejoindre le groupe, et un autre le remplaçait.

Le bien qu'il faisait excita la haine des impies ; à plusieurs reprises, ils résolurent de s'en débarrasser en lui donnant la mort. Au milieu d'une nuit obscure, trois hommes armés se présentent au presbytère et disent qu'un malade demande M. le

Curé. Celui-ci, quoique dans un violent accès de fièvre et trempé de sueur, se lève, et suit ses guides. « M. le Curé, dit l'un d'eux, n'avez-vous pas peur de vous trouver seul à cette heure avec nous ? » — « Non, mes amis, » répond M. Baudouin d'un ton très assuré. Les trois hommes gardent ensuite un morne silence, qu'interrompent à de longs intervalles de mystérieux chuchotements. Arrivés dans un chemin profond, couvert, éloigné de toute habitation, ils s'arrêtent : « M. le Curé, disent-ils, si nous voulions vous donner la mort, ce serait bien le moment. » — « Ma vie, répond-il avec calme, est entre les mains de Dieu ; s'il vous l'abandonne, vous pouvez en disposer ; elle tient à peu de chose ; vous n'auriez pas beaucoup à faire pour me l'ôter ; mais quel avantage vous en reviendrait-il ? » — « Ne craignez rien, répliquent-ils, touchés de sa charité, de son dévouement et de la confiance qu'il leur témoignait ; loin de vous faire du mal, nous saurons vous défendre si l'on vous attaque. » M. Baudouin les remercie et bénit Dieu qui a ainsi changé leurs dispositions à son égard.

Le 31 juillet 1801, M. Baudouin, nommé curé de Chavagnes, se rendit à son poste. Arrivé aux limites de la paroisse, il s'arrêta, et, profondément recueilli, il bénit le troupeau confié à sa sollicitude ; puis il se rendit à l'église, pria, baisa humblement la terre et se releva plein de confiance ; il lui sembla que Dieu lui disait, comme autrefois à Moïse : je serai avec toi.

Malgré son attachement sincère à la religion et aux devoirs qu'elle impose, la population de Chavagnes avait subi les funestes influences de la Révolution. Comme un champ sur lequel vient de passer un orage, elle n'offrait plus que de faibles traces de ce qu'elle était autrefois.

Le serviteur de Dieu se mit à l'œuvre aussitôt. Il visita sa paroisse. Son air modeste et affable, ses paroles pleines de bienveillance lui ouvraient tous les cœurs. Il donna une mission pour produire un ébranlement général. Il planta une croix dans un village où la hache révolutionnaire avait abattu l'image de l'instrument du salut. Il érigea un calvaire à l'entrée même du bourg de Chavagnes, fit restaurer l'église, ériger deux nouveaux autels, disposer avec goût des fonts baptismaux, et rebâtir un angle du clocher, qui s'était écroulé. Il pourvut en outre à la construction d'une flèche et à l'achat de deux cloches, montrant ainsi ce que peut, dans une paroisse de foi, un prêtre zélé qui a su gagner la confiance et l'affection des fidèles.

Cependant, M. Baudouin ne perdait pas de vue un dessein qu'il avait conçu, celui d'établir une Congrégation de vierges vouées à l'enseignement. Les circonstances semblaient favoriser l'exécution de cet important projet. Pendant la guerre de la Vendée, les jeunes personnes qui appartenaient à des familles riches ou aisées n'avaient pu, dans tout le pays insurgé, recevoir une éducation convenable. Depuis la pacification, les parents attachés à leur foi ne voulaient pas envoyer leurs enfants dans les écoles des villes, où l'instruction religieuse des filles était complètement négligée. « Dans les pensionnats, même les plus renommés, on s'attachait moins à former leur cœur qu'à cultiver leur esprit. Les arts d'agrément étaient préférés aux connaissances solides ; et ce dont on s'occupait le moins, c'était d'inculquer aux jeunes personnes des préceptes sans lesquels Fénelon pensait qu'il ne pouvait exister d'enseignement moral[1]. »

A Chavagnes et dans les environs, d'honorables familles,

[1] *Histoire de l'Église*, par Bérault-Bercastel, continuée par M. le baron Henrion, 4ᵉ éd., t. VII, p. 209.

qui avaient à cœur de léguer à leurs enfants, comme le plus précieux héritage, les sentiments de foi dont elles étaient animées, désiraient vivement trouver les moyens de leur faire donner une éducation basée sur la religion.

M. Baudouin dirigeait, depuis plusieurs années, une personne d'une grande piété et d'un dévouement à toute épreuve et qui allait être la pierre fondamentale de l'édifice projeté.

Gabrielle-Charlotte Ranfray de la Rochette, née à Luçon, le 4 novembre 1755, avait de bonne heure perdu ses parents. Placée chez sa sœur aînée, mariée à M. Bréchard, sénéchal de la ville de Talmont, elle y passa d'abord des jours heureux ; mais, au bout de quelques années, ce vieux château de Talmont lui parut une espèce de prison et elle entra, comme grande pensionnaire, au couvent des Hospitalières de la Charité de Notre-Dame à La Rochelle. Là se trouvait une société choisie de dames du monde, dont Mlle Ranfray gagna l'estime et l'affection. Son cœur penchait vers le siècle, quand Dieu l'éclaira soudain sur la vanité des choses de la terre et lui inspira la résolution d'entrer dans la congrégation des Hospitalières. Elle y fit profession et reçut le nom de Saint-Benoît.

Expulsée de son couvent, elle s'était retirée aux Sables-d'Olonne, chez une de ses sœurs. Elle y vivait éloignée du monde, lorsqu'elle avait été informée de l'arrivée de M. Baudouin. Elle eut avec lui une entrevue et la confiance s'établit entre ces deux âmes, qui étaient destinées par Dieu à travailler de concert à sa gloire, comme autrefois saint François de Sales et sainte Jeanne de Chantal.

Un jour le serviteur de Dieu avait dit à cette âme dévouée : « Vous voyez quels ravages l'impiété a faits en France, et l'on doit tout tenter pour y remédier. Un corps de religieux missionnaires contribuerait puissamment à ranimer la foi et à faire refleurir la religion. Les femmes pourraient beaucoup dans cette œuvre de régénération, en semant de bons principes dans les jeunes cœurs. Il importe infiniment de travailler à former des mères de famille véritablement chrétiennes. Cette noble tâche est réservée aux épouses de Jésus-Christ ; mais, pour donner l'éducation religieuse aux jeunes filles de toutes les classes de la société, il faut, à l'époque où nous vivons, oublier la douce solitude du monastère. »

M. Baudouin s'adressa à cette âme d'élite : « Venez, lui dit-il. La moisson est des plus abondantes. Si vous savez la recueillir, votre couronne sera grande. « *Ceux qui enseignent* la sagesse *brilleront comme les étoiles* du firmament [1]. » Et la Sagesse incarnée a dit elle-même : Heureux *celui qui enseigne* la loi aux autres ; son nom *sera grand* dans le ciel [2].

« Je hais aujourd'hui plus que jamais l'avarice spirituelle. Trois fois malheur à celui qui accumule et serre le blé dans un temps de famine ! Celui qui, en donnant, a peur de s'appauvrir a l'âme étroite et dans l'illusion ! *Mon fils, si vous avez beaucoup, donnez beaucoup ; si vous avez peu, donnez de ce peu* [3]. Est-ce que le Saint-Esprit ne parle que des aumônes terrestres ? On ne manquera guère sur la terre de personnes qui donnent les soins les plus nécessaires aux corps malades ; mais, pour les âmes, elles languissent dans l'ignorance et le crime. Où en sommes-nous, ô mon Dieu ! »

1. Dan., XII, 3.
2 Matth., V. 19.
3 Tob., VI, 9.

Mme Saint-Benoît arriva aussitôt à Chavagnes avec quelques jeunes personnes qui avaient des dispositions pour l'état religieux.

A peine l'école fut-elle ouverte que les élèves s'y présentèrent en foule.

Peu après, M. Baudouin admit aux épreuves du noviciat Mme Saint-Benoît et deux de ses compagnes. Les circonstances ne lui permettaient pas de les laisser se dépouiller des habits du siècle pour prendre un costume religieux ; mais il leur donna, comme signe distinctif, un scapulaire particulier.

Une des fins de l'Institut était, comme le vénérable Baudouin l'écrivait dans les règles des sœurs, « l'éducation de la chère enfance de votre sexe, pour l'amour du Verbe enfant. Les mères selon la chair négligent, pour la plupart, ce qu'il y a comme de seul essentiel dans l'éducation de la jeunesse, c'est-à-dire la conservation de l'innocence baptismale et la crainte de Dieu, et elles n'y pensent même pas ; le divin Sauveur, sa très immaculée Mère, et la sainte Église, vous confient vos petites sœurs, pour que vous leur serviez de vraies et tendres mères, et que vous contribuiez à réformer la génération perverse. »

Quand la Révérende Mère Saint-Benoît mourut, le 19 juillet 1828, la Congrégation des Sœurs de Chavagnes comptait trente établissements où se donnait une instruction solide, en même temps que les cœurs s'y formaient à la vertu.

Les jeunes filles eurent donc des maîtresses qui méritaient la confiance des familles ; mais les petits garçons étaient entre les mains d'un maître tout à fait indigne de la place qu'il occupait. La Providence remédia au mal. M. Fleurisson, un des anciens condisciples de M. Baudouin, vint à Chavagnes et fut le maître d'école qui offrait toutes les garanties désirables.

En s'occupant des âmes et des intérêts spirituels des fidèles confiés à sa sollicitude, M. Baudouin ne négligeait pas leurs besoins temporels. Que ne raconte-t-on pas de sa charité, qui rappelle celle des Saints !

Un jour qu'il venait de visiter un malade, un homme l'aborde et lui demande l'aumône. « Si vous étiez venu me trouver avant mon départ, lui dit le saint curé, j'aurais pu vous satisfaire ; mais j'ai donné à peu près tout ce que j'avais ; il ne me reste plus qu'une pièce de cinq francs ; la voici. »

« Mon ami, dit-il à un homme qui paraissait tout triste, quelle est la cause de votre chagrin ? Manquez-vous de pain pour vos enfants ? — J'en ai bien encore un peu ; mais je ne puis payer mon loyer de maison, et l'on veut me faire des frais. — Venez me trouver demain matin. » L'homme fut fidèle au rendez-vous et reçut plus qu'il ne devait.

Le bon curé de Chavagnes distribuait aux pauvres non seulement l'argent qu'il pouvait avoir, mais encore ce que contenait son modeste vestiaire, au point que la pieuse dame chez laquelle il logeait se crut obligée de prendre la clef de l'armoire, pour lui donner du linge et des vêtements à mesure qu'il en avait besoin.

Un homme, en haillons, marchait péniblement dans un sentier écarté. M. Baudouin le rencontre et lui demande s'il souffre : « Oh ! oui, M. le curé. Et puis je manque de tout ; je n'ai pas même de chemise. — Mon ami, je vais vous donner la mienne. » Aussitôt, se retirant dans des halliers, il se dépouille en faveur du malheureux.

Un autre jour, en rentrant à la maison, il se baissait de manière à ce que le bord de sa soutane lui couvrît les pieds, parce qu'il avait donné ses bas à un mendiant.

Quand Mgr Guillon fut nommé évêque de La Rochelle, il s'occupa tout d'abord de son séminaire diocésain, il le fixa à Chavagnes, où il trouvait, pour le former, des éléments réunis par le zèle de M. Baudouin, qui en fut nommé le supérieur. Cette nouvelle charge était trop lourde pour être jointe aux fonctions du pasteur, et M. Baudouin donna sa démission de curé de Chavagnes.

La confiance qu'inspirait le digne supérieur du séminaire de Chavagnes y attira un grand nombre d'élèves. Les familles, qui savaient par une cruelle expérience les malheurs qu'entraîne après elle l'irréligion, s'estimaient heureuses de pouvoir procurer à leurs enfants le bienfait d'une éducation chrétienne ; et bientôt on compta dans l'établissement près de trois cents élèves.

On a loué, avec raison, dans ce supérieur modèle, le choix qu'il faisait des professeurs, l'organisation des exercices de piété qui sont à l'âme ce que les roues sont à l'horloge ; l'établissement des retraites spirituelles ; son application à discerner les caractères et les inclinations de ses élèves, afin de donner à chacun la direction qui lui convenait ; son discernement pour juger les vocations ecclésiastiques, sa piété angélique.

Mgr Hilléreau, archevêque de Pétra, vicaire apostolique patriarcal de Constantinople, a résumé dans une lettre la pensée de tous ceux qui ont eu M. Baudouin pour supérieur :

« Monsieur, vous me priez de vouloir bien donner mon opinion sur la vie et les vertus du vénérable M. Baudouin. Je puis dire que professeurs et élèves, tous étaient unanimes à louer le zèle sage et prudent, la rare piété et la mortification continuelle de cet homme de Dieu. Dans un établissement, et surtout un séminaire, supérieur, professeurs et élèves, tous sont connus de tous ; les moindres défauts n'échappent pas à l'œil scrutateur ;

l'opinion commune est ce qu'il peut y avoir de plus juste et de
plus vrai sur le compte de chacun ; or, je puis assurer qu'au
séminaire tout le monde était parfaitement d'accord sur le mérite
religieux de M. Baudouin ; on le tenait pour un homme de Dieu ;
on attendait presque de lui des miracles ; et cette opinion n'a pas
varié un seul instant que je sache. Pour rendre le témoignage
que je lui dois, en peu de mots je dirai que ce que j'ai vu, ce
que j'ai entendu m'a inspiré pour lui la vénération que mérite
l'asssemblage de toutes les vertus qui distinguent les saints du commun des justes ; je le tiens pour un habitant du ciel à invoquer. »

Pendant que M. Baudouin était supérieur du séminaire de
Chavagnes, la congrégation religieuse qu'il avait fondée avait pris
de l'accroissement ; les postulantes se présentaient en nombre
encourageant.

Il aimait à leur remettre devant les yeux les motifs qu'elles
avaient de donner tous leurs soins à l'instruction de la jeunesse.
Tantôt il leur traçait le tableau déplorable d'un grand nombre
d'enfants, auxquels des parents sans religion laissent ignorer les
vérités du salut ; tantôt il dévoilait à leurs regards la grande
récompense qui leur était réservée : « L'héroïne sainte Angèle,
leur écrivait-il, avait le dessein de renouveler l'Église de Dieu
par l'éducation des petites filles. « Si nous faisons des mères de
« famille instruites et chrétiennes, disait-elle, elles instruiront
« chrétiennement leurs enfants et les générations seront bonnes. »

« Projet vaste ! O Vincent de Paul, prenez un pauvre petit corps
innocent qu'une mère criminelle et plus inhumaine que les tigresses
de la zone torride, avait exposé sur le pavé ; prenez-le entre
vos bras portez-le à vos filles ; dites-leur avec votre parole pathétique : « Les lionceaux et les petits dragons ont leur mère ; cette

« petite créature humaine est délaissée de la sienne : qui voudra l'adopter ? » Que vos filles attendries le prennent, le pressent sur leur sein, le réchauffent et l'adoptent. Pour moi, je prends sur mes épaules sacerdotales des milliers d'innocentes âmes, créées à l'image de Dieu, rachetées par l'Époux des vierges, lavées dans son sang par le baptême ; or, mes chères filles, vierges chrétiennes décorées de l'anneau des épouses de Jésus, vous les voici. Le poids et la décence de mon ministère ne me permettent pas de les avoir continuellement à mes côtés ; vous, vierges lévitiques, ayez le sort et la couronne de vos frères, les prêtres du Très-Haut. Volez, ramassez les restes d'Israël ; allez, jeunes vierges, filles de Jacob, allez éclairer, parfumer, orner nos hameaux. Que la beauté de vos âmes, que la bonne odeur de Jésus, qui s'exhale de votre cœur, que les belles couleurs de vos fleurs, c'est-à-dire de vos vertus et de vos paroles attirent les jeunes filles de Tyr et de Sidon. Soyez des vierges au cœur maternel, comme Marie, mère de Jésus. Faites votre plaisir de l'instruction de vos chères enfants, et n'écoutez pas votre ennemi qui vous dit qu'on ne fait rien pour soi quand on travaille pour les autres. Ce n'est pas ainsi que pense le divin Maître. Faites tout avec joie et tranquilité de cœur. Saint François de Sales arrivait le soir sans avoir pu faire son oraison ni sa lecture, ni aucun exercice de piété que la sainte Messe ; mais il se réjouissait de s'être fatigué en travaillant au salut des âmes. Quand on a du zèle, le bon Dieu nous bénit et nous donne, de temps à autre, quelques miettes et quelques gouttes qui nous délassent, nous rafraîchissent. Où sont ces braves vierges qui se sacrifient pour le prochain ? Où est cette femme forte et fidèle qui travaille pour sa maison ? Les solitaires sortirent de leur désert pour le salut des âmes. Prenez garde à l'illusion, mes enfants ; cet amour de la solitude est souvent, et presque toujours, un égoïsme et une paresse. Purifiez votre intention ; aimez Jésus, aimez les âmes, et vous serez les filles des apôtres. »

Le P. Baudouin ne se contentait pas d'exciter le zèle des religieuses de Chavagnes pour l'instruction de la jeunesse, il avait soin de leur indiquer les moyens de réussir dans cette œuvre capitale. Il n'oubliait rien de ce qui pouvait contribuer à la bonne tenue des pensionnats et des autres écoles qui leur étaient confiés, mais il leur disait, surtout avec Fénelon, que « ce qu'il y a de principal à mettre sans cesse devant les yeux des enfants, c'est Jésus-Christ, auteur et consommateur de notre foi, centre de toute la religion et notre unique espérance [1] ». Il les exhortait à conduire les enfants à ce divin Sauveur, à le leur faire connaître et aimer de plus en plus, à former selon son expression, une couronne de leurs jeunes cœurs, pour l'offrir à Jésus par les mains de la Vierge immaculée et du glorieux saint Joseph.

Dans la congrégation des Ursulines de Jésus dites de Chavagnes, les religieuses de chœur ajoutent aux trois vœux ordinaires celui d'instruire la jeunesse de leur sexe.

M. Baudouin allait quitter Chavagnes où il avait passé sept ans. Par suite de règlements émanés du gouvernement, Mgr Paillou avait décidé qu'on transférerait dans la ville épiscopale les élèves qui devaient former le grand séminaire, et que les autres seraient dirigés vers Saint-Jean-d'Angély, où ils suivraient les cours du collège que l'Université y possédait. Il voulut que le P. Baudouin continuât à diriger le séminaire à La Rochelle, et l'homme de Dieu en fut le supérieur jusqu'en 1821, c'est-à-dire pendant neuf ans.

[1] *De l'Éducation des Filles*, ch. VIII.

A cette époque, le diocèse de Luçon fut séparé de celui de La Rochelle et M. Baudouin fut appelé à la direction du grand séminaire du nouveau diocèse et nommé aussi vicaire général.

Le Père Baudouin fut pour les séminaristes, à Luçon, ce qu'il avait été à Chavagnes et à La Rochelle : « On vit toujours en lui, selon le témoignage qu'en a rendu M. Vrignonneau, alors premier directeur du séminaire, le même esprit de piété, de sagesse et de prudence. » Former à la vertu et à la science la jeunesse cléricale qui l'entourait était l'objet de tous ses soins. Mais ses infirmités s'augmentant, il en vint à ne pouvoir remplir que très difficilement les obligations de sa charge : craignant de ne pouvoir y suffire, il pria Mgr l'évêque de Luçon de le décharger d'un fardeau désormais trop lourd pour ses épaules affaiblies par l'âge et les souffrances.

L'homme de Dieu ne tarda pas à fixer définitivement son séjour à Chavagnes, chef-lieu de la Congrégation des Ursulines de Jésus. La Providence permettait ainsi que la main qui avait planté l'arbre employât ce qui lui restait de forces à l'arroser et à le cultiver.

« Fixé près du berceau de sa congrégation, le P. Baudouin put donner plus de soins à sa famille spirituelle. Éclairer et diriger le conseil, entretenir la ferveur parmi ses filles par des exhortations toutes remplies de l'esprit de Dieu, calmer par des paroles pleines de suavité et d'onction les âmes inquiètes et agitées, visiter les malades et les disposer à paraître devant le souverain Juge, telles furent les occupations habituelles du pieux et zélé supérieur. »

Ce fut pendant les dernières années de sa vie qu'il tenta encore une fois de former, sous le titre d'Enfants de Marie, une société de prêtres qui fut consacrée au Verbe incarné et qui eut pour but de se livrer à l'enseignement, aux missions et aux autres fonctions du saint ministère ; il y réussit.

Le vénérable Louis-Marie Baudouin, après de longues et cruelles souffrances, endurées avec une édifiante patience, s'éteignit doucement, le 12 février 1835, à l'âge de soixante-dix ans. Ainsi fut réalisé un de ses plus ardents désirs ; depuis longtemps il récitait tous les jours un *Souvenez-vous* pour obtenir, par l'intercession de la très sainte Vierge, la grâce de mourir le jour où Notre-Seigneur a institué l'Eucharistie.

L'Évêque de Luçon paya à celui qui avait été son collaborateur dans le gouvernement de son diocèse ce juste tribut d'hommages :

« Vous partagerez, écrivait-il aux prêtres de la Vendée, la douleur sensible que nous éprouvons de la mort de M. l'abbé Baudouin, notre vicaire général, ancien supérieur du séminaire de Luçon, et fondateur de l'institution des religieuses Ursulines de Jésus.

« Il serait inutile de vous rappeler ici ses titres à nos regrets : vous avez été témoin ou peut-être l'objet du bien qu'il a fait dans ce diocèse.

« C'est à son zèle ardent et éclairé que nous sommes redevables de nombreux et vertueux prêtres, qui font la consolation de notre épiscopat, puisque c'est lui qui, sans autres ressources que celles que donne une foi vive dans la divine Providence, osa le premier, dans des jours orageux, concevoir et exécuter la grande et magnifique pensée d'un séminaire à Chavagnes.

« Votre cœur a dû apprécier tout ce que cet établissement eut d'utile pour l'instruction religieuse de la jeunesse, et combien il développa pour le sanctuaire de vocations saintes, qui furent et sont encore l'honneur de l'Église et la gloire de celui qui fit de si grandes choses.

« C'est à lui encore que le diocèse de Luçon est redevable de cette congrégation , déjà si belle et si prospère, des religieuses

Ursulines de Jésus, qu'on demande partout avec tant d'empressement, dont le monde admire les soins touchants pour les jeunes
personnes, et qui sont si chères à la sainte Église, dont elles sont
un des ornements les plus précieux,

« Il vient de mourir, Monsieur le Curé, celui qui fit tant et de si
grandes choses !... Sa vie a été le modèle des prêtres ; sa mort a
été celle des saints ! »

La vie du R. P. Baudouin a été écrite par un prêtre de la
Congrégation des Missionnaires dits Enfants de Marie-Imma-
culée, 2 vol. in 8° — Le récit qu'on vient de lire est le résumé
de cet ouvrage.

CHOIX DE PENSÉES ET FRAGMENTS DE LA DOCTRINE SPIRITUELLE DU R. P. LOUIS-MARIE BAUDOUIN

C'est lorsque les choses sont les plus désespérées que la divine
bonté vient au secours de ceux qui n'espèrent qu'en lui.

La confiance reconnaissante honore plus le bon Dieu que toutes
les craintes.

Le bon Dieu laisse longtemps, et quelquefois jusqu'à la mort,
certaines âmes dans de grandes fragilités, parce qu'il les aime ;
leurs fragilités sont leur salut, sans qu'elles le sachent : par là
elles se sauvent : autrement elles eussent été damnées.

Les découragements et les plaintes sont le fruit de la lâcheté et
de l'amour de soi-même.

Un négociant revenait en Europe sur un vaisseau des Indes :
le voyage avait été heureux. Il avait chargé le vaisseau de toutes
les richesses de l'Asie, de toutes sortes de parfums les plus exquis,

Un négociant revenait des Indes en Europe.

des couleurs les plus vives de la Chine, des étoffes rares et précieuses, des oranges les plus goûtées, de cannelle, de girofle, d'ambre, sans compter les porcelaines les plus fines, les perles, les cristaux, les diamants, etc., etc. Il se promettait de tirer le centuple de son négoce ; mais il n'avait pas tenu compte des tempêtes, des trombes et des pirates !... Il arriva au port cependant, mais avec un vaisseau bien fracassé, et seulement avec le centième de sa cargaison, qui le défraya ; il eut même du profit. Il ne se découragea pas et se dit à lui et à ses amis: « Une autre fois je serai peut-être plus heureux. » Je loue ce négociant, il était sage. Dans ce bas monde, il faut s'attendre aux revers et ne jamais se décourager.

Un chardonneret voyant des hirondelles partir en automne, disait : « Elles sont sages, elles vont au-delà des mers pour y être solitaires: elles laissent nids, amis, etc. Pourquoi ne les imiterais-je pas? Cependant, dit le prudent oiseau, ne faisons rien sans conseil; c'est le moyen de n'être pas trompé. » Il s'adresse à une vieille cigogne qui avait beaucoup voyagé et lui conta son affaire. « Mon cher bon ami, lui répondit-elle, j'ai beaucoup vu et entendu. J'ai vu des oiseaux qui ont entrepris plus qu'ils n'avaient d'ailes et sont tombés dans le chemin, Dieu a bien fait ce qu'il a fait. Le pélican du désert se plaint quelquefois de la solitude et aimerait le sort des oiseaux qui vivent dans la ville. Bénissons Dieu où nous sommes; c'est le plus sûr. »

Les jeunes personnes ferventes désirent être parfaites comme des Thérèses et se tourmentent de ce qu'elles ne réussissent pas. Il y a de l'amour de soi-même et de la vaine gloire dans ces désirs. On cherche la paix et son bien propre, et non la seule gloire de Dieu. L'âme sage désire le degré de perfection que Dieu veut lui

donner, et non pas plus ; elle se réjouit d'être la dernière des élus.
C'est la route de la paix. Si le roi mange du pain de la plus pure
farine de froment et boit un vin délicieux dans des vases d'or et
de porcelaine de Chine, le bon villageois mange avec appétit son
pain bis et boit son eau dans des vases d'argile. Le dernier des
anges se réjouit de n'être pas le premier des séraphins. Si la
marguerite avait de l'intelligence, elle ne voudrait être ni le lis ni
la rose ; elle admirerait le bel ordre établi par la Sagesse infinie !

Je rêvais que j'étais maçon ; j'avais mon tablier, tout mon équi-
page et une truelle à la main. J'aurais voulu travailler : mais je ne
trouvais point d'ouvrage. Enfin un vénérable personnage se présente à moi ; il avait un air grave et imposant : « Vous voudriez
de l'ouvrage me dit-il ? — Oui, lui répondis-je — Eh ! bien, je vais
vous en donner. J'ai un mur à construire, travaillez-y ; mais
remarquez bien qu'il faut que les pierres soient posées de manière
à ce qu'elles ne se touchent aucunement. Une pierre ne doit pas
porter sur une autre pierre. Eh ! comment voulez-vous que je
fasse, lui dis-je ? Est-ce que je puis faire tenir ces pierres en
l'air ? — Essayez toujours. Posez le fondement. » Je commençai
et je posai le fondement. « Voilà qui est bien, me dit le personnage, bâtissez actuellement. Je commençai mon mur, et je posais
quelques pierres sur le fondement. « Oh ! ce n'est pas cela, me dit
le personnage, il faut que ces pierres ne touchent à rien. Eh !
cela est impossible, lui dis-je ; elles ne se soutiendront pas. »
Enfin il m'en laisse placer un rang sur le fondement ; mais quand
je fus au second rang, il ne voulut pas absolument me laisser
poser d'autres pierres sur celles que j'avais placées. « Elles ne
doivent pas se supporter entre elles, me disait-il toujours. — Oh !

vous voulez l'impossible ; je ne pourrai faire votre mur, faites-le vous-même. — Eh ! bien, me dit-il gravement, vous êtes supérieur d'une congrégation qu'on appelle de Chavagnes ; si les religieuses ne veulent pas se supporter mutuellement, comment s'élèvera et subsistera l'édifice ? » Il disparut et je m'éveillai.

Si les mendiants abusent de l'aumône, ils en rendront compte à Dieu. Pour nous, nous serons récompensés de nos charités, si nous les faisons par amour pour Notre-Seigneur Jésus-Christ.

Se laisser arrêter par la crainte de se perdre en travaillant à sauver les autres, c'est manquer de zèle et de confiance en Dieu.

Je rêvais une nuit que j'étais dans le paradis. J'y ai vu des millions de saints et de saintes qui chantaient et jouaient de la harpe avec une mélodie qui ne peut se dire. Je m'approchai de saint Grégoire le Grand, que je reconnus, et je lui demandai : « Quels sont ceux-ci, qui sont si beaux, si robustes et d'une santé si brillante ? » Il me dit : « Ce sont ceux qui ont passé leur vie dans les infirmités corporelles. » Ces paroles me donnèrent bien de la joie. J'écoutai ce que l'on chantait. J'entendis une voix qui disait : « Trop heureuses infirmités ! Sans vous j'étais perdue. » Une autre disait : « L'or est mis dans le creuset ; il en sort plus pur et plus riche. Je suis un or pur ; gloire à notre Dieu ! » Une autre me regarde et chante : « La main qui te touche est la main d'un père qui t'aime. Pauvres mortels, vous pleurez, vous êtes tristes ; pourquoi ? C'est dans les infirmités qu'est l'assurance de votre salut. » Je me réveillai en pleurant de tendresse et aimant les infirmités dans moi et dans les autres. Je disais : « Vivent les infirmités ! Elles sont une preuve que nous sommes des élus. »

Les scrupules sont des fers aux pieds qui empêchent de marcher... Le scrupule est semblable à ces vers qui détériorent les fruits.

Ayez soin de prier les anges gardiens des enfants qui vous sont confiés, de vous aider à bien remplir votre emploi, de veiller sur eux avec vous, et de graver dans leurs cœurs les instructions que vous leur donnez.

Il est bien à regretter qu'on ne soit pas plus dévot aux anges des enfants ; il faut s'adresser avec une grande confiance à ces célestes guides, pour qu'ils conservent leur innocence ; c'est là une pratique.

Parler peu ; peu savoir ce qui se passe ; peu désirer ; beaucoup aimer ; beaucoup faire : ces trois *peu* et ces deux *beaucoup* font l'âme sainte.

C'est tout d'être en grâce avec Dieu ; quand on ne posséderait rien de plus, on est assez riche.

Les parfums font à la chasteté ce que l'haleine fait à un beau miroir.

Plus on mortifie ses sens intérieurs et extérieurs, plus on goûte les dons de Dieu et plus on profite. Sans la garde des sens et sans la mortification, jamais on n'aura le don d'oraison.

Bienheureux les doux, les pacifiques et les miséricordieux ; ils sont heureux et font des heureux.

La parole douce est une rosée qui rafraîchit et féconde la terre. La parole aigre est une grêle qui brise les rameaux des arbres et des fleurs. La parole douce est une main délicate, qui nettoie une plaie et met de l'huile avec un peu de vin ; et, si elle occasionne quelque douleur, l'infirme voit que c'est pour son bien. La parole sèche et sévère est une main maladroite qui frotte sans précaution une plaie et l'augmente. Il est vrai qu'on se sert de tranchants ; mais c'est quand un malade se trouve à l'extrémité et qu'on veut le sauver de la mort, et il le sait.

L'âme véritablement humble a autant d'estime pour le prochain que de mépris pour soi-même. Afin d'inspirer ce double sentiment à ses enfants, le P. Baudouin leur proposait cet apologue :

A la fin de l'été dernier, je me promenais dans le jardin ; j'entendis un abricotier qui conversait avec un amandier. J'écoutai bien attentivement ; car les arbres parlent bas, lentement et peu.

L'Abricotier. — Pourquoi, mon frère, élevez-vous si haut votre cime ? Votre fruit n'est pas si précieux, si succulent que vous puissiez vous enorgueillir, comme vous le faites, dresser si bien la tête et étendre si bien vos branches.

L'Amandier. — Le Seigneur m'a fait ainsi : je suis content.

L'Abricotier. — Vous croyez follement que vos fruits sont délicieux et meilleurs ? Mais les abricots !... Quel parfum ! quelle couleur ! quel suc ! quel goût ! Aussi on les cueille avec reconnaissance et avec soin ; on ne se sert pas pour cela d'un bâton ou d'un crochet.

L'Amandier. — Remerciez le Créateur ; il est très vrai que vos fruits sont très recherchés ; ils me paraissent beaux, succulents ; j'ai entendu les hommes les louer.

L'Abricotier. — Vous désireriez en produire de semblables.

L'Amandier. — Non, il me suffit de produire des amandes.

J'admirais la modestie de cet amandier, et me sentais un peu de mépris pour l'orgueilleux abricotier, lorsque j'entendis une aubépine qui était dans un coin et que je ne voyais pas. Elle remua ses rameaux hérissés, et dit avec une franchise assez rude : « Quel orgueil pour un abricotier, dont les fruits ne durent qu'un mois et sont souvent véreux ! Êtes-vous si insensé que de mépriser notre frère l'amandier ? Que de choses n'aurait-il pas à vous répondre ! Mais ce bon arbre ignore son propre mérite. Avez-vous, Monsieur l'Abricotier, reverdi, poussé des feuilles, et donné des fruits dans le tabernacle de l'alliance, pour distinguer le Grand-Prêtre de Dieu ? Faites-vous les breuvages délicieux qui réjouissent le goût et donnent le calme au corps et à l'âme de l'homme et lui procurent un doux sommeil avec des songes agréables ? Une preuve que l'amande est un bon fruit, c'est que Dieu l'a enveloppée avec précaution, pour la préserver de l'ennemi et la conserver longtemps. Je ne méprise pas vos abricots, mais ne méprisez pas les fruits de vos confrères, car vous n'êtes qu'un arbre. »

Les arbres se turent et moi de réfléchir.

Ne méprisons pas les autres, ne nous louons pas, contentons-nous des dons que Dieu nous fait : souvent les moins apparents sont les plus utiles. L'aubépine se contente de ses petites baies rouges.

Afin d'inspirer à ses enfants l'estime de la mortification et les porter à la pratiquer, le serviteur de Dieu leur disait un jour : Je me trouvais dans la Terre-Sainte et, voulant visiter ces saints lieux, j'entrai dans un beau et grand jardin tout rempli de fleurs brillantes, d'arbres magnifiques et de plantes odoriférantes. J'étais enchanté et embaumé ; je ne savais quel était ce jardin, et j'aurais bien voulu le connaître. Je cherchais si je trouverais quelqu'un qui pût m'apprendre ce que je désirais savoir. Je vis un personnage vénérable en habit de jardinier ; je m'approchai de lui et je le saluai ; il me dit avec douceur : « Vous voudriez savoir le nom

de ce jardin? C'est le jardin des Oliviers, ou autrement dit celui
de la Résurrection. » J'eus bien quelque idée que ce vénérable
personnage était Notre-Seigneur, mais je n'osais le lui demander.
Il me dit avec bonté: « Puisque vous êtes ici, si vous le voulez,
vous m'aiderez à cultiver les plantes de ce jardin, tenez, voici une
bêche et un arrosoir. » Le personnage vénérable avait une serpette, avec laquelle il coupait et taillait les arbustes et les plantes:
moi, je n'avais pas de serpette, mais seulement ma bêche et mon
arrosoir. Après que j'eus un peu travaillé, il me dit: « Venez avec
moi visiter le jardin. » Je le suivis, fort content; car c'était ce
que je désirais. Il me fit voir de belles et larges allées bordées de
toutes sortes de fleurs: des lis, des roses, etc. Mais tout autour du
jardin, je vis des figuiers fort beaux ; quelques-uns portaient des
fruits exquis, d'autres en avaient peu et de moindre qualité. Au
pied de chaque figuier, il y avait un carré de fleurs, comme de
violettes, de lis et de roses. Je vis mon conducteur prendre sa
serpette et couper des branches, émonder les figuiers. Quelques-
uns demeuraient tranquilles, d'autres étaient dans une agitation
continuelle et remuaient sans cesse leurs branches avec un grand
fracas. — Pourquoi, demandai-je, ces figuiers sont-ils si agités ?
— C'est, me dit mon conducteur, qu'ils ne peuvent rester en repos
et ne veulent pas souffrir que je coupe leurs branches ; aussi,
voyez, ils ne produisent que des fruits médiocres et en petite
quantité. Regardez au contraire ceux qui sont tranquilles et qui
se laissent tailler à ma volonté ; quels beaux fruits!... Je vis alors
pourquoi ces arbres ne produisaient pas également, bien qu'ils
fussent dans le même terrain et cultivés par le même jardinier.

————————

XV

LA VÉNÉRABLE MADAME BARAT

(1779-1865)

Madeleine-Louise-Sophie Barat naquit à la fin de l'année 1779, dans la petite ville de Joigny, en Bourgogne. Son père, Jacques Barat, vivait honnêtement de son état de tonnelier et surtout de la culture d'un petit patrimoine de vigne. Il a laissé dans le pays la réputation d'un homme de bien, laborieux, patient, portant dans toutes ses relations la franche loyauté des gens d'honneur et de foi. Sa mère, Madeleine Joufé, se distinguait par un plus haut mérite : c'était une femme remarquable pour sa condition, d'une intelligence élevée et suffisamment cultivée, surtout d'une piété solide.

L'enfant était si frêle à sa naissance qu'on crut urgent de lui conférer le baptême ; dès le matin, on la présenta à l'église.

On ne tarda pas à voir percer dans Sophie-Madeleine une intelligence d'une précocité extraordinaire. « Je n'avais que dix-sept mois, lorsque je m'aperçus que j'existais, » écrivait-elle plus d'un demi-siècle après. Sous les grâces d'un esprit qui éclatait en de vives et fines saillies, on distingua promptement le fond d'un jugement sûr. Ce qui la caractérisa de bonne heure, ce fut le bon sens, « ce maître de la vie humaine », comme Bossuet l'appelle ;

mais un bon sens supérieur, qui lui donnait la vue juste et soudaine des choses.

En même temps se dessinaient les premiers linéaments d'un noble et beau caractère. Sophie avait dès lors une horreur du mensonge instinctive, implacable, qui lui eût fait endurer tout au monde plutôt que de sacrifier la vérité. Surtout le cœur était chez elle la faculté maîtresse. C'est par le cœur qu'elle vivra, c'est par lui qu'elle règnera, par lui aussi qu'elle souffrira; car quel est le grand cœur qui n'ait pas son martyre ?

Dès que son âge le permit, elle fréquenta les catéchismes de sa paroisse et elle fut admise à faire sa première communion dans la mémorable année 1789.

Les riches dispositions que la nature et la grâce avaient déposées en elle appelaient une direction : Sophie la trouva au foyer même de sa famille. Son frère Louis, qui avait résolu de se faire prêtre, se mit à former cette jeune âme.

Jusqu'alors la jeune fille, inséparable de sa mère, avait vécu de la même vie, tantôt l'accompagnant aux vignes, tantôt s'employant à l'ouvrage de la maison, et prenant, sous sa conduite, ces habitudes d'ordre, de travail et d'économie qui, un jour, devaient rendre si chers à sa piété l'esprit et les mystères de la vie de Nazareth. Son frère l'appliqua désormais à l'étude. Il lui donna une règle. Chaque jour, de grand matin, à l'heure où son père descendait de l'atelier ou partait pour les champs, Sophie se levait. Elle se rendait d'abord à l'église voisine, où elle assistait pieusement à la première messe ; puis, montant à sa mansarde, l'écolière, seule sous le ciel, se plongeait dans une étude qui n'était interrompue que par les indispensables relations de famille et de rares congés.

L'esprit de Sophie eut bientôt pris un développement si rapide qu'elle franchit en peu de temps les premiers éléments des connaissances scolaires. Elle s'appliqua à la langue latine et fut promptement en état de lire dans le texte l'antiquité classique. Ce fut pour la jeune fille un monde d'enchantement. Virgile surtout, Virgile si profond, si religieux, si grand peintre des choses de la nature et de l'âme la ravissait. Elle connut aussi les Grecs, elle traduisit Homère. Elle trouvait dans cette poésie antique l'écho de ses propres sentiments, la première réponse à ses besoins natifs de beauté idéale et de grandeur morale : « L'héroïque me plaît, disait-elle encore dans ses dernières années ; là du moins il y a de l'espace, l'esprit se dilate à son aise, et le cœur se sent vivre. » Mais le premier et le plus haut bienfait de ces études fut d'éveiller dans son âme ces aspirations supérieures, infinies, qui sont les appels de Dieu et qui ne trouvent qu'en Lui leur satisfaction.

Rien ne paraissait suffire à l'activité dévorante de cet esprit ; les sciences naturelles, la botanique, l'astronomie élémentaires firent encore partie de l'instruction toute virile qu'elle reçut de son frère. Elle étudia l'espagnol et l'italien, qui lui servirent plus tard à édifier ses diverses familles de Rome et de l'Italie. Elle se préparait ainsi, sans le savoir, à accomplir les desseins de Dieu sur elle. Il convenait, en effet, qu'une instruction supérieure distinguât la fondatrice d'un Institut enseignant, où la science n'est pas seulement une parure, mais une vertu d'état. Puis la science rapproche de Dieu : « Si j'avais l'intelligence des anges, disait un saint, j'aimerais Dieu comme eux. » Pour l'institutrice future du Sacré-Cœur, le savoir ne fut jamais que le flambeau destiné à éclairer l'amour.

Elle portait dès lors en elle le dessein de se consacrer à Jésus-Christ dans la virginité et la vie religieuse. A quelle époque s'était fait entendre le divin appel? Elle a souvent déclaré qu'elle ne le savait pas au juste et que cet attrait datait de sa plus tendre enfance. Or, à cette époque surtout, c'était là une résolution d'une générosité héroïque : car l'heure où la jeune fille pensait à se donner au cloître, était celle où les cloîtres étaient dépouillés, dépeuplés, renversés. On entrait en pleine Terreur ; les prisons regorgeaient de religieuses et de prêtres, l'échafaud était dressé.

Louis Barat, alors diacre, dénoncé par un ancien camarade de collège, fut jeté dans une de ces prisons d'où l'on ne sortait que pour porter sa tête sur l'échafaud. A chaque instant il s'attendait à y porter la sienne, quand vint le 9 thermidor. Cependant il ne fut élargi qu'au mois de février 1795, après vingt mois de détention. Il avait alors vingt-sept ans.

Reçu prêtre, au sortir de sa prison, il emmena sa sœur à Paris. C'est là qu'il espérait la façonner plus librement pour en faire l'instrument des volontés divines.

Une vénérable chrétienne, Mademoiselle Duval, donna asile à Sophie Barat et à son frère dans sa maison de la rue de Touraine. Cette demeure hospitalière devint un véritable cénacle. Dans une des chambres, transformée en oratoire, était placé un autel où l'abbé Barat célébrait la messe en secret. Quelques chrétiennes du quartier venaient y assister. L'abbé Barat leur faisait des instructions familières et plusieurs se mirent sous sa direction.

Le directeur de ces pieuses filles ne tarda pas à reconnaître en quelques-unes la vocation à la vie religieuse, et persuadé que, parmi les ruines présentes, l'apostolat devait entrer pour une large part dans toute vocation, il voulut les préparer à faire l'œuvre de

Dieu, en fortifiant en elles l'instruction en tout genre. Sous les respectables auspices de Mademoiselle Duval, il leur fit donc un cours de lettres, de sciences et même de latinité. Sophie suivait ces leçons en même temps que ses campagnes; mais elle avait sur celles-ci une avance si marquée que, pour la prémunir contre les atteintes de l'orgueil, le maître avait soin de dissimuler sa supériorité en retardant ses progrès.

Au reste, ce n'étaient plus maintenant les sciences humaines que la jeune fille préférait. Elle lisait, apprenait, traduisait les auteurs sacrés et ecclésiastiques, les plus beaux passages des Pères et des Docteurs, les meilleurs leçons des maîtres de la vie spirituelle. Surtout la Bible était son livre de prédilection.

La vie que Sophie Barat menait à Paris avec son frère était pauvre, austère, toute cachée en Dieu. L'abbé Barat donnait quelques leçons au dehors afin de subsister ; sa sœur travaillait des mains pour lui et pour les autres : en même temps, elle faisait l'éducation d'une jeune fille. Nous apprenons encore qu'elle et ses compagnes prenaient soin de l'instruction de quelques enfants du quartier privés de catéchisme par le malheur du temps: l'Institut du Sacré-Cœur est déjà en germe dans ces humbles débuts.

A cette époque, deux attraits semblaient se combattre dans le cœur de Sophie. Tantôt elle se sentait prise d'une vive ardeur pour la conquête des âmes ; elle rêvait de se faire l'apôtre et l'évangéliste de l'amour de Jésus-Christ. Tantôt elle portait ses désirs vers les retraites où les épouses de Jésus-Christ se consument près de son cœur, dans une vie de solitude, de prière et de sacrifice.

C'étaient la vie active et la vie contemplative qui se présentaient à elle ; toutes deux pareillement saintes, toutes deux également, mais diversement utiles pour le salut du monde, sans qu'elle pût distinguer à laquelle des deux le Seigneur l'appelait de préférence. Elle ne pouvait soupçonner encore que la Providence lui ménageait l'une et l'autre.

Au sortir de la Révolution, quatre amis s'étaient réunis, décidés à reconstituer l'ancienne et célèbre Compagnie de Jésus, et ils avaient donné à leur petite société le nom de Sacré-Cœur. Ils avaient élu pour leur supérieur Léonor de Tournely, prêtre d'une piété angélique.

Il ne suffisait pas de travailler à relever la religion par les hommes. Les femmes, les mères de familles, les épouses chrétiennes, les jeunes filles vertueuses, devaient avoir aussi une part très considérable et plus grande, que jamais dans la rénovation de la société. C'est pourquoi Tournely fut inspiré de fonder, parallèlement à son Institut d'hommes, et presque sur le même plan, un Institut de femmes consacrées à l'instruction non seulement des enfants pauvres, mais des classes élevées et influentes du monde. Cet Ordre devait porter, comme l'autre, le nom du Cœur de Jésus.

Le P. de Tournely mourut jeune, sans avoir vu se fonder la société qu'il désirait, mais son projet ne descendit pas avec lui dans la tombe. Le P. Varin, élu supérieur à sa place, héritait de ses plans. Il chercha donc partout, dans ses courses de missionnaire, l'âme prédestinée à devenir l'instrument de Dieu pour cet ouvrage. Il allait trouver cette âme prédestinée, cette pierre fondamentale de la société du Sacré-Cœur.

Un jour le P. Barat parlant de sa *petite sœur*, âgée de dix-neuf à vingt ans, avait dit au P. Varin qu'elle avait appris le latin et le grec, qu'elle traduisait couramment Virgile et Homère, qu'elle était capable de faire une bonne rhétoricienne, qu'elle pensait à entrer prochainement au couvent, et que, pour le moment, elle était allée passer quelques semaines dans sa famille. Plus tard, la jeune fille lui était présentée, elle se mettait sous sa direction, il apprenait à la connaître, il l'initiait aux projets du P. de Tournely, et finissait par déclarer à l'humble fille que Dieu l'appelait à coopérer à cet établissement.

Surprise par ces révélations et ces propositions, qui cependant répondaient à plus d'une de ses pensées, Sophie Barat hésita. Sa faiblesse personnelle la faisait trembler : « J'y penserai, mon Père, » répondit-elle humblement.

Mais ce n'était plus de penser qu'il s'agissait à cette heure : toute la vie de Sophie était visiblement conduite vers ce but. Son guide lui en donna une assurance si forte qu'elle accepta tout avec cette généreuse abdication d'elle-même et cette confiance en Dieu qui devait faire la force surnaturelle de sa vie. « Pour moi, je ne savais rien, racontait-elle plus tard avec humilité ; je n e prévoyais rien : j'acceptai tout ce qu'on m'offrait. »

Mesdemoiselles Octavie Bailly et Loquet suivirent bientôt l'exemple de Sophie Barat, une petite couturière sollicita et obtint la faveur de s'adjoindre à elles, comme sœur converse, et le 21 novembre, fête de la Présentation de la sainte Vierge, fut fixé pour leur consécration.

Après les exercices d'une retraite préparatoire, ce jour heureux arriva. On donna à la petite chapelle de la rue de Touraine tout l'éclat qu'elle comportait. La messe fut célébrée par le P. Varin, et, après l'élévation, les postulantes prononcèrent leur consécration au cœur de Jésus-Christ, qu'elles reçurent ensuite dans la sainte communion.

La Société venait de naître. Dieu ne tarda pas à la bénir et à l'employer au service des âmes.

Le 15 octobre 1801, fête de sainte Thérèse, le Sacré-Cœur avait à Amiens sa première maison, mais qu'elle était humble, qu'elle était pauvre, la fondation d'Amiens, dans ces premiers temps! En 1804, il fut possible de remplacer cette maison fort incommode par la maison de l'Oratoire, beaucoup plus vaste et mieux disposée. En attendant, les élèves furent admises en assez bon nombre. Par reconnaissance, et afin d'étendre le bien, on joignit au pensionnat une classe gratuite pour les enfants pauvres qui bientôt y affluèrent. Cette charité entrait dans l'esprit de l'Institut, qui la pratique partout où il est appelé.

La mère Barat venait d'accomplir sa vingt-troisième année ; elle fut nommée supérieure, du consentement de toute la communauté.

Un des premiers jours qui suivirent sa nomination, la nouvelle supérieure réunit sa petite communauté. Elle lui exprima sa confusion, ses craintes, son dévouement, dans un langage pénétré d'un sentiment si sincère d'abnégation et de charité qu'il y eut dans l'assistance un attendrissement général. Ce qui y mit le comble, ce fut de la voir ensuite se prosterner aux pieds de chacune de ses filles, et les leur baiser avec une humilité dont elles étaient stupéfaites. Par cet abaissement, elle faisait assez connaître de quelle sorte elle entendait la supériorité, à l'exemple du Maître qui avait dit à ses apôtres : « Que celui qui est le plus grand parmi vous se fasse le plus petit, et que celui qui est le premier devienne comme le serviteur. »

Un demi-siècle et plus d'exercice du commandement ne devait pas donner un seul démenti à cet engagement de l'humble supérieure.

Dans cette maison d'Amiens, madame Barat était l'âme de l'éducation grave et sérieuse donnée aux jeunes filles. « Il me semble, écrit une de ses pensionnaires, il me semble encore voir ses yeux éclairés d'une flamme céleste, entendre ses paroles courtes, mais si pleines d'onction, quand elle nous entretenait du royaume de Dieu. Elle aimait à nous surprendre dans nos récréations. Tout s'animait alors : « Mes enfants, chantez-moi le cantique que j'aime! » Nous chantions : Qu'ils sont aimés, grand Dieu, tes tabernacles. Elle nous écoutait, puis elle nous en faisait ressortir les plus belles pensées. C'étaient des moments de bonheur. Quelle sérénité elle portait dans son regard! quelle humilité dans son maintien et ses discours! quelle indulgence maternelle dans la correction de nos défauts ! »

En l'année 1804, madame Barat fondait un pensionnat à Grenoble. En 1806, avait lieu la fondation de Poitiers. Ce pensionnat ne se remplissant que lentement, madame Barat, toujours dirigée par les vues de la foi, disait à ses religieuses : « Ne voyez-vous pas, mes filles, que Notre-Seigneur attend que vous soyez plus parfaites pour vous confier un plus grand nombre d'enfants? » On s'en dédommageait en ouvrant, vers la fin de 1807, une école pour les pauvres. « Il y avait longtemps, écrivait la supérieure, que nous désirions cet établissement. Il nous était pénible de ne pouvoir exercer cette bonne œuvre, qui est un des buts de notre Institut, et qui répond aux vues de Jésus-Christ sur nous. »

En 1808, Cuignières avait sa fondation, qui fut plus tard transportée à Beauvais, puis Niort, où l'on commença par l'ouverture d'une école gratuite pour les pauvres. Il semble que madame Barat eût voulu embraser le monde entier de l'amour de Jésus-Christ.

Six années allaient s'écouler avant que d'autres maisons de

l'Ordre fussent établies. Ce temps fut consacré à formuler les constitutions dont le prologue, si simple et si grand, nous dira le but de la société.

« Dieu, dont la Providence dispose de tout avec sagesse pour le bien de l'Église, lui a donné, dans tous les temps, des secours proportionnés à ses besoins. Mais c'est surtout dans ce dernier siècle qu'il a fait éclater envers elle sa bonté et sa magnificence, en lui découvrant les immenses trésors de grâces renfermés dans le Cœur de son Fils. Il a voulu, par là, non seulement faire rendre à ce divin Cœur le culte d'amour et d'adoration qui lui est dû à tant de titres, mais aussi ranimer le flambeau de la foi et le feu sacré de la charité, que l'impiété s'efforçait d'éteindre dans tous les cœurs.

« La dévotion au Sacré-Cœur est marquée à des caractères qui ne permettent pas de méconnaître le doigt de Dieu. La rapidité avec laquelle elle s'est répandue dans tout le monde chrétien, l'empressement des fidèles à en embrasser les saintes pratiques, le zèle des souverains Pontifes et des évêques à en favoriser les progrès ; les fruits de grâce qu'elle a produits en tant de lieux, mais surtout dans la France, qui en est le berceau ; enfin la nature de cette dévotion, si propre à toucher le cœur des fidèles et à ranimer la ferveur des justes : tout prouve combien elle est agréable au Seigneur, et que c'est lui-même qui l'inspire.

« C'est pour entrer dans ses desseins, si clairement manifestés de nos jours, que cette petite société, formée sous l'autorité des évêques, avec le désir et l'espoir d'obtenir du souverain Pontife une approbation solennelle, s'est consacrée au divin Cœur de Jésus et à la propagation de son culte.

« La fin de cette société est donc de glorifier le Sacré-Cœur de

Jésus, — d'abord en travaillant au salut et à la perfection de ses membres par l'imitation des vertus dont ce divin Cœur est le centre et le modèle; — puis, en se consacrant, autant que cela peut convenir à des personnes du sexe, à la sanctification du prochain, comme à l'œuvre la plus chère au Cœur de Jésus. Elle se propose aussi d'honorer d'un culte particulier le très-saint Cœur de Marie, si parfaitement conforme en tout au Cœur adorable de Jésus, son divin Fils. »

A partir de ce moment, la stérilité dont la société était frappée depuis 1808 fait place à une fécondité qui couvre de fondations non seulement la France et les États voisins, mais les terres lointaines. Faut-il nommer les fondations de Paris, Quimper, la Louisiane, Chambéry, Lyon, Bordeaux, l'Amérique, Le Mans, Autun, Besançon, Turin, Metz, Lille, Nouvelle-Orléans, Rome, Perpignan, Alger, celles d'Angleterre, d'Autriche, et d'Irlande, etc.

Il sera plus utile d'étudier le bien que la société du Sacré-Cœur a opéré.

L'éducation des femmes a été de tout temps une des sollicitudes de l'Église catholique. Elle l'était devenue surtout depuis le xvıᵉ siècle, lorsque, à la suite de la Réforme et de la Renaissance, l'esprit de foi se refroidit et menaça de s'éteindre au foyer domestique, qui est naturellement l'école de la jeune fille. Depuis lors un grand nombre d'Ordres et de Congrégations avaient ouvert à l'enfant ces asiles monastiques recommandés par Fénelon et dont Bossuet célébrait la religion et le bonheur. C'étaient les Ursulines, les Bénédictines, les Visitandines, et beaucoup d'autres sociétés dont madame Barat ne manquait jamais, à chaque occasion, de préconiser le mérite et les travaux. Le Sacré-Cœur ne prétendait ni les remplacer ni les supplanter. Il venait, à son heure, et le dernier de tous, travailler à la même œuvre, en lui imprimant son caractère spécial d'Institut consacré à l'amour de Jésus-Christ, et mettant à son service l'expérience consommée que les Jésuites, ses premiers Pères, avaient acquise dans leurs collèges.

A première vue, rien d'extraordinaire ne distingue cet Institut, il n'y a guère que ce qui se pratique à peu près partout. La grande chose qui cependant le particularise est l'esprit qui l'anime, l'esprit du Sacré-Cœur ; de sorte que l'éducation donnée par la société pourrait se définir d'un seul mot qui dit tout : c'est l'éducation du Cœur sacré de Jésus. Ce divin Cœur enseigné, aimé, servi, imité, est le centre d'où tout part et où tout aboutit.

Le Cœur de Jésus étant le principe, le modèle et l'inspiration de l'éducation, son règne en est le but suprême, et ce que l'Institut se propose de faire fleurir parmi ces enfants, qui seront les femmes de l'avenir, c'est la loi de l'Évangile au sein de la famille. « Quel bien, est-il dit dans les Constitutions, quel bien ne peut pas faire une épouse chrétienne, une mère de famille vertueuse et attachée à ses devoirs ! Combien d'époux, ramenés par les exemples, les soins, la douceur et les prières d'une femme solidement pieuse ! que de générations peuvent devoir leur salut à une mère selon Dieu ! Enfin, au-delà du règne de Jésus-Christ sur la terre, l'Institut voit l'avènement de son règne dans le ciel, et il montre les maîtresses heureuses de pouvoir un jour « présenter à leur Époux les cœurs d'une multitude innombrable d'enfants qu'elles auront formées sur son modèle et qui propageront son culte, son amour, sa gloire. » Envisagée de cette sorte, l'éducation se transfigure ; ce n'est plus seulement une œuvre de maternité ; c'est l'exercice d'un sacerdoce ; et l'école, cessant d'être le simple supplément du foyer domestique, se change en un sanctuaire, où, de quelque côté qu'on se tourne, on est, pour ainsi dire, enveloppé de la présence et de la puissance de Dieu.

Un caractère bien fortement prononcé de ce plan d'éducation est sa solidité en toutes choses, spécialement dans l'éducation religieuse. En religion, rien de mou, de vague, de raffiné, de superficiel. La piété de surface, la piété de sentiments et d'imagination sont un si grand péril chez les femmes !

Loin de bâtir la vertu et la piété des jeunes filles sur ce sable mouvant, le Sacré-Cœur ne veut pour elles que ce que Bossuet nomme « l'incompréhensible sérieux de la vertu chrétienne ». On leur fera donc une piété solide dans ses principes, et voilà pourquoi la doctrine chrétienne « sera l'étude principale des enfants et le premier objet de l'enseignement ». On leur fera une piété solide dans ses motifs, affermissant en elles la foi et *la crainte de Dieu, commencement de la sagesse;* tournant ensuite, il est vrai, leurs cœurs naturellement sensibles vers le Cœur aimable de Jésus, mais en les modérant, remettant sous leurs yeux l'austère mystère de la Croix, et par la vue de ce que Jésus-Christ a souffert, les animant à travailler et à s'immoler pour lui. On leur donnera surtout une piété solide dans ses résultats, « en leur faisant sentir que la véritable vertu consiste dans l'accomplissement des devoirs de son état, et que toute piété non fondée sur ce principe n'est que vaine chimère et illusion funeste ». On leur proposera enfin une piété aussi solide que haute dans son modèle, « les formant à la connaissance et à l'amour de Jésus-Christ, qui présente dans sa personne, d'une manière si aimable, l'exemple et la pratique de toutes les vertus ».

Ainsi, prévenant les défauts les plus ordinaires de la piété des femmes, l'éducation du Sacré-Cœur doit tendre à opposer une foi positive aux vagues rêveries, la raison au sentiment, la sagesse à l'exaltation, et aux langueurs amollissantes une généreuse force [1].

Pendant que le bien se faisait autour d'elle et par elle, qu'on prenait tous « les moyens de former les élèves à la simplicité, à l'ordre, à l'économie et au goût des choses sérieuses », madame Barat travaillait plus que jamais à sa perfection.

On observait de plus en plus dans la servante de Dieu un absolu détachement des choses de la terre. « Peu de chose suffit au sage, avait-elle coutume de dire ; moins encore suffit aux saints. » Tout ce qui l'entourait, tout ce qui était à son usage portait le cachet de la pauvreté religieuse. Une simple table avec un petit pupitre portatif et quelques chaises de paille composaient l'ameublement de son cabinet de travail ; un crucifix et une image de la sainte Vierge en étaient la parure.

En dehors du nécessaire, tout ce que l'affection prévenante de ses filles lui offrait de trop commode, de trop riche, était impitoyablement refusé. Si l'on insistait pour lui faire agréer quelque présent semblable : « J'aime tant la pauvreté, disait-elle d'une voix suppliante, et je désire tellement la voir pratiquée, que vous ne me ferez pas la peine de me contraindre à donner le mauvais exemple. » On la vit même une fois mettre, sans rien dire, hors de sa chambre de Conflans, tapis, rideaux et autres objets de mobilier qu'on y avait introduits pour la préserver du froid ; ensuite appelant l'économe, elle la pria en souriant de la débarrasser de ces inutilités, qui encombraient le seuil.

Elle eût voulu ne porter que des vêtements usés et rapiécés.

----

[1] Voir l'analyse des Constitutions du Sacré-Cœur, faite par M. l'abbé Baunard dans son beau livre : *Histoire de madame Barat.*

Elle exigeait que chaque sœur eût tout ce qui lui fallait, mais, pour ce qui la concernait, elle défendait de le remplacer sans la prévenir. « Nous sommes pauvres, mes filles, nous devons agir en pauvres, » répétait-elle. En conséquence, elle-même ménageait avec une sainte parcimonie le bien de la communauté, l'eau, le bois, l'huile ; modérant le feu de son foyer, s'en privant quand elle le pouvait faire à l'insu des Sœurs ; réservant pour s'éclairer les derniers bouts de chandelles ; recueillant les moindres restes, au réfectoire, au jardin, dans les classes, partout ; balayant, nettoyant, épluchant, comme la plus humble servante, et animant toutes ces actions d'une gaieté et d'une ardeur qui faisaient assez voir qu'elle les faisait pour Dieu.

Jamais oisive, elle tricotait, raccommodait, tirait l'aiguille, tout en alimentant la conversation.

Son amour de la souffrance égalait son amour de la pauvreté. On rapporte qu'un jour, à l'exemple de Jeanne de Chantal, elle voulut imprimer sur sa poitrine l'image du Sacré-Cœur de Jésus en y appliquant une médaille rougie au feu ; on s'en aperçut à temps pour l'en empêcher. Elle se faisait une loi de cacher ses pénitences. Cependant son secret lui échappait quelquefois. « Il fut un temps, avouait-elle à une de ses religieuses, où j'étais tellement disposée à m'impatienter que je n'y trouvais qu'un remède : je prenais la discipline, je me frappais tant que je pouvais, et c'est ainsi seulement que je parvins à me calmer. » Ayant dit cela, elle rougit, s'apercevant de l'impression produite par cet aveu. Et une autre fois, recommandant à une supérieure de refuser aux personnes nerveuses de se donner la discipline : « Moi qui ne suis pas nerveuse, ajouta-t-elle, je ne puis en user sans qu'il me reste un tel tremblement que je suis plus de dix minutes avant de pouvoir écrire. » Celle qui parlait ainsi avait alors soixante-six ans.

D'ailleurs, tout lui était bon pour se mortifier. Par exemple, on la vit une fois, relevant ses manches, arracher les orties avec un tel oubli de toute précaution, que son bras était gonflé de piqûres jusqu'au coude : « Allons, dit-elle, à la sœur qu'elle avait aidée, cela nous comptera pour une discipline. » En Italie, on observait qu'étant à la chapelle elle laissait les moustiques la dévorer jusqu'au sang, plutôt que de faire un mouvement pour s'en délivrer. Lui offrait-on, pendant ses fréquentes maladies, quelque adoucissement : « Je ne l'aime pas, » répondait-elle ; ou : « Cela me fait mal. » On finit par comprendre ce que cela signifiait. Une fois, sortant de maladie, elle quitta furtivement son lit pour se mettre à genoux sur le carreau de sa chambre ; et comme l'infirmière, l'ayant ainsi surprise, la taxait d'imprudence : « Fallait-il donc répondit-elle, être infidèle à la grâce ! Je suis sortie de mon lit parce que je m'y trouvais trop bien. » Souvent on la voyait, avant l'entrée au réfectoire, se diriger la dernière vers la fontaine commune, et se servir de l'essuie-main après les autres : « Madame Louise de France, disait-elle gaiement, se mortifiait en cet exercice de pauvreté. Je le comprends, et j'avoue que, sans avoir été nourrie au palais de Versailles, cela me coûte *un brin*. » Ses journées étaient pleines de ces sacrifices, minimes il est vrai, mais qu'agrandissait l'amour de Dieu. « Regardez comme perdu le jour où vous n'aurez pas souffert pour Jésus, » disait madame Barat.

Elle avait l'orgueil en exécration. « Ah ! le *moi*, si je le tenais, je l'étranglerais, l'entendait-on répéter ; pas de trêve dans cette guerre : il faut vaincre ou mourir. » — Elle aimait à dire : « Saint Jean, dans sa vieillesse, répétait toujours : « Charité ! charité ! aimez-vous les uns les autres. » Et moi, jusqu'à la fin, je dirai à mes filles : Humilité ! humilité, toujours humilité ! »

Elle en donnait partout l'exemple. Témoin le jour où, après une forte instruction sur l'humilité faite en présence de toute la communauté, elle laissa sortir les religieuses de chœur, et, retenant auprès d'elle les coadjutrices : « J'ai une grâce à vous demander, mes bonnes filles, dit-elle, promettez-moi d'avance que vous ne me la refuserez pas. » Elles promirent aveuglément : « Eh bien ! ajouta-t-elle, je vous demande la grâce de vous baiser les pieds : surtout n'en dites rien. » — Alors, raconte une des sœurs, s'agenouillant devant la porte, elle nous baisa les pieds à mesure que nous passions, sans qu'aucune put échapper, quoique nous fussions nombreuses. » Madame Desmarquet, sa monitrice, l'avertit ensuite que cela ne convenait guère à une mère Générale ; néanmoins elle ne put empêcher que le fait ne se renouvelât encore plusieurs fois.

Son humilité avait réponse à tout. Comment Dieu l'avait-il choisie pour présider aux premières origines de la Société ? « C'est, comme elle l'expliquait, que les plus belles plantes ont leurs racines dans du fumier ; et qu'on jette d'ordinaire dans les fondements d'un édifice des pierres brutes, grossières, destinées à rester à jamais cachées aux yeux. » Comment avait-elle pu opérer tant de choses ? « Comme l'écolière, disait-elle, à qui l'on conduit la main pour faire sa page d'écriture ; sans le secours du maître, elle ferait de belles choses ! » Comment dirigeait-elle tant d'âmes, tant de familles répandues sur toute la terre ? « Comme ces poteaux plantés le long des grandes routes qui indiquent le chemin à prendre, mais qui ne marchent pas. »

Madame Barat avait horreur des compliments. Lui chantait-on quelques couplets louangeurs : « Vous allez achever de me brouiller avec le Parnasse » ; ou bien, arrêtant les chanteuses :

« Tenez, mes bonnes enfants, à force de chanter vous ne savez plus
ce que vous dites. » Lisait-on devant elle des passages des *Lettres
annuelles* où elle était citée, d'un coup de sonnette énergique
elle arrêtait la lectrice : « Faites-moi le plaisir de passer cela,
ma fille, et tout ce que vous trouverez de semblable à cela. Je ne
savais pas qu'on prit la peine de recueillir mes paroles. S'il en
est ainsi, je ne dirai plus rien. » On sait sa répulsion pour le nom
de fondatrice ; elle en souriait de pitié, et levant son regard : « O
Jésus ! répétait-elle, c'est bien vous tout seul ! » Mgr Parisis, l'entretenant des progrès de la Société, lui dit : » Je pense que vous
n'en tirerez aucune gloire pour vous... — Ah ! Monseigneur, que
dites-vous ? Ce serait horrible, » s'écria madame Barat. Une petite
nièce du Père Varin faisant sa probation en 1865 entendit la mère
Générale lui dire, en parlant de sa promotion au gouvernement de
la Société : « Votre grand-oncle, mon enfant, a fait une grande
faute... Cependant il est possible qu'en cela il ait été inspiré de
Dieu, qui voulait fonder son œuvre sur le plus petit néant...
Si votre mère est si peu de chose, que devez-vous être, ma
fille ? »

Le foyer d'où rayonnaient ces vertus d'humilité, de pauvreté,
de pénitence en madame Barat, était l'amour de Dieu.

Son amour de Dieu débordait en cris soudains. On l'entendait
redire fréquemment cette prière : « O cœur de Jésus, ma lumière,
mon amour et ma vie, faites que je ne connaisse que vous, que je
ne vive que de vous, en vous, par vous, pour vous ! » La nuit
on entendait ces exclamations : « Mon Jésus ! mon cher Seigneur ! »
et on la voyait chercher des mains le crucifix qui ne la quittait
jamais. Dans une de ses maladies, comme on lui demandait si elle
n'avait besoin de rien, elle répondit avec un accent ineffable : « Je

n'ai besoin que d'une chose : aimer Jésus et le savoir aimé. »

C'était surtout sur Jésus, présent et vivant dans l'Eucharistie, que se concentraient les ardeurs de l'amour dans la servante de Dieu. Le tabernacle était son refuge, sa patrie, son ciel. On rapporte que le matin, dès avant cinq heures, lorsque la sacristine allait ouvrir la chapelle, elle trouvait l'impatiente adoratrice près de la porte, attendant en prière le moment d'entrer. Souvent dans la journée elle était prise d'une soif soudaine de Jésus-Christ. « Il y a bien longtemps que je n'ai vu Notre-Seigneur, » l'entendait-on s'écrier. Un jour, ayant été retenue par une longue visite, elle s'en plaignit en disant : « Hélas! je n'ai pas vu Notre-Seigneur aujourd'hui ; croyez-vous, ma fille, que je puisse vivre comme cela ? »

Cet amour pour Jésus se fait jour à travers la correspondance de madame Barat. Le fond en est de Jésus : c'est lui qui éclaire tout, et quelque soit le sujet qui remplisse les pages, toujours un mot, une ligne reportent la pensée vers Lui.

Aimant Jésus, comment madame Barat n'aurait-elle pas aimé les âmes? Cet amour semblait redoubler d'ardeur à la fin de sa vie: c'était le *sitio* de Jésus expirant.

« La nuit arrive à grande vitesse, disait une de ses lettres, alors nous ne pourrons plus ni travailler, ni mériter, ni sauver des âmes ; c'est ce que je regretterais le plus, si cela était permis quand le Maître appelle. » Et dans une autre lettre : « Être apôtre, être sauveur, c'est le seul contentement qui puisse nous attacher à la vie. » Un jour de carnaval, pensant aux crimes des hommes, elle disait à ses novices: « C'est à vous à dédommager le cœur blessé de Notre-Seigneur. Vous ferez l'*heure sainte* devant le Saint-Sacrement ; et là chacune de vous s'acharnera à une âme jusqu'à ce qu'elle l'ait obtenue de Jésus-Christ. » Ce qu'elle conseillait, elle le faisait.

La charité de madame Barat ne s'arrêtait pas aux âmes. Quel respect, quel amour elle avait des pauvres! Leurs joies et leurs peines devenaient les siennes propres. Elle donnait largement, sans compter et sans jamais se lasser. Plusieurs fois l'économe lui manifestant sa crainte qu'elle ne pût suffire à tant de charités : « Eh! bien, répondit la mère Générale, quand nous n'aurons plus rien, nous vendrons nos vases sacrés plutôt que de laisser les malheureux dans le besoin. » Et à une portière qui lui demandait comment elle ferait à sa place, à la vue de tant de pauvres qui assiégeaient la porte : « Moi, ma bonne fille? je ruinerais la Société. Le bon Dieu le savait bien : c'est pourquoi il n'a pas voulu que je fusse portière. » Et, de fait, elle se dépouillait de tout. Un soir d'hiver, voyant un vieillard déguenillé qui grelottait de froid, elle demanda son manteau pour le lui envoyer : « Mais vous oubliez donc que vous l'avez donné ce matin? » lui dit la portière. Un jour la Sœur chargée du soin de ses habits, ayant trouvé l'armoire absolument vide : « Enfin, vous serez contente, lui dit-elle d'un ton de reproche, à force de donner vous n'avez plus même de quoi changer de linge. En elle se réalisa la parole de sainte Thérèse : « Plus nous profitons en l'amour de Dieu, plus nous avançons dans l'amour du prochain. »

L'amour que madame Barat avait toujours eu pour les enfants grandissait tout particulièrement en ces dernières années. A cette époque plus que jamais, les enfants étaient devenus sa vie, son repos, son rajeunissement, et, comme elle disait, « la rosée de son âme ». Étant aux Feuillantines, elle éprouva un tel vide de ne plus jouir de la société des élèves qu'elle se hâta d'écrire à une de leurs maîtresses : « Ma fille, j'ai faim d'enfants. Mettez-moi les plus petites dans une grande voiture, et amenez-les moi pour leur congé, j'aurai pourvu à leur goûter dans le jardin. » Elle aimait à réunir les enfants, elle tirait de sa mémoire des récits agréables qui gravaient la loi de Dieu dans ces jeunes consciences. Elle disait : « Pour une seule âme d'enfant j'aurais fondé la Société. » Elle écrivait, le 12 janvier 1861 : « L'espérance de l'Église est dans la jeunesse. Hélas ! le démon le sait, c'est pourquoi il travaille tant à lui ôter le bienfait de l'éducation. »

Abordant une des maîtresses : « Je viens de rencontrer une troupe de vos enfants, quittant joyeusement la récréation pour visiter Notre-Seigneur. Ah ! mes chères filles, que je vous estime heureuses de mettre l'amour de Jésus-Christ dans ces âmes ! Que je me trouverais bien là ! Mais apparemment que je n'en étais pas digne. » Le soir d'une première communion on l'entendait répéter : « Oh ! mes filles, n'y eût-il que la joie d'un pareil jour, c'en serait assez pour nous payer de tous nos sacrifices. »

Madame Barat s'éteignit doucement, le 25 mai 1865. Elle avait quatre-vingt-cinq ans. Elle laissait derrière elle trois mille cinq cents religieuses et cent onze établissements fondés pour continuer son œuvre.

Au sortir des mauvais jours de la Révolution, aucun asile n'était ouvert à la jeunesse chrétienne, plus d'éducation, aucune instruction, nulle piété profonde. Madame Barat fut suscitée par Dieu pour opérer cette œuvre. Bientôt l'éducation des femmes fut transformée, et le bienfait s'en répandit de la France à l'Étranger, de l'ancien monde au nouveau.

Sur son tombeau on grava, au-dessous des sacrés Cœurs de Jésus et de Marie, encadrés de lis, cette simple inscription :

« Ici repose dans la paix du Christ Madeleine-Louise-Sophie Barat, fondatrice de la Société des vierges du Sacré-Cœur, qu'elle a gouvernée pendant soixante-deux ans avec une admirable suavité et prudence. Plus elle la vit se répandre et prospérer, plus elle s'abaissa elle-même, attribuant tout à Dieu. Elle mourut le jour de la fête de l'Ascension du Seigneur, le 25 mai 1865, à l'âge de quatre-vingt-cinq ans cinq mois treize jours. Salut et adieu, bonne mère ; vivez en Dieu et souvenez-vous de celles que vous avez enfantées au divin Cœur. »

L'*Histoire de madame Barat* a été merveilleusement écrite par M. l'abbé Baunard. 2 forts volumes in-8°.

QUELQUES PENSÉES ET MAXIMES DE LA VÉNÉRABLE MADAME BARAT

Quand tout nous abandonne, abandonnons tout à Dieu.

L'humilité est une aiguille qui raccommode bien des trous.

Que l'exil est long ! Il n'y a qu'une seule chose qui puisse en adoucir la peine, c'est de souffrir.

Sans l'amour du sacrifice, nous ne sommes que des gagne-petit. Souffrons avec joie, comme le soldat qui monte à l'assaut, bouillant de faire éclater sa valeur et déjà joyeux de l'espérance de la victoire.

La croix est-elle avec vous ? traitez-la en amie. Elle est la corne d'abondance des grâces spirituelles.

Prions plus par nos vertus que par nos longues oraisons.

Voulez-vous gagner une âme qui vous est chère? Il faut souffrir pour elle.

Soyons humbles et patients pour gouverner les autres. Oh! que les imparfaits exigent de perfection!

Quand notre volonté d'être à Dieu est ferme, pourquoi craindre d'être mal avec Lui?

Peu de chose suffit au sage, moins encore suffit aux saints.

Au milieu de tant de tracas divers, prenez soin de votre intérieur, c'est l'âme de l'action. Elle sera vide et sans vie si l'âme est desséchée. Que tirer d'un jardin qui a des conduits qui n'amènent pas d'eau?

Soyez fervente, Dieu le veut. Il ne règne pas dans un cœur où souffle le vent du nord.

La première règle est de n'ennuyer personne.

Souvent c'est par la brèche que Dieu entre dans les âmes.

Il en coûte davantage de rester dans un misérable médiocre que de se donner à Dieu. Au lieu de nager entre deux eaux, ce qui est à la fois dangereux et pénible, hâtons-nous de prendre le cours de l'eau. Une fois dans le courant, l'Esprit-Saint nous poussera et nous arriverons plus sûrement au port.

Le petit train d'une vie à demi parfaite qui aurait pu suffire dans un autre temps, ne saurait plus convenir au temps où nous vivons.

Aucun bois n'est plus propre à entretenir le feu de l'amour divin que le bois de la croix.

L'amour de Dieu change tout en allégresse. Il n'y a de souffrance que dans l'hésitation à accepter la croix.

Il faut être fidèle jusqu'à un iota ; la moindre infidélité est une petite maille échappée du tricot, toute la trame s'en ressent.

Il ne faut pas marchander avec Jésus-Christ ; s'il vous demande l'échantillon, donnez-lui la pièce entière.

Regardez comme perdu le jour où vous n'aurez pas souffert pour Jésus.

Saint Jean, dans sa vieillesse, répétait toujours : « Charité, charité ! Aimez-vous les uns les autres. » Et moi, jusqu'à la fin, je dirai : « Humilité, toujours humilité ! »

Ayez un cœur d'enfant pour Dieu, un cœur de juge pour vous, un cœur de mère pour le prochain.

Ne désirons que le bon plaisir de notre bon Maître : c'est le seul moyen d'être en paix.

La grande fécondité est toujours le prix des grands sacrifices.

Être apôtre, être sauveur, c'est le seul contentement qui puisse nous attacher à la vie.

L'espérance de l'Église est dans la jeunesse. Hélas ! le démon le sait ; c'est pourquoi il travaille tant à lui ôter le bienfait de l'éducation.

XVI

DON BOSCO[1]

(1815-1888)

Recueillir des enfants que le délaissement, l'ignorance, le contact d'êtres dépravés livrent sans défense aux atteintes du mal, les instruire, leur apprendre un métier, en faire des hommes utiles à leur pays, des chrétiens sincères et même des prêtres, voilà l'œuvre de Don Bosco.

Jean Bosco naquit le 16 août 1815, à Châteauneuf d'Asti, dans les environs de Turin.

Son père possédait une petite propriété. Il cultivait lui-même son bien et vivait du produit de ses champs. Homme juste et bon, travailleur infatigable, chrétien parfait, il était le modèle des maris.

Jean n'avait que deux ans lorsque son père mourut. Sa mère prit alors la direction de la maison, n'hésitant pas à se mettre elle-même au travail de la terre, avec les deux domestiques de son mari, qu'elle avait voulu conserver, et surtout s'occupant de l'éducation de ses enfants.

« Marguerite Bosco, lit-on dans une histoire, était marquée de

---

[1] On lira avec intérêt *Don Bosco*, par le Dr Charles d'Espiney, 1 vol. in-12.

Don Bosco.

la mâle empreinte que donne la vie des champs; mais la rudesse native de cette forte race était adoucie chez elle par une charité sans bornes, par un immense amour de Dieu et du prochain. De là une véritable distinction et une rare délicatesse de sentiments.

« Douée d'une grande fermeté, elle se montrait surtout impitoyable lorsqu'il s'agissait de repousser le mal. Le péché lui faisait absolument horreur, et un jour que, conduisant ses deux fils, elle fit la rencontre d'un vieillard qui proférait des paroles grossières : « Mes enfants, dit-elle, si vous deviez jamais ressembler à ce malheureux, je prierais Dieu de vous faire mourir à l'instant. »

« Les préoccupations de la vie matérielle n'excluaient pas les soins de l'âme. De bonnes lectures venaient réconforter tous les gens de la maison; la prière du matin et du soir se faisait en commun, et, même lorsqu'on allait aux champs ou qu'on revenait du travail, la pieuse Marguerite manquait rarement de dire tout haut le rosaire; ses enfants et les domestiques répondaient [1]. »

Élevé ainsi, sous l'aile d'une mère chrétienne, Jean Bosco se développa rapidement. Il était naturellement très observateur, parlait peu, écoutait beaucoup, faisait preuve d'une intelligence supérieure à son âge.

De bonne heure la vocation ecclésiastique se révéla chez l'enfant. Le curé de la paroisse, frappé des rares dispositions qu'il avait remarquées chez le petit Jean, offrit spontanément de lui donner des leçons. L'application soutenue de l'élève et son étonnante mémoire amenèrent de rapides progrès. Malheureusement le vénérable maître, fort âgé et épuisé par les fatigues d'un long

[1] Charles d'Espiney.

ministère, mourut, et force fut d'envoyer l'enfant à l'école publique de Châteauneuf, puis à celle de Chieri. C'est là qu'il termina ses études de latin, et Jean Bosco, qui n'avait jamais varié dans sa résolution de se consacrer à Dieu, demanda à entrer au grand séminaire. A cette occasion, des voisins et des amis faisaient remarquer au jeune homme qu'il pouvait, avec ses grandes facultés, prétendre à une position élevée. Sa mère lui dit ces paroles qui peignent l'austère grandeur de cette femme du peuple : « Mon fils, si en te faisant prêtre tu devais devenir riche, sache-le, je ne te reverrais plus, et je ne mettrais jamais les pieds dans ta maison. Je suis née pauvre, je veux rester pauvre. Une seule chose m'importe : le salut de ton âme. »

Le 5 juin 1841, Don Bosco fut ordonné prêtre. Il avait vingt-six ans.

Dans les premières années de son sacerdoce, il visitait parfois les prisons de Turin, et il fut vivement ému en remarquant parmi les détenus bon nombre de jeunes gens et même d'enfants.

La cause de cette dépravation précoce n'était que trop visible. Dès leur entrée dans la vie, ces pauvres enfants avaient été livrés au plus dangereux abandon et n'avaient eu sous les yeux que l'exemple du vice. Enfermés ensuite comme des êtres nuisibles, leur séjour dans la prison ne faisait que les rendre plus corrompus encore.

Dès lors le saint homme se sentit invinciblement poussé à se consacrer aux enfants pauvres et abandonnés qui pullulaient dans les carrefours de Turin. Sa résolution fut prise. Il les arrachera aux entraînements du mal, il les instruira, il leur fera connaître, aimer et servir Jésus-Christ, qui est mort pour eux et dont personne ne leur parle.

Pendant qu'il roulait dans son esprit et dans son cœur ce chari-table projet, la main de Dieu lui conduisit son premier néophyte, Barthélemy Garelli, jeune homme de seize ans, orphelin de père et de mère, qui errait à l'abandon dans les rues de Turin, comme tant d'autres. Don Bosco commençait, le soir même, son éduca-tion chrétienne en lui apprenant à faire le signe de la croix, car Garelli ignorait les choses les plus élémentaires de la religion.

D'autres enfants se joignirent bientôt à Garelli. C'étaient, pour la plupart, des apprentis maçons dont les maîtres n'avaient nul souci. Don Bosco les réunissait le plus souvent pos-sible, leur ensei-gnait les principes de la religion et les conduisait aux

On y fit une chapelle.

offices. Au commencement de 1843, ces enfants et ces jeunes gens étaient déjà au nombre d'un cent.

La petite chambre de Don Bosco devint le lieu de réunion de ces enfants ; ce local était absolument insuffisant ; l'escalier, les corridors devaient recevoir le trop-plein, et l'on peut aisément s'imaginer dans quel état était mise la pauvre chambre du bon prêtre.

La marquise Barolo donna deux appartements. On y fit une cha-pelle, et là, catéchismes, chants des cantiques, instructions entre-mêlées de récits intéressants, tout attira cette jeunesse. Des classes avaient été organisées. Tout marchait au gré des désirs du saint prêtre. Mais les épreuves ne devaient pas lui manquer.

Tout à coup la marquise Barolo réclame le local qu'elle a prêté, voulant l'affecter à une autre destination.

Don Bosco obtient de la municipalité l'usage de l'église Saint-Martin, abandonnée depuis longtemps. Le bruit des enfants, prenant leurs ébats sur la place publique, devant l'église, incommode les habitants des maisons qui donnaient sur la place. Plainte est portée, et le syndic de la ville signifie à Don Bosco qu'il ait à se procurer un autre emplacement.

La municipalité, heureuse de voir l'établissement de classes pour les ouvriers, accorde l'église de Saint-Pierre-ès-Liens et une vaste cour qui y était attenante. Dès le lendemain, le curé, troublé par le bruit qu'avaient fait les enfants, se plaint, et la permission donnée est aussitôt retirée.

Les réunions alors ont lieu en plein air. Le bon prêtre conduit son petit peuple dans quelqu'une des églises de la banlieue ; on déjeune avec les provisions que chacun a apportées, le caté-chisme a lieu, on se promène et, le soir, on rentre en ville au chant des cantiques.

L'hiver approchant, Don Bosco loue trois chambres. Les loca-taires de la maison se plaignent du bruit que font les enfants et du dérangement qui en résulte pour eux. Le propriétaire donne brusquement congé.

Ne pouvant trouver une maison, Don Bosco loue un pré. Là, le dimanche, les enfants viennent de bonne heure, ils se confessent, ils entendent une allocution. Faute de cloche, on réunit le jeune bataillon au moyen d'un tambour et d'une trompette, sortis on ne sait d'où. Les enfants sont conduits à une église voisine pour entendre la messe. Puis ils vont déjeuner, comme ils peuvent, et ils reviennent passer le reste de la journée dans ce pré, où des jeux animés alternent agréablement avec les exercices de piété. Tout va bien.

Mais voici que les propriétaires du pré prétendent que le piétinement des enfants détruit jusqu'aux racines de l'herbe, et ils signifient à Don Bosco son renvoi.

Dans cette occurrence, ses amis l'engagèrent à renoncer à son patronage d'enfants. « Ne gardez, lui dirent-ils, qu'une vingtaine des plus petits et renvoyez les autres. Vous ne pouvez faire l'impossible, et la divine Providence paraît vous indiquer clairement qu'elle ne veut pas votre œuvre. »

« La divine Providence, répond Don Bosco, m'a envoyé ces enfants et je n'en repousserai jamais un seul. J'ai la certitude qu'elle me fournira tout ce qui leur est nécessaire, et, puisqu'on ne veut pas me louer un local, j'en bâtirai un avec l'aide de Marie-Auxiliatrice. Nous aurons de vastes bâtiments capables de recevoir autant d'enfants qu'il en viendra ; nous aurons des ateliers de tout genre, pour qu'ils apprennent un métier selon leur goût, des cours et des jardins pour les récréations ; enfin, nous aurons une belle église et des prêtres nombreux qui instruiront les enfants et prendront un soin spécial de ceux chez lesquels se manifestera la vocation religieuse. »

A ce moment, Don Bosco passa pour avoir perdu quelque peu la raison. On le regarda comme un pauvre fou, digne de pitié. On était confirmé dans cette idée par les détails minutieux qu'il donnait volontiers sur le futur établissement, dont le plan existait évidemment dans sa tête. Il faisait la description de l'église, des ateliers, des dortoirs, des classes, des cours et des jardins, le tout conçu dans des proportions si vastes et si peu en rapport avec ses ressources que le dérangement de son esprit ne paraissait pas douteux.

« Le vide se fit peu à peu autour de lui : les amis dont l'attachement paraissait le plus solide le délaissèrent. Et même cette croyance en sa folie s'accentua tellement qu'on voulut l'enfermer dans une maison de santé[1]. »

Don Bosco espère contre l'espérance. Il loue un immense hangar, l'aménage et y appelle ses chers enfants, continuant à donner à l'établissement improvisé le nom d'Oratoire de Saint-François-de-Sales.

La mère de Don Bosco était digne du fils. Avec une simplicité admirable, elle quitte la vie paisible qu'elle menait à la campagne et vient partager le rude labeur du prêtre et soigner sa famille d'adoption.

Parmi ces enfants, plusieurs, manquant de place, n'avaient pas de nourriture, il fallait leur en donner ; d'autres manquaient de vêtements, il était nécessaire de leur en fournir ; d'autres se trouvaient sans asile, obligés d'aller coucher dans des écuries, des hangars ou même de mauvais logis, se trouvant ainsi dans un milieu funeste pour leurs âmes ; il devenait urgent de leur trouver un abri, de la paille fraîche, quelques couvertures.

Pour faire face à ces dépenses, la mère et le fils se dépouillèrent. Don Bosco vendit quelques lopins de vigne et de terre qui composaient tout son avoir. La mère fit venir le linge et les bijoux reçus au moment de ses noces, elle les vendit.

Les enfants affluaient. La chapelle trop petite ne pouvait les contenir et plusieurs, pendant les offices, étaient obligés de res-

[1] *Don Bosco*, par Charles d'Espiney.

ter dans les classes ou dans la cour. Pendant les récréations, les enfants étaient tellement entassés que leurs jeux devenaient difficiles, parfois impossibles.

On loua un second local qui fut nommé l'Oratoire Saint-Louis. Dans les deux établissements, huit cents enfants recevaient l'instruction religieuse.

Mais quand donc un certain nombre de ces enfants pourront-ils recevoir aussi la nourriture et le coucher? C'était le rêve que formait le bon prêtre, car beaucoup d'entre eux lui échappaient, n'ayant pas d'abri assuré et étant réduits à chercher péniblement le pain de chaque jour. Ils ne pouvaient même pas venir à l'Oratoire le dimanche, et les meilleurs efforts étaient ainsi paralysés.

En attendant, Don Bosco agrandissait les écoles, recevait aux classes du soir environ trois cents jeunes gens; il établissait à l'Oratoire quinze pensionnaires nourris et couchés, sa mère se mettait bravement à la cuisine, s'occupait de tous les détails de l'intérieur, réparait les vêtements et leur puisait l'eau, balayait, sciait le bois, pelait les pommes de terre, écossait les haricots, coupait et même cousait les vêtements.

Le maître partageait les repas de ses élèves. Rien de plus frugal : de la soupe et du pain, du pain et de la soupe; tel était le grand ordinaire de tout le monde.

Le propriétaire du terrain et des maisons où était établi le premier oratoire l'offre pour trente mille francs à Don Bosco qui conclut le marché, sans avoir le premier écu de cette somme. Le jour même, ces trente mille francs sont mis à sa disposition.

Que de traits charmants on pourrait raconter si l'on voulait mentionner toutes les circonstances dans lesquelles Don Bosco a reçu, de la façon la plus inattendue et souvent la plus étrange, les sommes dont il avait besoin, et cela souvent à jour et à heure fixes !

Voici quelques faits pris au hasard :

La maison de Turin devait trente mille francs à un entrepreneur qui, mécontent, s'irrite et demande à parler à Don Bosco. On l'introduit dans l'antichambre où un certain nombre de personnes attendaient leur tour d'audience.

Sur ces entrefaites, se présente un monsieur aux allures impérieuses qui, passant devant toutes les personnes arrivées avant lui, frappe à la porte, entre et dit à Don Bosco : « Tenez, voulez-vous prendre cela ? Et il pose un petit paquet sur la table. Allons, mon Père, adieu, et priez pour moi. »

Le paquet contenait trente billets de mille francs.

Quand vint le tour de l'entrepreneur, Don Bosco lui remit les trente mille francs qui lui étaient dus.

L'homme, un peu confus de l'insistance qu'il avait mise à réclamer le paiement de la dette, fit ses excuses : « Mon Père, on me disait que vous n'étiez pas en mesure de me payer : on a eu tort de me parler ainsi. »

Une fois, l'Oratoire avait à payer trois cent vingt-cinq francs pour les impôts. L'échéance était arrivée et le jour même, à midi, si la somme n'était pas versée, le percepteur devait commencer les poursuites. Et pas un sou dans toute la maison.

Don Bosco, averti de l'embarras où l'on se trouve, répond : « Je n'ai absolument rien ; prions Notre-Dame Auxiliatrice. » Et il se remet tranquillement au travail.

Quelques instants après, on frappe, et un monsieur demande à voir Don Bosco. Il est introduit, et, après un court entretien : « Mon Père, je ne suis pas riche, mais j'ai là une toute petite somme que j'ai amassée pour vos enfants. Voulez-vous accepter cette modeste offrande ? » — « Bien volontiers, » fait le saint prêtre. La somme était de trois cent vingt-cinq francs.

On dépêche un messager au bureau du percepteur. Il était plus de midi, l'exécution avait été lancée. Mais on put retrouver le porteur qui s'était attardé par hasard et on se libéra sans frais.

En 1869, l'économe reçut l'avis pour le paiement d'une traite dont l'échéance arrivait le lendemain. Il en avertit Don Bosco qui, fort affairé, se contenta de répondre : « Arrangez-vous. — Toutes les caisses sont vidées, et il manque encore un peu plus de trente francs. — Arrangez-vous, » répète Don Bosco.

La matinée du lendemain commença sous d'assez sombres couleurs, lorsque survient le chevalier Occeletti. Don Bosco, devant prendre le train, donne vite à l'économe l'offrande qu'il a reçue et entraîne le visiteur dans la rue. Et là il apprend que son bienfaiteur ne voulait pas d'abord se présenter ce jour-là, qui était un mercredi, parce qu'il avait coutume de venir le samedi, mais que, tourmenté et comme obsédé, il était venu, sans retard, payer ce qu'il devait pour quelques billets de loterie. — « Et quel est le montant de cette dette ? — Oh ! pas grand'chose : trente francs et quelques centimes. »

Don Bosco sourit : « Vous avez été bien inspiré ; sans vous, nous avions, à midi, un bon protêt. »

L'Œuvre salésienne (appelée ainsi du nom de saint François de Sales, le premier patron) se dilata bientôt d'une façon surprenante. Plusieurs villes voulurent avoir des Oratoires semblables à celui de Turin. Don Bosco dut se préoccuper de trouver des prêtres qui voulussent se consacrer aux enfants pauvres et abandonnés, et, pour mieux réussir, de former des enfants pour le sacerdoce. Il consacra à cette noble entreprise son énergie habituelle et son incroyable force de volonté.

En 1857, il avait réuni, autour de lui, une quinzaine de jeunes prêtres et de clercs, formés par ses soins. Il leur donna une règle et les fit vivre à la façon d'une communauté religieuse.

En 1872, il compléta son œuvre du recrutement sacerdotal par l'institution de l'*Œuvre de Marie-Auxiliatrice*, destinée à favoriser et aider les vocations ecclésiastiques parmi les adultes.

C'est ainsi que Don Bosco a pu fournir à l'Église plus de six mille prêtres.

Depuis longtemps aussi, il avait reconnu quel bien on pouvait faire en recueillant des petites filles, qui seraient élevées surtout en vue des travaux de la campagne. D'ailleurs, n'était-il pas nécessaire de donner à tous ces enfants les soins que des femmes seules pouvaient leur donner ?

En conséquence, Don Bosco fonda l'œuvre des *Sœurs de Marie-Auxiliatrice*, qui prit en quelques années un essor admirable.

L'œuvre de Don Bosco, visiblement protégée par la sainte Vierge, a rayonné de l'Italie en France, en Espagne, en Angleterre, en Suisse, en Belgique, en Autriche, même en Afrique.

Le Ciel seul sait quel bien est résulté de ces diverses fondations !

La plupart des enfants apprennent une profession et reçoivent l'instruction élémentaire. Mais ceux chez lesquels on reconnaît des aptitudes spéciales apprennent le latin et les matières exigées par les programmes du Gouvernement, de sorte qu'ils peuvent aspirer aux diverses carrières administratives et même libérales.

Les enfants sont admis à la première communion de très bonne heure, selon la coutume primitive et constante de l'Église. Plus tard, ils font la sainte communion tous les dimanches et même deux ou trois fois par semaine.

Ils ne sont jamais seuls : chacun des ateliers est surveillé par un prêtre ou un clerc.

Chaque journée est terminée par la prière et une courte allocution.

Encore une fois, quel bien résulte de ces œuvres ! Des milliers d'enfants, qui auraient été abandonnés aux hasards de la rue, et exposés à devenir l'écume de la société sont transformés et deviennent d'utiles et honnêtes citoyens, des hommes de bien et de mérite.

Une dernière couronne était réservée au zèle et à la charité de Don Bosco, ce fut l'Œuvre des *Missions catholiques dans l'Amérique du Sud.*

Le consul de la République Argentine, émerveillé de tout ce qu'il avait vu à l'Oratoire de Turin, sollicita de semblables fondations dans la province de Buenos-Ayres. Don Bosco accepta et envoya des missionnaires salésiens non seulement dans la République Argentine, mais encore dans ces vastes régions qui s'étendent jusqu'à l'extrémité du nouveau monde et qu'on appelle la Patagonie et la Terre-de-Feu.

C'est à l'Oratoire de Saint-François-de-Sales, sa première maison, que le bon P. Don Bosco a toujours résidé. C'est là qu'il est mort.

Pendant ses derniers jours, ce vieillard qui avait pu dire en toute sincérité: « Ce que j'ai fait, je l'ai fait pour le bon Dieu... J'ai toujours fait tout ce que j'ai pu... ne s'occupait que du bien à faire encore après sa mort et du salut des âmes. Il disait à Mgr Cagliero, qui venait de lui administrer l'Extrême-Onction: « Je recommande de faire savoir aux Salésiens qu'ils doivent travailler avec zéle et ardeur : travail ! travail ! Employez-vous toujours et sans relâche à sauver des âmes. » Quand on lui annonça la supérieure générale des filles de Marie-Auxiliatrice, qui venait demander une suprême bénédiction : « Oui, murmura Don Bosco, je bénis toutes les maisons des filles de Marie-Auxiliatrice, la supérieure générale et toutes les sœurs ; qu'elles mettent tout en œuvre pour sauver beaucoup d'âmes. » D'une voix défaillante, il dit encore à Monseigneur le 26 janvier, quatre jours avant de mourir : « Sauvez beaucoup d'âmes dans les missions. »

C'est au service des âmes que Don Bosco s'était consacré. Presque dès le début de la maladie, le Dr Fissore avait dit : « Don Bosco est perdu, nous n'avons aucune espérance de le sauver. Il est atteint d'une affection cardio-pulmonaire ; le foie est attaqué ; la moelle épinière présente une complication qui engendre la paralysie dans les membres inférieurs. Enfin les reins et les poumons sont également pris. Cette maladie n'a aucune cause directe. Elle est le résultat d'une faiblesse générale, d'une existence usée par d'incessants labeurs mêlés de continuelles inquiétudes. Don Bosco s'est consumé dans un travail au dessus de ses forces ; il ne meurt pas de maladie : c'est une lampe qui s'éteint faute d'huile. »

Le 31 janvier 1888, à 4 heures 45 du matin, Don Bosco quittait ce monde pour un monde meilleur, où ses œuvres l'avaient précédé. Il comptait 72 ans 4 mois et 15 jours.

QUELQUES PENSÉES DE DON BOSCO

Pensez que les épines de la vie se changent en roses au moment de la mort.

Travaillons comme si nous ne devions jamais mourir et vivons comme si nous devions mourir chaque jour.

Que rien ne te trouble. Tout passe.

On ne devient pas saint tout d'un coup.

Plus d'actes et moins de paroles.

On ne va pas en paradis au milieu de délices.

Examinez si, dans toutes vos actions, vous avez en vue la gloire de Dieu.

Le monde vous remplit le cœur de terre.

MORALE DE L'ENFANCE

Les livres saints ont été écrits, sous l'inspiration du Saint-Esprit, pour notre instruction à tous, quelque soit notre âge et dans quelque condition que nous vivions. « *Toute écriture divinement inspirée et utile pour enseigner, pour reprendre, pour corriger et pour conduire à la piété et à la justice, afin que l'homme de Dieu soit parfait et disposé à toutes les bonnes œuvres.* » II, Tim., III, 16 et 17.

Il ne sera pas inutile que les enfants aient sous les yeux les maximes de morale dictées par l'Esprit de Dieu et qui conviennent le mieux à leur âge. En les lisant souvent, ils en feront la règle de leur conduite.

Heureux qui, dès son enfance, a aimé la sagesse, elle sera la compagne de toute sa vie et le mènera sûrement au séjour de l'éternelle félicité.

I

DEVOIRS ENVERS DIEU

Souvenez-vous de votre Créateur dès les jours de votre jeunesse, avant que le temps de l'affliction arrive, et que ces années approchent, dont vous direz : Elles ne me plaisent pas. *Eccl.*, XII, 1.

Vous adorerez le Seigneur votre Dieu et vous ne servirez que lui. Matth., iv, 10.

Dieu est esprit, et c'est en esprit et en vérité qu'il faut l'adorer. Jean, iv, 24.

Aimez de toutes vos forces Celui qui vous a créé.

Craignez Dieu et observez ses commandements, car c'est là tout l'homme. *Eccl.*, xii, 13.

La crainte du Seigneur est le commencement de la sagesse. Ps. cx, 10.

La crainte du Seigneur éloigne le péché. *Eccl.*, i, 27.

Craignez, non celui qui peut tuer le corps, mais celui qui peut jeter le corps et l'âme dans les flammes de l'enfer. Je vous le dis de nouveau, craignez-le. Luc, xii, 5.

*
* *

Aimez de toutes vos forces Celui qui vous a créé. *Eccl.*, vii, 32.

Vous aimerez le Seigneur votre Dieu de tout votre cœur, de

toute votre âme, de tout votre esprit, de toutes vos forces. Matth., xxii, 37.

Si vous m'aimez, gardez mes commandements. Jean, xiv, 15.

Celui qui accomplit mes commandements, c'est celui-là qui m'aime. Jean, xiv, 21.

Quand vous prierez, vous direz : Notre Père, qui êtes aux cieux, etc. Matth., vi, 9.

*
* *

Quiconque se déclarera pour moi devant les hommes, je me déclarerai pour lui devant les anges de Dieu. Mais celui qui me renoncera devant les hommes, je le renoncerai aussi devant mon Père, qui est dans les cieux. Luc, xii, 8 et 9.

*
* *

Si vous ne mangez la chair du Fils de l'homme et si vous ne buvez son sang, vous n'aurez pas la vie en vous.

Celui qui mange ma chair et boit mon sang a la vie en lui, et je le ressusciterai au dernier jour. Jean, vi, 54 et 55.

II

DEVOIRS ENVERS LE PROCHAIN

Vous ne ferez pas à un autre ce que vous ne voudriez pas qu'on vous fît à vous-même. Tobie, iv, 16.

*
* *

Vous aimerez votre prochain comme vous-même. Matth., xix,
19.

Vous avez appris qu'il a été dit : Vous aimerez votre prochain
et vous haïrez votre ennemi. Pour moi, je vous dis : Aimez vos
ennemis, faites du bien à ceux qui vous haïssent ; bénissez ceux
qui vous maudissent, et priez pour ceux qui vous persécutent et
vous calomnient, afin que vous soyez les enfants de votre Père
céleste qui fait lever son soleil sur les bons et sur les méchants,
et qui fait pleuvoir sur les justes et sur les injustes. Car si
vous aimez ceux qui vous aiment, quelle récompense aurez-vous.
Les publicains ne le font-ils pas ? Et si vous ne saluez que vos
frères, que faites-vous de plus. Les païens ne le font-ils pas aussi ?
Matth., v, 43-47.

Soyez miséricordieux comme votre Père céleste et miséricordieux. Luc, vi, 36.

Ne jugez point, et vous ne serez point jugé ; ne condamnez point,
et vous ne serez point condamné ; remettez et il vous sera remis ;
donnez, et il vous sera donné : car selon que vous jugerez, on vous
jugera, et on se servira envers vous de la même mesure dont vous
vous serez servi envers les autres. Luc, vi, 37 et 38.

*
* *

Faites l'aumône autant que vous le pouvez à celui qui est
pauvre et dans le besoin. Si vous avez beaucoup, donnez beau-

coup ; si vous avez peu, donnez peu, mais que ce soit de bon cœur. Tobie, iv, 7 et 9.

*
* *

Ne traitez pas mal le serviteur qui travaille fidèlement : qu'il vous soit cher comme votre âme. *Eccl.*, xxiii, 31.

DEVOIRS PARTICULIERS ENVERS LES PARENTS

Honorez votre père et votre mère, comme le Seigneur vous l'a commandé, afin que vous viviez longtemps et que vous soyez heureux sur la terre. *Deut.*, v, 16.

Vous honorerez votre mère tous les jours de votre vie, vous souvenant des dangers qu'elle a courus pour vous. Tobie, iv, 3 et 4.

*
* *

Écoutez le père qui vous a engendré, et ne méprisez pas votre mère lorsqu'elle sera devenue vieille. *Prov.*, xxiii, 22.

Fils, obéissez à vos parents dans le Seigneur, car c'est juste. Éphès., vi, 1.

Fils, obéissez à vos parents en tout, car c'est agréable à Dieu. Colos., iii, 20.

*
* *

Mon fils, soutenez la vieillesse de votre père et ne le contristez pas durant sa vie. Et si son esprit a baissé, ne le méprisez pas dans votre force, car votre charité envers votre père ne sera point en oubli. Dieu vous récompensera pour avoir supporté les défauts de votre mère. Et il vous établira dans la justice, et il se souviendra de vous au jour de la tribulation, et vos péchés se fondront comme la glace en un jour serein. *Eccl.*, III, 14-18.

Combien est vil celui qui délaisse son père, et combien est maudit celui qui provoque le courroux de sa mère! *Eccl*,. III, 19.

Souvenez-vous de votre père et de votre mère, lorsque vous vous asseyez au milieu des grands, de peur que Dieu ne vous oublie devant ces grands, et qu'enivré de votre familiarité avec eux, vous ne tombiez dans l'infamie, et que vous ne souhaitiez alors de n'être point né et que vous ne maudissiez le jour de votre naissance. *Eccl.*, XXIII, 18 et 19.

*
* *

La bénédiction du père affermit la maison des enfants, et la malédiction de la mère la renverse jusqu'aux fondements. *Eccl.*, III, 11.

*
* *

L'œil qui insulte à son père et qui méprise sa mère, qu'il soit arraché par les corbeaux des torrents et dévoré par le fils de l'aigle. *Prov.*, XXX, 17.

Celui qui maudira son père et sa mère sera puni de mort. *Exod.*, XXI, 17.

Si un homme a un fils insolent et rebelle, qui n'écoute pas l'ordre de son père et de sa mère, et qui, ayant été repris, dédaigne de leur obéir, ils le prendront et le conduiront aux

anciens de la ville et à la porte du jugement, et ils leur diront :
Voici notre fils, qui est insolent et rebelle, il dédaigne d'écouter
nos avertissements, et il passe sa vie dans la débauche et dans
la dissolution et dans les festins ; alors le peuple de cette ville le
lapidera, afin que vous ôtiez le mal du milieu de vous et que tout
Israël l'entende et soit saisi de crainte. *Deut.*, xxi, 18-21.

DEVOIRS PARTICULIERS ENVERS LES VIEILLARDS ET LES PRÊTRES

Levez-vous devant une tête vénérable par ses cheveux blancs,
et honorez la personne du vieillard. *Lévit.*, xix, 32.

Jeunes gens, soyez soumis aux vieillards. I., Petr., v, 5.

*
* *

Craignez le Seigneur de toute votre âme et vénérez ses prêtres.
Eccl., vii, 31.

Ne touchez pas à ceux qui sont consacrés. Ps. civ, 15.

Qui écoute les prêtres, écoute Dieu; qui les méprise, méprise
Dieu. Luc, x, 16.

Il faut estimer les prêtres comme les ministres du Christ et les
dispensateurs des mystères de Dieu. I, Cor., iv, 1.

III

DEVOIRS A L'ÉGARD DE SOI-MÊME

Que sert à l'homme de gagner l'univers s'il vient à perdre son
âme ? Matth., xvi, 26.

Entrez par la porte étroite, parce que large est la porte, |spacieuse est la voie qui conduit à la perdition, et beaucoup entrent par elle.

Qu'elle est petite et qu'elle est étroite la voie qui conduit à la vie, et peu la trouvent! Matth., VII, 13 et 14.

Si vous voulez arriver au ciel, observez les commandements. Matth. XIX, 17.

Fuyez le péché comme on fuit à l'approche d'un serpent. *Eccl.*, XXI, 2.

. Celui qui commet le péché est ennemi de son âme. Tobie, XII, 10.

Si votre main droite vous est un sujet de scandale, coupez-la ; il vous est plus avanta-

Fuyez le péché.

geux d'entrer dans la vie n'ayant qu'une main que d'en avoir deux et d'aller en enfer, dans ce feu qui brûle éternellement, où le ver qui ronge ne meurt pas et où le feu ne s'éteint jamais.

Si votre pied vous est une occasion de chute, coupez-le ; il vaut mieux que vous entriez dans la vie éternelle, n'ayant qu'un pied, que d'en avoir deux et d'être jeté dans l'enfer, dans ce feu qui ne peut s'éteindre, où le ver qui ronge ne meurt point et où le feu ne s'éteint point.

Et si votre œil vous est un sujet de scandale et de chute, arrachez-le et jetez-le loin de vous ; il vous est plus avantageux d'entrer dans la vie avec un œil seul que d'en avoir deux et d'être jeté dans le feu de l'enfer, où le ver qui les ronge ne meurt point et où le feu ne s'éteint jamais. *Matth.*, v, 29 et 30, et xviii, 8 et 9.

Souvenez-vous de vos fins dernières et vous ne pécherez jamais. *Eccl.*, vii, 40.

*
* *

L'orgueil est haï de Dieu et des hommes. *Eccl.*, x, 7.

L'orgueil est le principe de tous les péchés. *Eccl.*, x, 15.

Dieu aime ceux qui sont humbles. *Prov.*, iii, 34.

Lorsque vous faites l'aumône, ne sonnez pas la trompette devant vous, comme font les hypocrites dans les synagogues et les places publiques, pour être honorés des hommes. En vérité, je vous le dis, ils ont reçu leur récompense. Mais lorsque vous faites l'aumône, que votre main gauche ne sache pas ce que fait votre droite, afin que votre aumône soit dans le secret, et votre Père qui voit dans le secret vous le rendra. *Matth.*, vi, 2-4.

*
* *

Le mensonge est dans un homme une tache honteuse. Les gens mal élevés ont toujours le mensonge dans la bouche. *Eccl.*, xx, 26.

Vous direz : cela est ou cela n'est pas. *Matth.*, v, 37.

*
* *

Quand vous êtes assis à un festin, ne vous livrez pas à la gourmandise. *Eccl.*, xxxi, 12.

Cessez le premier de manger par modestie et ne vous laissez pas aller à votre avidité. *Eccl.*, xxxi, 20.

L'abus du vin conduit à l'impureté. *Prov.*, xx, 1.

Au commencement et à la fin du repas, bénissez le Seigneur qui vous a créé et qui vous comble de ses biens. *Eccl.*, xxxii, 17.

*
* *

Ne vous abandonnez point à la colère. *Eccl.*, vii, 10.

Apprenez de moi que je suis doux. Matth., xi, 29.

C'est dans la patience que vous posséderez votre âme. Luc, xxi, 19.

Bienheureux ceux qui sont doux parce qu'ils posséderont la terre. Matth., vi, 4.

*
* *

Souvenez-vous que Dieu vous voit, et, quand vous êtes seul, ne faites jamais rien dont vous auriez honte en présence des autres. *Eccl.*, xxxii, 27.

Quiconque fait des choses impures n'aura pas sa part dans l'héritage du Seigneur. I, Cor., vi, 10.

Bienheureux ceux qui ont le cœur pur, ils verront Dieu. Matth., v, 8.

*
* *

Chaque chose a son temps : il y a le temps de jouer et le temps d'étudier. *Eccl.*, iii, 1.

Faites tout selon l'ordre. I, Cor., xiv, 40.

*
* *

Paresseux, allez à la fourmi, considérez sa conduite et apprenez à être sage. Quoiqu'elle n'ait ni chef ni maître, elle a soin cependant de faire sa provision pendant l'été et d'amasser durant la moisson de quoi se nourrir. *Prov.*, vi, 6.

Ce que vous n'aurez pas récolté dans votre jeunesse, comment le trouverez-vous dans votre vieillesse ? *Eccl.*, xxv, 5.

Celui qui travaille amasse des richesses ; le paresseux marche à la ruine. *Prov.*, x, 4.

*
* *

Jeune homme, parlez à peine dans votre cause. Si vous avez été interrogé deux fois, répondez ce qu'il faut en peu de mots. En beaucoup de choses, soyez comme les ignorants : écoutez en silence et interrogez quelquefois. Au milieu des

Veillez et priez.

grands, ne présumez pas de vous-même, et, où il y a des vieillards, parlez peu. *Eccl.*, xxxii, 10-13.

*
* *

Veillez et priez afin que vous ne soyez pas entraîné par la tentation. Matth., xxvi, 41.

Il y a des démons qui ne sont chassés que par la prière et le jeûne. Marc, ix, 28.

*
* *

Que votre lumière brille devant les hommes, afin qu'ils voient que vos œuvres sont bonnes et qu'ils glorifient votre Père, qui est dans les cieux. Matth., v, 16.

Quoique Tobie fut encore bien jeune, il ne se comportait pas néanmoins comme un enfant. Mais tandis que ceux de son âge allaient adorer les veaux d'or et offenser le Dieu d'Israël, il fuyait leur compagnie et allait adorer le Seigneur, à Jérusalem. Tobie i, 5.

*
* *

L'adolescence et le plaisir passent. *Eccl.*, xi, 10.

Ne donnez à personne l'occasion de mépriser votre jeune âge. I, Tim., iv, 12.

Heureux l'homme qui porte le joug de Dieu dès sa jeunesse. Tim., iii, 27.

Mon fils, dès votre jeunesse, recevez l'instruction, et vous obtiendrez la sagesse jusque dans vos derniers jours. *Eccl.*, vi, 18.

C'est un proverbe: le vieillard ne s'écarte pas de la voie qu'il a suivie dans sa jeunesse. *Prov.*, xxii, 6.

Un cheval indompté devient intraitable, et l'enfant abandonné à lui-même devient téméraire. *Eccl.*, xxx, 8.

La verge et la réprimande inspirent la sagesse, mais l'enfant abandonné à ses désirs couvrira sa mère de confusion. *Prov.*, xxix, 15.

*
* *

Il n'y a pas de paix pour les impies. Isaïe, xlviii, 20.

Une paix abondante sera le partage de ceux qui chérissent la loi de Dieu. Ps. cxviii, 165.

Celui qui craint le Seigneur sera heureux à la fin de sa vie, et il sera béni au jour de la mort. *Eccl.*, i, 13.

*
* *

Jésus-Christ dira aux méchants : Retirez-vous, maudits, au feu éternel. Il dira au justes : Venez, les bénis de mon Père, posséder le royaume qui vous a été préparé dès l'origine du monde. Matth., xxv, 41.

*
* *

Celui qui aura persévéré jusqu'à la fin sera sauvé. Matth., x, 22.

TABLE DES MATIÈRES

Tours, imprimerie Deslis Frères, rue Gambetta, 6 à 8.

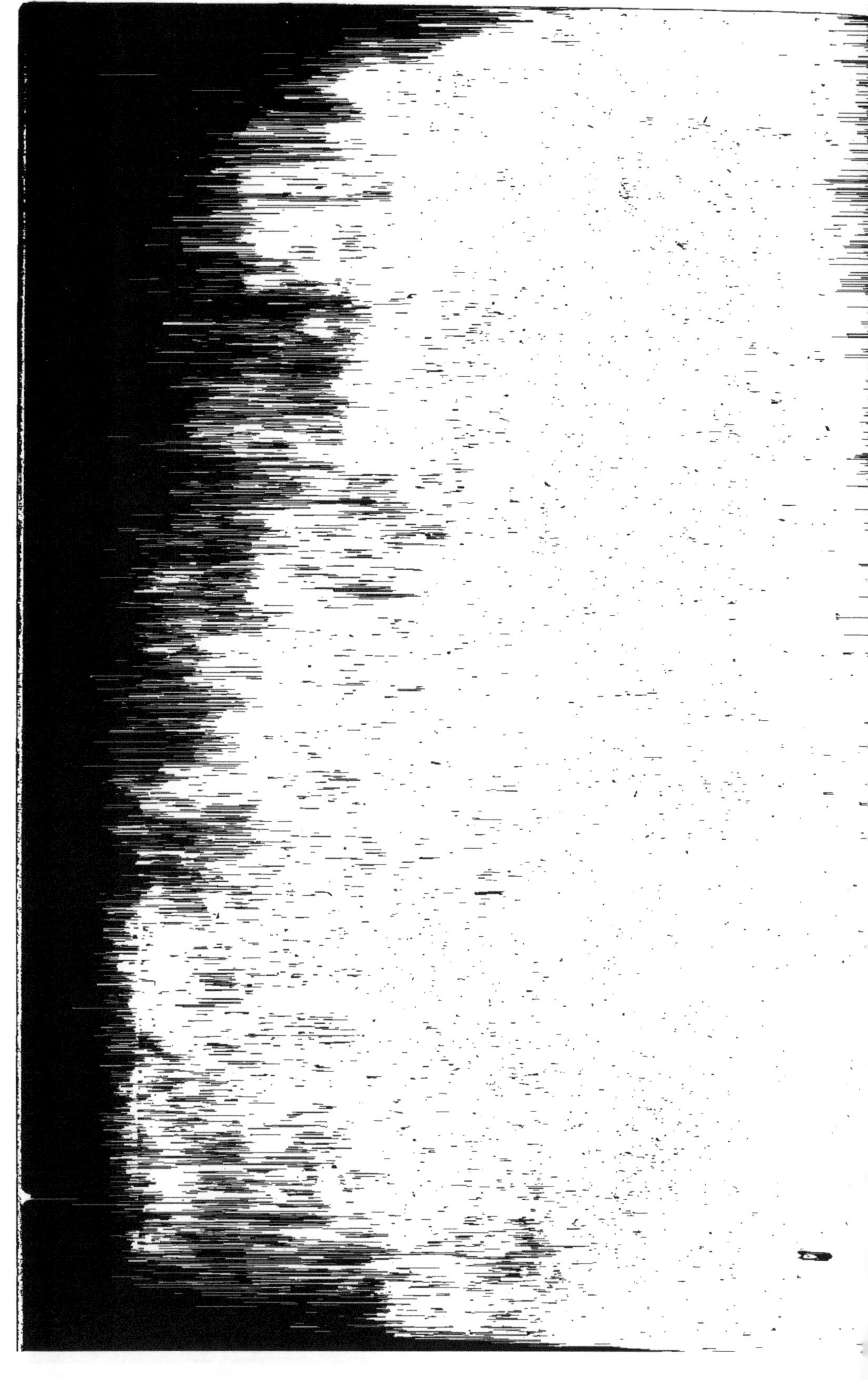

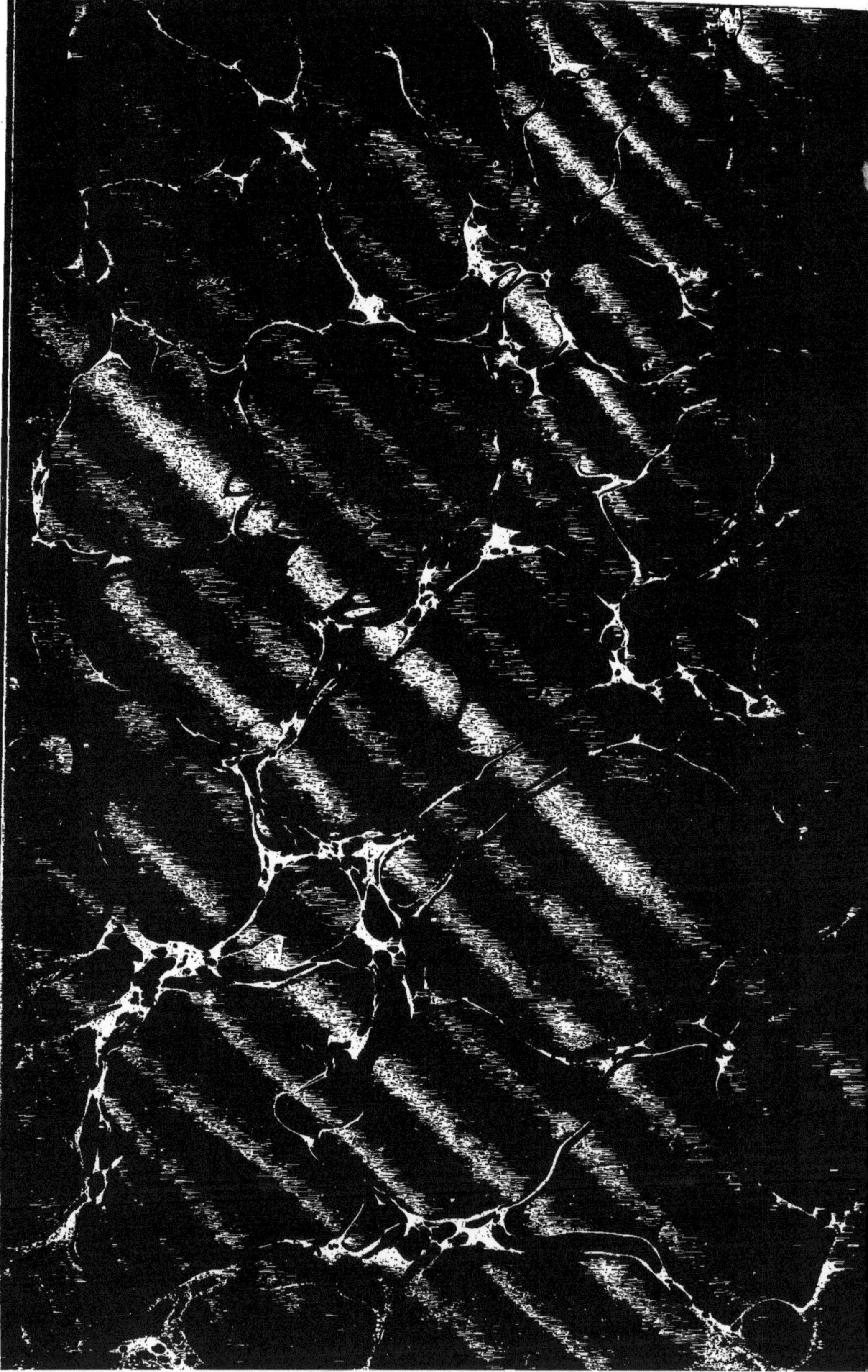

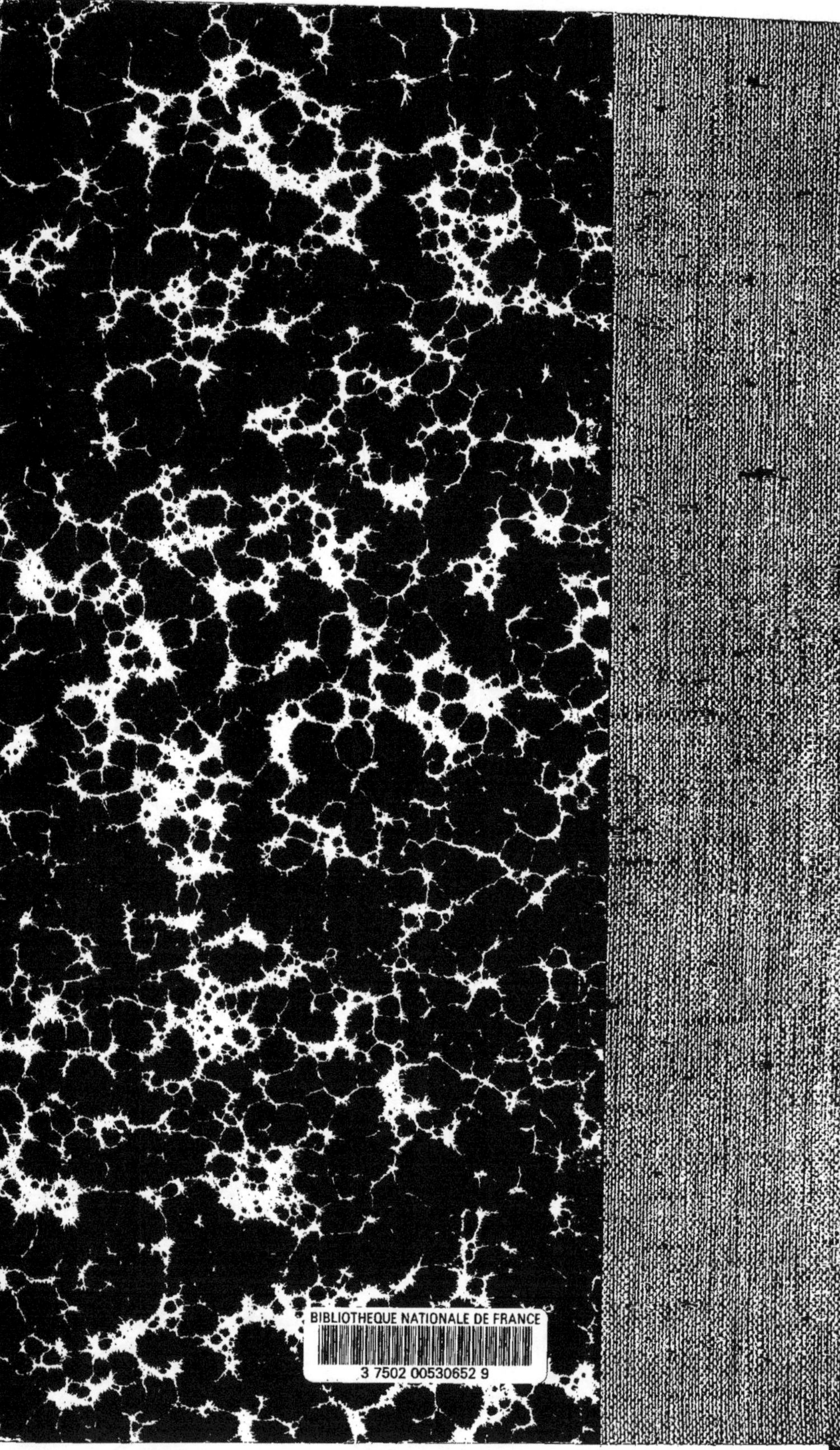
BIBLIOTHEQUE NATIONALE DE FRANCE

3 7502 00530652 9

www.ingramcontent.com/pod-product-compliance
Ingram Content Group UK Ltd.
Pitfield, Milton Keynes, MK11 3LW, UK
UKHW020605230726
13926UKWH00005B/2213

9 782013 682503